本书出版获得中国社会科学院大学中央高校基本科研业务费资助支持

本书为北京市社会科学基金青年项目
"积极老龄化视阈下北京市养老保障多层次联动和高质量发展研究"（23GLC054）的成果

中国社会科学院大学文库

养老保险与养老服务协同发展

供给侧结构性改革视角下的研究

郭 磊 著

36

社会科学文献出版社
SOCIAL SCIENCES ACADEMIC PRESS (CHINA)

"中国社会科学院大学文库"
总　序

　　恩格斯说："一个民族要想站在科学的最高峰，就一刻也不能没有理论思维。"人类社会每一次重大跃进，人类文明每一次重大发展，都离不开哲学社会科学的知识变革和思想先导。中国特色社会主义进入新时代，党中央提出"加快构建中国特色哲学社会科学学科体系、学术体系、话语体系"的重大论断与战略任务。可以说，新时代对哲学社会科学知识和优秀人才的需要比以往任何时候都更为迫切，建设中国特色社会主义一流文科大学的愿望也比以往任何时候都更为强烈。身处这样一个伟大时代，因应这样一种战略机遇，2017年5月，中国社会科学院大学以中国社会科学院研究生院为基础正式创建。学校依托中国社会科学院建设发展，基础雄厚、实力斐然。中国社会科学院是党中央直接领导、国务院直属的中国哲学社会科学研究的最高学术机构和综合研究中心，新时期党中央对其定位是马克思主义的坚强阵地、党中央国务院重要的思想库和智囊团、中国哲学社会科学研究的最高殿堂。使命召唤担当，方向引领未来。建校以来，中国社会科学院大学聚焦"为党育人、为国育才"这一党之大计、国之大计，坚持党对高校的全面领导，坚持社会主义办学方向，坚持扎根中国大地办大学，依托社科院强大的学科优势和学术队伍优势，以大院制改革为抓手，实施研究所全面支持大学建设发展的融合战略，优进优出、一池活水、优势互补、使命共担，形成中国社会科学院办学优势与特色。学校始终把立德树人作为立身之本，把思想政治工作摆在突出位置，坚持科教融合、强化内涵发展，在人才培养、科学研究、社会服务、文化传承创新、国际交流合作等方面不断开拓创新，为争创"双一流"大学打下坚实基础，积淀了先进的发展经验，呈现出蓬勃的发展态势，成就了今天享誉国内的"社科大"品牌。"中国社会科学院大学文库"就是学校倾力打造的学术品牌，如果将学校之前的学术研究、学术出版比作一道道清澈的溪流，"中国社会科学院大学文库"的推出可谓厚积薄发、百川归海，恰逢其时、意义深远。为其作序，我深感荣幸和骄傲。

高校处于科技第一生产力、人才第一资源、创新第一动力的结合点，是新时代繁荣发展哲学社会科学，建设中国特色哲学社会科学创新体系的重要组成部分。我校建校基础中国社会科学院研究生院是我国第一所人文社会科学研究生院，是我国最高层次的哲学社会科学人才培养基地。周扬、温济泽、胡绳、江流、浦山、方克立、李铁映等一大批曾经在研究生院任职任教的名家大师，坚持运用马克思主义开展哲学社会科学的教学与研究，产出了一大批对文化积累和学科建设具有重大意义、在国内外产生重大影响、能够代表国家水准的重大研究成果，培养了一大批政治可靠、作风过硬、理论深厚、学术精湛的哲学社会科学高端人才，为我国哲学社会科学发展进行了开拓性努力。秉承这一传统，依托中国社会科学院哲学社会科学人才资源丰富、学科门类齐全、基础研究优势明显、国际学术交流活跃的优势，我校把积极推进哲学社会科学基础理论研究和创新，努力建设既体现时代精神又具有鲜明中国特色的哲学社会科学学科体系、学术体系、话语体系作为矢志不渝的追求和义不容辞的责任。以"双一流"和"新文科"建设为抓手，启动实施重大学术创新平台支持计划、创新研究项目支持计划、教育管理科学研究支持计划、科研奖励支持计划等一系列教学科研战略支持计划，全力抓好"大平台、大团队、大项目、大成果"等"四大"建设，坚持正确的政治方向、学术导向和价值取向，把政治要求、意识形态纪律作为首要标准，贯穿选题设计、科研立项、项目研究、成果运用全过程，以高度的文化自觉和坚定的文化自信，围绕重大理论和实践问题展开深入研究，不断推进知识创新、理论创新、方法创新，不断推出有思想含量、理论分量和话语质量的学术、教材和思政研究成果。"中国社会科学院大学文库"正是对这种历史底蕴和学术精神的传承与发展，更是新时代我校"双一流"建设、科学研究、教育教学改革和思政工作创新发展的集中展示与推介，是学校打造学术精品、彰显中国气派的生动实践。

"中国社会科学院大学文库"按照成果性质分为"学术研究系列""教材系列""思政研究系列"三大系列，并在此分类下根据学科建设和人才培养的需求建立相应的引导主题。"学术研究系列"旨在以理论研究创新为基础，在学术命题、学术思想、学术观点、学术话语上聚焦聚力，推出集大成的引领性、时代性和原创性的高层次成果。"教材系列"旨在服务国家教材建设重大战略，推出适应中国特色社会主义发展要求、立足学术和教学前沿、体现社科院和社科大优势与特色、辐射本硕博各个层次、涵盖纸质和数字化等多种载体的系列课程教材。"思政研究系列"旨在聚焦重大理论问题、工作探索、实践经验等领域，推出一批思想政治教育领域具有影响力的理论和实践研究成果。文库将借助与社会科学文献出版社的战略合作，加大高层次成果的产出与传播。既突出学术研究的理论性、学术性和创新性，推出新时代哲学社会科学研究、教材编写和思政研究的最新理论成果；又注重引导围绕国家重大战略需求开展前瞻性、针对性、储备性政策研究，推出既通"天线"又接"地气"，能有效发挥思想库、智囊团作用的智库研究成果。文库坚持"方向性、开放式、高水平"的建设理念，以马克思主义为领航，严把学术出版的政治方向关、价值取向关、学术安全关和学术质量关。入选文库的作者，既有德高望重的学部委员、著名学者，又有成果丰硕、担当中坚的学术带头人，更有崭露头角的"青椒"新秀；既以我校专职教师为主体，也包括受聘学校特聘教授、岗位教师的社科院研究人员。我们力争通过文库的分批、分类持续推出，打通全方位、全领域、全要素的高水平哲学社会科学创新成果的转化与输出渠道，集中展示、持续推广、广泛传播学校科学研究、教材建设和思政工作创新发展的最新成果与精品力作，力争高原之上起高峰，以高水平的科研成果支撑高质量人才培养，服务新时代中国特色哲学社会科学"三大体系"建设。

历史表明，社会大变革的时代，一定是哲学社会科学大发展的时代。当代中国正经历着我国历史上最为广泛而深刻的社会变革，也正在进行着人类历史上最为宏大而独特的实践创新。这种前无古人的伟大实践，必将给理论创造、学术繁荣提供强大动力和广阔空间。我们深知，科学研究是永无止境的事业，学科建设与发展、理论探索和创新、人才培养及教育绝非朝夕之事，需要在接续奋斗中担当新作为、创造新辉煌。未来已来，将至已至。我校将以"中国社会科学院大学文库"建设为契机，充分发挥中国特色社会主义教育的育人优势，实施以育人育才为中心的哲学社会科学教学与研究整体发展战略，传承中国社会科学院深厚的哲学社会科学研究底蕴和40多年的研究生高端人才培养经验，秉承"笃学慎思明辨尚行"的校训精神，积极推动社科大教育与社科院科研深度融合，坚持以马克思主义为指导，坚持把论文写在大地上，坚持不忘本来、吸收外来、面向未来，深入研究和回答新时代面临的重大理论问题、重大现实问题和重大实践问题，立志做大学问、做真学问，以清醒的理论自觉、坚定的学术自信、科学的思维方法，积极为党和人民述学立论、育人育才，致力于产出高显示度、集大成的引领性和标志性原创成果，倾心于培养又红又专、德才兼备、全面发展的哲学社会科学高精尖人才，自觉担负起历史赋予的光荣使命，为推进新时代哲学社会科学教学与研究，创新中国特色、中国风骨、中国气派的哲学社会科学学科体系、学术体系、话语体系贡献社科大的一份力量。

（张政文　中国社会科学院大学党委常务副书记、校长、中国社会科学院研究生院副院长、教授、博士生导师）

前　言

在制度经济学的最新发展中，制度变迁理论认为制度是内生变量，它对经济增长有着重大影响。其代表人物之一、美国知名经济学家西奥多·舒尔茨指出"任何制度都是对实际生活中已经存在的需求的响应"。在我国改革开放四十多年的时间里，我国经济持续高速增长，但随着人口结构的变化、国家发展战略的转变、国际经济格局的深刻调整，我国已转向高质量发展阶段，经济发展进入新常态。当经济增速有所下降时，我国发展不平衡不充分问题却仍然突出，经济发展的主要矛盾已转化为结构性问题。

供给侧结构性改革是用增量改革促存量调整，实现经济可持续发展与人民生活水平不断提高。在我国人口老龄化程度不断加深的过程中，供给侧结构性改革能为养老保险和养老服务的协同发展提供新的思路。

2022 年 10 月，习近平总书记在党的二十大报告中提出，"我们要坚持以推动高质量发展为主题，把实施扩大内需战略同深化供给侧结构性改革有机结合起来，增强国内大循环内生动力和可靠性，提升国际循环质量和水平，加快建设现代化经济体系"，"完善基本养老保险全国统筹制度，发展多层次、多支柱养老保险体系"，"实施积极应对人口老龄化国家战略，发展养老事业和养老产业，优化孤寡老人服务，推动实现全体老年人享有基本养老服务"。

结合以上内容，本书有如下思考：如何以供给侧结构性改革推进积极应对人口老龄化国家战略？如何优化分配结构，通过养老保险的供给解决老年人的后顾之忧？如何发展养老产业，为老年人提供急需的基本养老服务？如何联动多层次、多支柱的养老保险体系与以居家为基础、社区为依托、机构为补充、医养相结合的养老服务体系？

本书主要内容分为四篇十章。第一篇为"缘起与回顾"，从我国供给侧结构性改革的背景出发，引出其对养老保险和养老服务的影响和作用机制。具体包括第一章"供给侧结构性改革与养老问题的交汇"和第二章"供给侧结构性改革、养老保险和养老服务相关研究"。第一章回顾了供给侧结构性改革的发展历程和内涵，理顺供给侧结构性改革与养老保险、养老服务的关联逻辑。第二章采用文献计量方法，通过 CiteSpace 软件对供给侧结构性改革、养老保险和养老服务进行可视化分析和文献综述，系统梳理三者之间的关系和影响机制。

第二篇为"全貌与聚焦"，尝试从整体上描绘我国养老保险和养老服务的发展现状，再从局部切入剖析北京市养老保险和养老服务的供需情况。具体包括第三章"我国养老保险和养老服务的建设情况"、第四章"北京市养老保险和养老服务的现状"、第五章"北京市养老保险的供需平衡与发展完善"和第六章"北京市养老服务的供需平衡与协调匹配"。第三章主要从"全貌"上分析了我国"三支柱"养老保险的发展动态和多层次养老服务的实践探索，而由于我国各地的老龄化程度不同，区域之间和城乡之间经济发展水平不平衡，养老保险基本情况和养老服务基础设施差异较大。第四章、第五章和第六章从"聚焦"的角度选取北京市作为案例，从常住老年人规模化、增速快、高龄化的发展趋势出发，展现北京市目前养老保险水平和养老基金情况，测算未来北京市人口的变化和养老保险的收支，分析北京市养老服务的供给框架和需求情况。

第三篇为"制约与挑战"，在第二篇内容的基础上，尝试寻找哪些因素可能影响养老保险制度的变革和养老服务模式的创新，二者目前的发展还存在哪些不足之处，因而一些具体实例和数据仍以北京市的情况为主。具体包括第七章"影响养老保险和养老服务的因素"和第八章"养老保险和养老服务的现实短板"。第七章梳理了一些可能对养老保险和养老服务产生重要影响的因素，比如人口结构变化和相关政策调整、传统文化根植和家庭结构变迁、平均预期寿命延长、平均工资增长率变化、宏观经济形势和财政收入变化、产业结构转型升级等。第八章则提出目前我国养老保险制度设计和养老服务体系建设所面临的现实问题。

　　第四篇为"互动与发展"，旨在通过前述篇章的分析，探索养老保险和养老服务的联动机制，为二者未来的发展提出相关政策建议。具体包括第九章"供给侧结构性改革下养老保险与养老服务的有机联动"和第十章"供给侧结构性改革下养老保险与养老服务的优化路径"。第九章解释了养老保险与养老服务的关系及联动意义，介绍目前养老保险与养老服务的联动实践情况，提出供给侧结构性改革下养老保险与养老服务的联动机制设想。第十章从政策建议的角度提出未来养老保险与养老服务的优化路径，推动实现二者的供需平衡和联动发展。

目 录

第三篇 制约与挑战

第四篇　互动与发展

第一篇

缘起与回顾

第一章　供给侧结构性改革
与养老问题的交汇

一　供给侧结构性改革的背景与内涵

（一）供给侧结构性改革的背景

近年来，我国已转向高质量发展阶段，经济增速有所下降，发展不平衡不充分问题仍然突出，经济发展的主要矛盾已转化为结构性问题。在供给方面，部分行业产能严重过剩，资源配置效率低下，且对于生态环境和自然资源的消耗过高。文建东和宋斌指出，人口红利逐渐消失，劳动力成本上升，产品竞争力也有所降低[①]，居民的有效需求受供给侧制约而难以得到满足。在经济发展新常态背景下，结构性产能过剩、供给结构与市场需求脱节等"供给失灵"问题先后出现，而需求政策的重点在于缓解短周期的经济波动，在应对长周期中所存在的结构性问题时鞭长莫及，甚至有可能继续恶化平衡结构，致使债务负担加重、产能过剩以及增速下降，供给侧结构性改革迫在眉睫。

2015 年 11 月，在中央财经领导小组第十一次会议上，习近平总书记指出，"在适度扩大总需求的同时，着力加强供给侧结构性改革，着力提高供给

---

① 文建东、宋斌：《供给侧结构性改革：经济发展的必然选择》，《新疆师范大学学报》（哲学社会科学版）2016 年第 2 期。

体系质量和效率，增强经济持续增长动力，推动我国社会生产力水平实现整体跃升"。坚持以供给侧结构性改革为主线，是形势使然与大势所趋。在经济新常态背景下，我国开始探索实现经济的转型与升级，逐渐摒弃曾经基于破坏生态环境和借助低劳动成本的粗放式增长方式，开始探寻通过供给结构调整，改革资源错配的产能，以创新来驱动生产率的提升①，实现产业结构升级，以此带动经济增长。

2015 年 12 月，中央经济工作会议明确提出，要将国内和国际两个大局统筹考虑，按照"五位一体"总体布局和"四个全面"战略布局，牢固树立并贯彻落实创新、协调、绿色、开放、共享的发展理念，适应经济发展新常态，坚持稳中求进工作总基调，坚持稳增长、调结构、惠民生、防风险，实行宏观政策要稳、产业政策要准、微观政策要活、改革政策要实、社会政策要托底的总体思路；以去产能、去库存、去杠杆、降成本、补短板五大任务为重点。"去产能"即积极稳妥化解产能过剩，化解的是落后的产能，是低利润、高污染的过剩产能，需要通过创新机制来将其转化为有效产能。"去库存"主要针对的是房地产领域，化解房地产库存，需要进行系统性结构分析，及时提供与之相匹配的制度，以为新的产能提供发展空间。"去杠杆"即防范化解金融风险，事关"适度扩大总需求"与审慎防范风险的权衡②，与如何更好地掌握总量型的需求管理密切相关。"降成本"即帮助企业降低成本，需要政府在降低制度性成本方面积极发力，除了减税改革之外，各类行政性收费等非税收入方面的成本还有较大的下降空间，这也是提高经济发展效率的基础。"补短板"即扩大有效供给，是提高整体资源配置效率的必要条件，也是平衡供需关系的必然手段，要因地制宜、因企制宜、因行业制宜，以提高供给体系的质量与效率。

2017 年 10 月 18 日，习近平总书记在党的十九大报告中指出要深化供给侧结构性改革，聚焦实体经济，构建现代化经济体系，着力提升供给体系的质量，以此来增强我国经济质量优势。

---

① 文建东、宋斌：《供给结构性改革：经济发展的必然选择》，《新疆师范大学学报》（哲学社会科学版）2016 年第 2 期。

② 贾康：《三去一降一补侧重供给管理》，《经济》2016 年第 22 期。

2020 年 10 月 29 日，《中共中央关于制定国民经济和社会发展第十四个五年规划和二〇三五年远景目标的建议》强调，深化供给侧结构性改革是"十四五"时期经济社会发展的主体思路。

在贯彻落实"巩固、增强、提升、畅通"方针的基础上，加快更多产能过剩行业的出清进程，降低各类营商成本，着力弥补基础设施等领域的短板，切实巩固"三去一降一补"的成果。要通过技术创新和规模效应开发新的竞争优势，培育和发展新的产业集群，切实提高产业链水平。要充分发挥企业的主观能动性，建立公平开放透明的市场规则，营造法治化营商环境，加强正向激励，进而增强微观主体活力，发展更多优质企业。要推进建设现代市场体系，做到统一开放、竞争有序，畅通国民经济循环，提升金融体系对于实体经济的服务能力，推动国内市场和生产主体、经济增长和就业扩大、金融和实体经济的良性循环。①

2021 年 3 月 5 日，国务院总理李克强在《2021 年国务院政府工作报告》中指出，继续完成"三去一降一补"重要任务。

2022 年 10 月 25 日，习近平总书记在党的二十大报告中强调，要坚持以推动高质量发展为主题，把实施扩大内需战略同深化供给侧结构性改革有机结合起来，增强国内大循环内生动力和可靠性，提升国际循环质量和水平，加快建设现代化经济体系，着力提高全要素生产率，着力提升产业链供应链韧性和安全水平，着力推进城乡融合和区域协调发展，推动经济实现质的有效提升和量的合理增长。②

2023 年 12 月 12 日，中央经济工作会议强调必须坚持依靠改革开放增强发展内生动力，统筹推进深层次改革和高水平开放，不断解放和发展社会生产力、激发和增强社会活力。③

① 人民网-理论频道：《如何准确把握供给侧结构性改革的深刻内涵》（2021 年 2 月 25 日），http：//theory. people. com. cn/n1/2021/0225/c40531-32036538. html，最后访问日期：2022 年 6 月 9 日。
② 新华社：《习近平：高举中国特色社会主义伟大旗帜　为全面建设社会主义现代化国家而团结奋斗——在中国共产党第二十次全国代表大会上的报告》（2022 年 10 月 25 日），https：//www. gov. cn/xinwen/2022-10/25/content_5721685. htm，最后访问日期：2023 年 12 月 30 日。
③ 新华社：《中央经济工作会议在北京举行　习近平发表重要讲话》（2023 年 12 月 12 日），https：//www. gov. cn/govweb/yaowen/liebiao/202312/content_6919834. htm，最后访问日期：2023 年 12 月 30 日。

（二）供给侧结构性改革的内涵

供给侧结构性改革，即以提高供给质量为出发点，通过改革来调整结构，矫正要素配置扭曲，扩大有效供给范围，增强供给结构对需求变化的灵活性与适应性，提升全要素生产率，推动经济社会的健康可持续发展，以更好满足广大人民群众的实际需要。[①] 从提高生产效率的角度来看，我国供给侧结构性改革的核心是经济结构的调整和经济发展方式的转变[②]，是通过提高供给结构的适应性和灵活性，优化资源配置，提高全要素生产率，进而促进经济发展。从供需平衡的角度来看，供给侧结构性改革是通过改革矫正要素配置扭曲和供需结构错配[③]，推动有效供给充分适应市场需求的变化，进而实现更高水平的供需平衡。从转变经济发展方式的角度来看，供给侧结构性改革意味着以市场制度主导经济发展替代以政府政策主导经济增长，以质量效益型发展替代以规模速度型增长，以创新驱动替代投资拉动[④]，进而提升整个供给体系的质量和效率。

供给侧结构性改革的实质是通过转变经济发展方式、调整经济结构、培育新的增长动力以改善我国以产业结构为主的供给结构，提高供给质量和水平，以实现更高水平、更具可持续性的发展。从短期来看，供给侧结构性改革要对存量进行结构调整，抓好以"去产能、去库存、去杠杆、降成本、补短板"为核心的五大任务；从长期来看，供给侧结构性改革要以转变经济增长方式为目标，全力落实"创新、协调、绿色、开放、共享"的发展理念[⑤]，从供给侧深化大众创业和万众创新，以创新驱动引领产业结构升级与效率提升。随着供给侧结构性改革的不断实践与发展，其内涵逐步扩展到经济社会发展的各个方

---

① 人民网-理论频道：《如何准确把握供给侧结构性改革的深刻内涵》（2021 年 2 月 25 日），http://theory.people.com.cn/n1/2021/0225/c40531-32036538.html，最后访问日期：2022 年 6 月 9 日。
② 胡鞍钢、周绍杰、任皓：《供给侧结构性改革——适应和引领中国经济新常态》，《清华大学学报》（哲学社会科学版）2016 年第 2 期。
③ 王一鸣、陈昌盛、李承健：《正确理解供给侧结构性改革》，《人民日报》2016 年 3 月 29 日。
④ 李佐军：《供给侧结构性改革的着力点》，《前线》2016 年第 10 期。
⑤ 胡鞍钢、周绍杰、任皓：《供给侧结构性改革——适应和引领中国经济新常态》，《清华大学学报》（哲学社会科学版）2016 年第 2 期。

面，比如基础设施建设①、人口改革②、与社会保障协调发展③、"互联网+"养老④、养老服务⑤等。

二　供给侧结构性改革与养老问题的联系

（一）供给侧结构性改革与养老保险

在"去产能"改革方面，在我国经济快速增长的同时，一些结构性问题也在不断积累，钢铁、石油、煤炭等重工业部门产能过剩的现象日益突出。在供给侧改革背景下，在产能过剩化解和产业结构优化升级的过程中⑥，必然会产生大量下岗职工，涉及大批下岗职工的分流安置问题。一方面，在下岗职工再就业的过程中，可能会出现养老保险便携性损失、转移接续不畅等问题，需要及时做出制度性的调整与改变。同时，下岗职工结构性失业现象明显，劳动力市场供需结构性矛盾突出，伴随着新兴产业的发展，部分下岗转业工人采取灵活就业方式，如何维护这部分灵活就业人员的权益成为重要问题，这也对进一步改革与完善我国社会保障制度有了更高的要求。⑦ 另一方面，许多职工在下岗后，以灵活就业人员身份完全个人缴纳养老保险的缴费方式替代了原来由企业和个人共同缴纳的缴费方式，且缴费基数以在岗职工平均工资计算，下岗职工缴费负担沉重，断保甚至退保的可

①　林毅夫：《供给侧改革的短期冲击与问题研究》，《河南社会科学》2016年第1期。
②　蔡昉：《供给侧认识·新常态·结构性改革——对当前经济政策的辨析》，《探索与争鸣》2016年第5期。
③　常金奎、王三秀：《供给侧改革与社会保障协调发展的困境与应对》，《长白学刊》2018年第1期。
④　杨国军、刘素婷、孙彦东：《"互联网+"养老变革与供给侧结构性改革研究》，《改革与战略》2017年第1期。
⑤　林宝：《养老服务供给侧改革：重点任务与改革思路》，《北京工业大学学报》（社会科学版）2017年第6期；李志明：《中国养老服务"供给侧"改革思路——构建"立足社区、服务居家"的综合养老服务体系》，《学术研究》2016年第7期。
⑥　汪连杰：《供给侧改革背景下社会保障制度调整再审视》，《税务与经济》2017年第4期。
⑦　汪连杰：《供给侧改革背景下社会保障制度调整再审视》，《税务与经济》2017年第4期。

能性增大①，还有部分下岗职工提前退休，在工作年龄提前领取养老保险待遇，都对我国养老保险基金造成了较大压力。

在"降成本"改革方面，供给侧结构性改革促使养老保险降费，这意味着减少"正常缴费"收入，本就已存在的养老保险收支缺口进一步扩大，使得制度收支平衡矛盾更加尖锐②，与中国逐渐进入老龄化社会的现实发生冲突③。但是，降低社保费率可以在一定程度上减少雇佣成本，缩小对企业利润的挤占空间，进而提高资本供给和使用的效率，推动产业升级，缓解对劳动力的"挤出效应"④，进而有利于养老保险覆盖扩面，更好地实现全民参保的目标。同时，养老保险缴费有利于增强企业发展动力，推动我国大众创业、万众创新⑤，通过创业带动就业，但在这个过程中部分灵活就业者、新业态从业者等群体的养老保险问题也会逐步凸显。此外，养老保险降费会对社会保险制度整体性改革产生一定的倒逼作用⑥，因为单纯降低社会保险费的举措难以真正解决社会保险体系中的结构性难题，甚至会放大原有问题并衍生出新问题，要以降费为契机，借助制度结构性改革之力，实现制度收入不减、职工待遇不变，进而实现精算平衡的目标⑦，养老保险降费为社会保险领域全面深化改革提供了突破口，为完善社会保险顶层设计提供了良好契机。

在"补短板"改革方面，要通过补齐公共领域尤其是民生领域的不足，促进经济社会的协调发展。补短板是为了提升人民福利水平，实现社会整体公平，这与社会保障制度建立的初衷相契合。⑧ 要充分抓住供给侧结构性改革的契机，进一步完善我国养老保险制度建设，补足短板。2015 年 12 月召开的中央

---

① 王聪、欧阳蕾：《去产能背景下新下岗职工基本养老保险断保问题的反思与应对》，《劳动保障世界》2019 年第 15 期。

② 郑秉文：《供给侧：降费对社会保险结构性改革的意义》，《中国人口科学》2016 年第 3 期。

③ 魏升民、向景：《供给侧结构性改革背景下企业社保费负担调整及影响分析》，《地方财政研究》2018 年第 10 期。

④ 魏升民、向景：《供给侧结构性改革背景下企业社保费负担调整及影响分析》，《地方财政研究》2018 年第 10 期。

⑤ 汪连杰：《供给侧改革背景下社会保障制度调整再审视》，《税务与经济》2017 年第 4 期。

⑥ 刘春蕾：《降低社会保险费的逻辑、挑战及思路——基于供给侧结构性改革背景下的讨论》，《汕头大学学报》（人文社会科学版）2017 年第 6 期。

⑦ 郑秉文：《供给侧：降费对社会保险结构性改革的意义》，《中国人口科学》2016 年第 3 期。

⑧ 汪连杰：《供给侧改革背景下社会保障制度调整再审视》，《税务与经济》2017 年第 4 期。

经济工作会议提出，要"完善个人账户，坚持精算平衡，提高统筹层次"。《中华人民共和国国民经济和社会发展第十四个五年规划和 2035 年远景目标纲要》中强调，要"健全养老保险制度体系，促进基本养老保险基金长期平衡"；"完善划转国有资本充实社保基金制度，优化做强社会保障战略储备基金。完善城镇职工基本养老金合理调整机制，逐步提高城乡居民基础养老金标准"。要贯彻落实党的二十大精神，将我国养老保险制度建设成为"覆盖全民、统筹城乡、公平统一、安全规范、可持续的多层次社会保障体系"。具体来说，党的二十大报告明确指出要完善基本养老保险全国统筹制度，发展多层次、多支柱养老保险体系。扩大社会保险覆盖面，健全基本养老、基本医疗保险筹资和待遇调整机制，推动基本医疗保险、失业保险、工伤保险省级统筹。促进多层次医疗保障有序衔接，完善大病保险和医疗救助制度，落实异地就医结算，建立长期护理保险制度，积极发展商业医疗保险。①

综上所述，供给侧结构性改革对养老保险的影响和作用机制如图 1-1 所示。

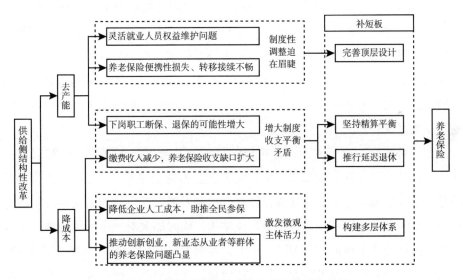

图 1-1　供给侧结构性改革与养老保险的关联

① 新华社：《习近平：高举中国特色社会主义伟大旗帜　为全面建设社会主义现代化国家而团结奋斗——在中国共产党第二十次全国代表大会上的报告》（2022 年 10 月 25 日），https：//www.gov.cn/xinwen/2022-10/25/content_5721685.htm，最后访问日期：2023 年 12 月 30 日。

（二）供给侧结构性改革与养老服务

在"去产能"改革方面，一方面，随着我国社会经济的发展和人民生活水平的提高，养老服务需求逐渐趋于多元化与个性化，而我国养老服务发展阶段相对较短、养老服务业有待进一步发展成熟，市场仍有较大发展空间[1]，普遍存在养老服务供给层次低、同质性供给相对过剩、有需求无供给或有供给价格不合理与质量不高等问题，养老服务供给与需求的结构性矛盾日渐突出。养老服务供给侧亟待"去产能"改革，应尽快构建新机制、培育新动能、激发新动力。[2] 另一方面，养老服务领域可吸纳大量在"去产能"改革中下岗转业的职工及灵活就业人员实现再就业，在缓解养老服务行业人力资源不足的同时，还可以有效缓解下岗职工分流再就业压力。

在"降成本"改革方面，目前我国养老服务需求方的低支付能力与供给方的高成本之间存在一定的矛盾[3]，通过一系列政策措施降低养老服务的供给成本是解决这一矛盾的重要路径，通过降低企业成本进而降低服务费，有利于提高养老服务供需均衡水平，有助于扩大行业规模，充分发挥规模效应，让更多人能享受养老服务。此外，降低相关成本在一定程度上能够带动养老产业领域的创业，增加养老服务业从业者和企业数量，增强行业内竞争，推动养老服务行业快速发展。

在"补短板"改革方面，补短板的目标与社会保障制度建立的初衷是一致的，都是为了提升人民福利水平，实现社会整体公平[4]，要通过补齐公共领域尤其是民生领域的不足，促进经济社会协调发展。在供给侧结构性改革的过程中，要大力发展第三产业，优化产业结构，同时加大对民生保障领域的扶持力度，弥补经济发展的"短板"，其中，养老服务供给是补短板的重点领域。当前我国的养老服务需求较大，但精神慰藉、文化消费、健康维护、专业性护

---

① 黄石松、纪竞垚：《深化养老服务供给结构性改革》，《前线》2019 年第 7 期。
② 黄石松、纪竞垚：《深化养老服务供给结构性改革》，《前线》2019 年第 7 期。
③ 林宝：《养老服务供给侧改革：重点任务与改革思路》，《北京工业大学学报》（社会科学版）2017 年第 6 期。
④ 汪连杰：《供给侧改革背景下社会保障制度调整再审视》，《税务与经济》2017 年第 4 期。

理服务、临终关怀等有效供给短板突出，老年服务供需结构有所失衡，亟待在政策供给与资源配置上支持目前存在的薄弱环节。[①] 同时，要加大人力资本投入以保障养老服务人才供给，切实贯彻落实党的二十大精神，按照《中共中央关于制定国民经济和社会发展第十四个五年规划和二〇三五年远景目标的建议》所指出的推动养老服务行业朝着"向高品质和多样化升级""加强公益性、基础性服务业供给"的目标发展[②]，推动实现全体老年人享有基本养老服务[③]。

综上所述，供给侧结构性改革对养老服务的影响和作用机制如图 1-2 所示。

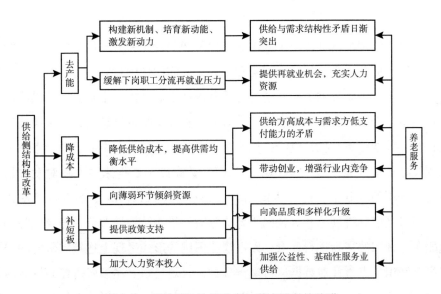

图 1-2　供给侧结构性改革与养老服务的关联

---

① 林宝：《养老服务供给侧改革：重点任务与改革思路》，《北京工业大学学报》（社会科学版）2017 年第 6 期。

② 新华社：《中共中央关于制定国民经济和社会发展第十四个五年规划和二〇三五年远景目标的建议》（2020 年 11 月 3 日），https://www.gov.cn/zhengce/2020-11/03/content_5556991.htm，最后访问日期：2023 年 12 月 30 日。

③ 新华社：《习近平：高举中国特色社会主义伟大旗帜　为全面建设社会主义现代化国家而团结奋斗——在中国共产党第二十次全国代表大会上的报告》（2022 年 10 月 25 日），https://www.gov.cn/xinwen/2022-10/25/content_5721685.htm，最后访问日期：2023 年 12 月 30 日。

第二章 供给侧结构性改革、养老保险和养老服务相关研究

深化供给侧结构性改革是我国养老保险和养老服务的发展方向，从供给侧结构性改革的角度来分析养老保险和养老服务问题切中肯綮。为了进一步理顺养老保险与养老服务的关系，统筹考量其内部供需结构，本章分别从供给侧结构性改革、养老保险和养老服务三个方面对相关文献进行综述，以系统梳理养老保险、养老服务与供给侧结构性改革三者的相互关系和影响机制。本章主要采用文献计量方法，以中国知网（CNKI）数据库为数据来源，在对发文量进行时序分析的基础上，进一步借助 CiteSpace 软件 5.8. R3 版本进行可视化分析。通过共引分析理论和寻径网络算法等对供给侧结构性改革、养老保险和养老服务等领域的文献进行计量，以可视化图谱的形式呈现上述领域研究的演化路径及知识拐点，并对数据进行聚类分析，直观呈现上述领域研究的发展演变趋势。在此基础上，本章进一步对养老保险和养老服务的供需平衡和互动机制展开探究。

一 供给侧结构性改革相关研究

（一）文献基本情况

综观 CSSCI 来源供给侧结构性改革主题研究的发文量，可以发现，2015～2017 年的发文量呈现上升趋势，2017 年的发文量达到 585 篇，在此之后发文

量呈现不断下降的趋势（见图2-1）。文献发文量在一定程度上可以反映出该领域研究的热度，结合供给侧结构性改革主题研究的发文时间与数量变化情况，可以发现该主题研究的发展趋势基本与我国供给侧结构性改革的发展历程相一致，与一些重要政策文件的出台基本保持同步状态。

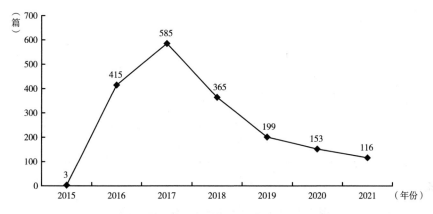

图2-1　2015～2021年供给侧结构性改革主题研究发文量时序变化趋势

2015年11月，在中央财经领导小组第十一次会议上，习近平总书记指出，"在适度扩大总需求的同时，着力加强供给侧结构性改革，着力提高供给体系质量和效率，增强经济持续增长动力，推动我国社会生产力水平实现整体跃升"。供给侧结构性改革由此成为当前和今后一个时期我国经济发展和经济工作的主线，相关主题的研究自此之后开始有所增长，学者们从不同视角对供给侧结构性改革的实质与内涵展开了广泛探讨，从学理方面为我国供给侧结构性改革的整体推进奠定了基础。2017年10月，习近平总书记在党的十九大报告中指出要深化供给侧结构性改革。建设现代化经济体系，必须把发展经济的着力点放在实体经济上，把提高供给体系质量作为主攻方向，显著增强我国经济质量优势。供给侧结构性改革进一步得到社会各界的广泛重视，该年相关主题研究的发文量达到近年来的峰值，其内涵也逐步扩展到了各个领域，对我国经济、政治、文化、社会等领域改革产生了深刻影响，得到了广泛关注。

综观2015～2021年CSSCI来源供给侧结构性改革主题研究的文献，可以发现发文量前5位的作者依次是刘伟（17篇）、贾康（12篇）、刘志彪（11

篇）、周密（8篇）、许光建（8篇）（见图2-2）。在此基础上，进一步运用CiteSpace软件绘制作者合作网络图谱，进而对供给侧结构性改革主题研究的作者进行共现分析。图2-3展示了2015~2021年供给侧结构性改革主题研究

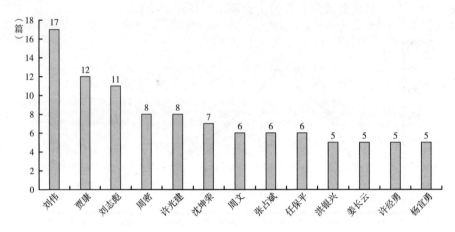

图 2-2　2015~2021 年发文量前 13 位的作者

图 2-3　2015~2021 年供给侧结构性改革主题研究主要作者合作网络（前五类）

的五大主要研究类团，供给侧结构性改革领域正在逐步形成具有不同研究方向、不同研究方法、不同研究特点的合作团体，这也在一定程度上反映了该领域的研究越来越深入。结合发文量、文献被引量、中介中心性等指标，可将刘伟、张占斌、杨宜勇等学者视为供给侧结构性改革领域研究的核心带头人，其研究关注重点的变化在一定程度上反映了我国供给侧结构性改革在 2015～2021 年的发展历程。总体来看，我国供给侧结构性改革领域的研究重点从聚焦于实质与内涵等方面的理论探讨到具体领域的发展实践，再到新阶段、新理念、新格局背景下对其作用发挥机制的统筹考量，体现了中国供给侧结构性改革之路不断形成与完善的过程。

（二）供给侧结构性改革领域的研究热点

借助 CiteSpace 软件对所筛选的 1836 篇供给侧结构性改革主题研究文献关键词进行共现分析，以直观了解该领域的研究重点。供给侧结构性改革主题下出现频次较高的关键词如表 2-1 所示。在关键词频次方面，"供给侧"（135 次）、"新常态"（49 次）、"经济增长"（39 次）、"产能过剩"（38 次）和"需求侧"（30 次）是出现频次排名前五的关键词。在关键词中介中心性方面，"供给侧"、"经济增长"、"新常态"和"创新驱动"的中介中心性分别为 0.55、0.18、0.13 和 0.11，是供给侧结构性改革主题研究中的关键节点，与其他大部分关键词存在共现关系。

表 2-1　2015～2021 年供给侧结构性改革主题研究文献关键词出现的频次与中介中心性分析

关键词	频次（次）	中介中心性	关键词	频次（次）	中介中心性
供给侧	135	0.55	新时代	23	0.04
新常态	49	0.13	实体经济	23	0.03
经济增长	39	0.18	乡村振兴	22	0.09
产能过剩	38	0.04	农业	22	0.05
需求侧	30	0.04	技术创新	22	0.05
创新驱动	29	0.11	去产能	21	0.05
供给学派	27	0.06	文化产业	21	0.02

　　为了进一步了解供给侧结构性改革主题相关研究的重点，运用 CiteSpace 软件对关键词进行聚类分析，以对研究热点进行高度概括。如图 2-4 所示，在以 2015~2021 年所筛选出的 1836 篇供给侧结构性改革主题研究文献基础上，利用对数似然比（LLR）算法对关键词进行聚类分析，共形成了#0 供给侧、#1 农业、#2 创新驱动、#3 经济增长、#4 产能过剩、#5 结构性、#6 乡村振兴、#7 双循环、#8 新时代和#9 房地产等 10 个核心聚类群，得到供给侧结构性改革领域研究的关键词聚类图谱。供给侧结构性改革领域的研究主要围绕这些核心聚类群展开，各核心聚类群下又含有不同的节点（见表 2-2），核心聚类群与其下的各个节点大体勾勒出了供给侧结构性改革领域的研究轮廓。

图 2-4　2015~2021 年供给侧结构性改革主题研究文献关键词聚类图谱

表2-2　2015～2021年供给侧结构性改革主题研究文献关键词聚类节点

序号	聚类标签	紧密度	所含节点(按频次从高到低排序)
#0	供给侧	0.837	供给侧、结构性改革、农村金融、创新发展、结构调整
#1	农业	0.859	农业、供给、产业政策、体育产业、供给管理
#2	创新驱动	0.909	创新驱动、文化产业、新常态、科技创新、供需错配
#3	经济增长	0.800	经济增长、实体经济、产业结构、技术创新、消费结构
#4	产能过剩	0.735	产能过剩、供给结构、金融风险、需求结构、僵尸企业
#5	结构性	0.822	结构性、周期性、去产能、降成本、发展脉络
#6	乡村振兴	0.966	乡村振兴、财政政策、税制改革、减税降费、城乡融合
#7	双循环	0.918	双循环、扩大内需、比较优势、国民经济、经济高质量发展
#8	新时代	0.876	新时代、习近平、生产力、创新、公共服务
#9	房地产	0.894	房地产、制度供给、粮食产业、知识产权、外贸

通过整理核心聚类群及聚类节点信息，同时结合所筛选文献的内容，可以发现供给侧结构性改革领域的研究热点主要聚焦于供给侧结构性改革的逻辑内涵研究和供给侧结构性改革的重点领域研究两个方面。

1. 供给侧结构性改革的逻辑内涵研究

聚类群#0供给侧、聚类群#2创新驱动、聚类群#3经济增长、聚类群#4产能过剩、聚类群#5结构性和聚类群#8新时代主要探讨了供给侧结构性改革的逻辑内涵。

2008年，世界经济形势发生了复杂而深刻的变化，我国经济发展也呈现出新常态的特征，具体表现为我国处于经济增长速度换挡期、结构调整阵痛期和前期刺激政策消化期"三期叠加"的阶段，面临一系列结构性问题。冯志峰和陈龙将这一时期我国经济面临的困难总结为生产成本不断上升、经济下行压力大、产品供需错配、产业升级不足、资本边际效率下降、市场机制运行不畅、后凯恩斯症状凸显等问题。[①] 在这种背景下，亟待调整以往从需求侧刺激经济增长的模式，摒弃短期思维，加紧调整并升级产业结构和经济结构，从供

---

① 冯志峰：《供给侧结构性改革的理论逻辑与实践路径》，《经济问题》2016年第2期；陈龙：《供给侧结构性改革：宏观背景、理论基础与实施路径》，《河北经贸大学学报》2016年第5期。

给侧管理的角度搭建化解结构性矛盾、提升潜在增长水平的政策框架。[1]

在供给侧结构性改革的理论逻辑方面，已有学者的研究主要聚焦于西方供给学派和马克思主义政治经济学。习近平总书记曾明确指出，"不能把供给侧结构性改革看成是西方供给学派的翻版"[2]。胡鞍钢等、胡志平从理论维度上区分我国供给侧结构性改革与供给学派的差异，在此基础上，进一步从经济发展阶段、政策目标以及政策手段等方面比较了二者政策主张上的差异。[3] 在英法古典经济学产生之后，马克思从制度及生产关系的角度深刻论述了决定总供给的因素与供需关系。马克思的供给理论对于社会主义市场经济的供给侧结构性改革以及构建中国特色社会主义供给理论具有重要指导意义。[4]

在供给侧结构性改革的现实逻辑方面，Neck 等发现除了实际 GDP 外，供给侧的改革也会增加潜在 GDP，促进就业。[5] 就我国实际来看，当前我国经济发展面临的主要问题决定了供给侧结构性改革在很长时间内将是经济发展的主线，二者的内涵具有逻辑一致性，具体表现为新常态背景下经济增速与温和政策相协调、经济结构优化对供给侧结构性改革存在依赖、供给侧结构性改革是增长动力转换的路径创新等方面，深入推进供给侧结构性改革体现了当代改革开放"中国实践"与"中国理论"的互动，是助力经济跨越"中等收入陷阱"，解决深层次结构问题的重要手段，是长期可持续发展的客观要求。[6]

① 陈龙：《供给侧结构性改革：宏观背景、理论基础与实施路径》，《河北经贸大学学报》2016年第 5 期；王冰冰：《创新驱动视角下供给侧结构性改革的逻辑与政策选择》，《经济纵横》2019 年第 9 期。

② 学习中国：《习近平：不能把供给侧结构性改革看成是西方供给学派的翻版》（2016 年 5 月 28日），http://politics.people.com.cn/n1/2016/0528/c1001 - 28387396.html，最后访问日期：2024 年 1 月 21 日。

③ 胡鞍钢、周绍杰、任皓：《供给侧结构性改革——适应和引领中国经济新常态》，《清华大学学报》（哲学社会科学版）2016 年第 2 期；胡志平：《供给侧结构性改革的中国特征及创新路径》，《社会科学》2017 年第 1 期。

④ 方福前：《寻找供给侧结构性改革的理论源头》，《中国社会科学》2017 年第 7 期。

⑤ Reinhard Neck, Klaus Weyerstrass, Dmitri Blueschke, Miroslav Verbič, "Demand-Side or Supply-Side Stabilization Policies in a Small Euro Area Economy: A Case Study for Slovenia," *Empirica* 48 (2021): 593-610.

⑥ 陈龙：《供给侧结构性改革：宏观背景、理论基础与实施路径》，《河北经贸大学学报》2016年第 5 期；胡鞍钢、鲁钰锋、周绍杰、杨竺松：《供给侧结构性改革的三大逻辑》，《国家行政学院学报》2016 年第 6 期；张为杰、李少林：《经济新常态下我国的供给侧结构性改革：理论、现实与政策》，《当代经济管理》2016 年第 4 期。

在供给侧结构性改革的内涵方面，Minford 和 Meenagh 认为供给侧改革的既定目标是减少创新的障碍，通过促进和保障生产性功能来影响宏观经济。[①]目前已有研究主要是从结构主义和供需关系两方面来对供给侧结构性改革进行阐述。在结构主义方面，《人民日报》将供给侧结构性改革的内涵分解为"供给侧+结构性+改革"三个方面，即以提高供给质量为出发点，通过改革来推动结构调整，提高供给结构对需求变化的灵活性。以创新来驱动生产要素的优化组合，以技术进步来从长期提升我国全要素生产率，调整经济结构，转变经济发展方式，是供给侧结构性改革的基本逻辑与核心要义。[②] 在供需关系方面，供给侧结构性改革的核心在于放松管制，消除政府在资源配置中起主导作用的体制性障碍，让市场机制发挥决定性作用，进而降低制度性交易成本，提高供给体系的质量和效率。[③] 在改革具体内容方面，朱尔茜将其主要归纳为在金融财税、价格体系、国有企业、户籍土地、社保制度、科教体制和投融资体制等七个方面的改革。[④]

在供给侧结构性改革的发展方向方面，综合学者们的观点，供给侧结构性改革的实践路径可归纳为优化供给结构，提高有效供给能力；矫正要素配置扭曲，改革行政管理体制，解决产能结构性过剩问题；发挥创新乘数效应，推进产业转型升级，构筑以创新为核心的经济发展模式；通过宏观调控体系，避免一系列发展过程中的风险。在此基础上，通过稳定的宏观政策、精准的产业政策、灵活的微观政策，准确定位结构性改革方向，营造稳定的环境，以实现从传统产业向现代产业、从要素驱动向创新驱动、从政府管制向市场机制的转变。[⑤] Braunerhjelm 认为，当经济受到既影响需求又影响供给的外源性冲击时，

① Lucy Minford, David Meenagh, "Supply-Side Policy and Economic Growth: A Case Study of the UK," *Open Economies Review* 31（2020）.

② 胡鞍钢、鲁钰锋、周绍杰、杨竺松：《供给侧结构性改革的三大逻辑》，《国家行政学院学报》2016 年第 6 期；王冰冰：《创新驱动视角下供给侧结构性改革的逻辑与政策选择》，《经济纵横》2019 年第 9 期。

③ 冯志峰：《供给侧结构性改革的理论逻辑与实践路径》，《经济问题》2016 年第 2 期；吴敬琏：《要进行结构性改革》，《资本市场》2016 年第 Z3 期。

④ 朱尔茜：《供给侧结构性改革：动因、内容与次序》，《河北大学学报》（哲学社会科学版）2016 年第 3 期。

⑤ 冯志峰：《供给侧结构性改革的理论逻辑与实践路径》，《经济问题》2016 年第 2 期；胡鞍钢、鲁钰锋、周绍杰、杨竺松：《供给侧结构性改革的三大逻辑》，《国家行政学院学报》2016 年第 6 期。

除了刺激需求，政策制定还需要考虑可能阻碍经济复苏的短期供应方面的障碍。① 在新冠疫情背景下，相关部门应合理运用知识升级、税收、融资渠道、劳动力市场灵活性和竞争等微观层面的供给侧政策工具，与长期结构性改革相结合，妥善处理政府与市场的关系，通过创新驱动实现供求对接，促进产业结构调整，缓和经济波动，挖掘生产潜力，实现改革与宏观政策的协调。②

2. 供给侧结构性改革的重点领域研究

聚类群#1 农业、聚类群#6 乡村振兴、聚类群#7 双循环和聚类群#9 房地产主要探讨了供给侧结构性改革的重点领域。

供给侧结构性改革起源于经济领域，但随着不断地实践与发展，其内涵逐步拓展到经济社会发展的各个方面，比如公共服务领域、农业领域、房地产领域等，对我国政治、文化、社会、教育等领域的改革具有重要的指导性意义。

在公共服务领域，目前我国公共服务供给侧存在的结构性问题包括供给总量不足、分布不均、质量低下等，具体体现在供给主体失衡、城乡失衡、人群失衡以及供需匹配失衡等方面。部分学者指出公共服务供给侧结构性改革的本质在于权力与利益的再分配，并明确了加强顶层设计、提升公共服务供给品质、加大公共服务财政支撑力度、创新公共服务多元化供给模式等改革路径。③ 部分学者重点关注了养老服务领域的供给侧结构性改革。黄石松和纪竞垚、尹凡等从供给侧结构性视域下分析了我国养老产业的发展情况，立足国情实际，系统分析了我国养老产业发展的结构性矛盾，提出要从政府、企业、社会等主体角度全面深化养老服务供给侧结构性改革，把握好养老产业发展的战略抉择方向和着力点。④ 部分学者重点关注了教育领域的供给侧结构性改革。

---

① Pontus Braunerhjelm, "Rethinking Stabilization Policies: Including Supply-Side Measures and Entrepreneurial Processes," *Small Business Economics* 58（2022）：963-983.

② 任保平、张越：《新经济推动生产体系变化下供给侧结构性改革的路径》，《北京师范大学学报》（社会科学版）2021 年第 6 期。

③ 吴敬琏：《要进行结构性改革》，《资本市场》2016 年第 Z3 期；刘振中、李志阳：《新消费时代公共服务供给侧结构性改革的思路与路径》，《经济纵横》2019 年第 10 期；李丁、何春燕、马双：《公共服务供给侧改革的结构性对策》，《中国行政管理》2019 年第 10 期。

④ 黄石松、纪竞垚：《深化养老服务供给侧结构性改革》，《前线》2019 年第 7 期；尹凡、张亚明、刘明、李婧：《供给侧结构性视域下我国养老产业发展制约因素与战略抉择》，《城市发展研究》2020 年第 4 期。

较多研究聚焦于高校思想政治教育，从供给主体、能力、内容及质量的角度对其内涵式发展的路径展开了探索。① 部分学者重点关注了文体领域的供给侧结构性改革，如聚焦于体育产业及公共体育服务方面供给侧结构性改革的研究②，以及聚焦于文化产业方面供给侧结构性改革的研究③。

在农业领域，学者们从乡村振兴的角度分析了农业供给侧结构性改革的重要意义，广泛分析了推进农业领域的供给侧结构性改革与提振农村居民消费、保障粮食安全等方面的关联，指出深化农业供给侧结构性改革是推进乡村振兴的现实途径。④

（三）供给侧结构性改革领域研究的发展趋势

本章运用 CiteSpace 软件绘制出突现率前 25 位的关键词图谱（见图 2-5）。通过关键词突发性探测，可以将我国供给侧结构性改革主题的研究划分为三个阶段。

第一阶段为 2015~2017 年。2015 年，习近平总书记在中央财经领导小组会议上首次提出了"供给侧改革"，此后的中央经济工作会议更加强调了供给侧结构性改革的重要意义。而且学术界对于供给侧结构性改革的实质与内涵开展了广泛研究，为我国供给侧结构性改革的整体推进奠定了充分的学理基础。

---

① 张伟莉：《供给侧结构性改革对新时代高校思想政治教育内涵式发展的借鉴和启示》，《中国高等教育》2019 年第 6 期；徐建飞、王莹：《新时代高校思政课供给侧结构性改革：意涵、问题与路径》，《广西社会科学》2021 年第 2 期。

② 李乐虎、高奎亭、黄晓丽：《我国体育产业供给侧结构性改革的研究述评》，《首都体育学院学报》2019 年第 6 期；任波、黄海燕：《我国体育产业结构性失衡与供给侧破解路径》，《体育学研究》2020 年第 1 期；吴秀云、赵元吉、刘金：《供给侧结构性改革下公共体育服务供需矛盾及其调和路径》，《体育文化导刊》2020 年第 1 期。

③ 宣晓晏：《影视文化产业供给侧结构性改革的背景与路径》，《河海大学学报》（哲学社会科学版）2019 年第 2 期；苏锋：《中国动画产业的供给侧结构性改革：短板与对策》，《同济大学学报》（社会科学版）2019 年第 5 期；李群群、张波：《新时代文化产业供给侧结构性改革何以实现》，《人民论坛·学术前沿》2019 年第 23 期。

④ 陈文胜：《乡村振兴战略目标下农业供给侧结构性改革研究》，《江西社会科学》2019 年第 12 期；华树春、钟钰：《粮食供给侧改革与保障粮食安全》，《农村经济》2019 年第 12 期；王冬、柴国俊：《农业供给侧结构性改革提振居民消费：影响效应和传导机制》，《西南民族大学学报》（人文社会科学版）2021 年第 12 期。

第二阶段为 2018~2019 年。这一时期学界的研究更多的是对某一具体领域中的供给侧结构性改革展开探索，如乡村振兴、金融发展、粮食安全、实体经济等，重点关注供给侧结构性改革对我国政治、文化、社会、教育等领域改革的影响，体现了供给侧结构性改革的内涵逐步拓展与丰富的过程。第三阶段为 2020~2021 年。这一阶段的研究更多将供给侧结构性改革置于中国特色社会主义新时代与新发展格局中统筹考虑，在着眼于整体定位的同时，也规划出了供给侧结构性改革未来的推进方向。

关键词	第一次出现年份	突现强度	突现开始年份	突现结束年份	2015~2021年
供给侧	2015	5.37	2015	2016	
需求管理	2016	1.04	2016	2017	
周期性	2016	0.73	2016	2017	
结构调整	2017	0.80	2017	2018	
生产力	2017	0.80	2017	2018	
农村	2017	0.64	2017	2018	
养老服务	2017	0.64	2017	2018	
乡村振兴	2018	6.37	2018	2021	
改革开放	2018	2.48	2018	2019	
消费结构	2016	2.33	2018	2019	
金融发展	2018	2.06	2018	2019	
粮食安全	2017	1.76	2018	2019	
制度环境	2018	1.65	2018	2019	
实体经济	2016	1.59	2018	2019	
减税	2017	1.50	2018	2019	
东北振兴	2018	1.24	2018	2019	
人力资本	2018	1.04	2018	2021	
减税降费	2019	3.41	2019	2021	
资源配置	2017	2.54	2019	2021	
财政政策	2016	2.29	2019	2021	
体育产业	2016	2.08	2019	2021	
技术创新	2016	1.65	2019	2021	
去产能	2016	1.39	2019	2021	
产业结构	2016	1.34	2019	2021	
中小企业	2016	1.03	2019	2021	

图 2-5　2015~2021 年我国供给侧结构性改革主题研究文献关键词突现图谱

二　养老保险相关研究

（一）文献基本情况

以中国知网（CNKI）数据库为数据来源，在高级检索中选取期刊检索，检索条件为篇名中包含"养老保险"和"养老金"[①] 的文献，发表时间跨度为1998~2021 年，共筛选出 3518 篇 CSSCI 来源的高水平文献。由图 2-6 可以看出，1998~2021 年以养老保险为研究主题的 CSSCI 来源文献发文量可以分为三个阶段：1998~2007 年，这十年间发文量总体处于缓慢的上升阶段，且文献数量不多，这主要是由于在此期间我国原有的农村养老保险处于一种停滞状态；2007~2014 年，发文量相较于之前有了大幅度的增长；2014~2021 年，相关文献数量总体减少。

从作者发文量来看，如图 2-7 所示，自 1998 年养老保险主题研究文献初次发表以来，养老保险主题下的 CSSCI 来源发文量前 10 位的作者分别是薛惠元（51 篇）、穆怀中（43 篇）、邓大松（34 篇）、曾益（27 篇）、郑秉文（24

---

① 养老保险是国家根据相关法律法规规定，为劳动者在达到国家规定的解除劳动义务的劳动年龄界限，或因年老丧失劳动能力退出劳动岗位后的基本生活而建立的一种社会保险制度。目的是保障老年人的基本生活需求，为其提供稳定可靠的生活来源。养老保险是社会保障制度的重要组成部分，是社会保险中最重要的险种之一。按照多层次、多支柱养老保险体系的建设目标，目前我国第一支柱的基本养老保险可以分为城镇职工基本养老保险、机关事业单位基本养老保险和城乡居民基本养老保险。我国第二支柱的养老保险通常被称为补充养老保险，在我国目前主要包括企业职工参加的企业年金和机关事业单位工作人员参加的职业年金。我国第三支柱为个人储蓄性养老保险和商业养老保险，比如我国于 2022 年推出的个人养老金就属于此类范畴。养老金是指人们用于维持老年阶段生活及发展需要的资金，通常包括退休金、养老保险金、赡养费及其他用于维持老年生活的收入来源资金。其中，退休金和养老保险金是现代老年人的主要收入构成。退休金是基于传统的退休制度为老年人提供的退休生活费用，通常按劳动者退休前工资的一定比例计发。在许多建立了社会养老保险制度的国家，退休金已被养老保险金所替代。因此，我们所提到的养老金通常指基本养老金。从广义上出发，养老金不仅包括从第一支柱基本养老保险领取的金额（基本养老金），也包括从第二、第三支柱领取的金额（补充养老金）。较为特殊的是，北京市和上海市还在基本养老保险制度之外，为无保障的老年人提供福利养老金——属于适度普惠型的现金福利政策，具有非缴费性、适度普惠性、现金支付等三个特征。从已有文献研究出发，养老保险和养老金两个概念存在一定的混用，本部分在回顾时兼顾了养老保险和养老金的相关研究，主要以"养老保险"这一说法出现。

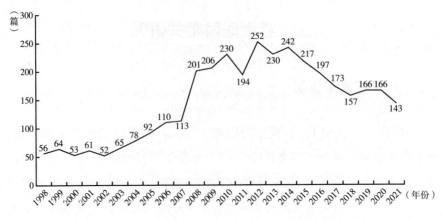

图 2-6　1998~2021 年养老保险主题研究发文量时序变化趋势

篇)、王晓军（24 篇）、刘昌平（22 篇）、王翠琴（22 篇）、封铁英（21 篇）、丁建定（20 篇）。对此采用 CiteSpace 科学知识图谱工具绘制作者合作网络图谱，对养老保险主题研究的作者进行共现分析。由图 2-8 可得，在 3518 篇高水平文献中，养老保险主题研究领域形成了以邓大松、曾益、穆怀中、王晓军、董克用、杨再贵等为中心的数个发文小网络。邓大松和李玉娇主要集中在养老保险制度改革方面进行研究，从养老保险基金可持续性出发，建议在我国养老保险制度改革中应实行"小统筹+大账户"的基本养老保险制度模式，建立"国民年金+强制性个人年金"模式的城乡统一的社会养老保险制度。他们在新型农村养老保险和养老金相关指数（替代率）测算等方面也成果颇丰。[①]曾益等主要研究关于养老保险的财政负担和财政责任等方面，其通过计量模型和精算模型发现通过提高统筹层次，由中央调剂转向统收统支来缓解养老金支付压力，养老保险征缴率会下降 16.1 个百分点，当征缴率每增加 1 个百分点时，累计财政负担比实施全国统收统支制度时下降 11.1%。此外，政策缴费率下调在短期内会减少城镇职工基本养老保险财政责任，但在中长期内会增加财政责任，他们建议引入征收体制改革、延迟退休、扩面等政策以帮助城镇职工

①　邓大松、李玉娇：《医养结合养老模式：制度理性、供需困境与模式创新》，《新疆师范大学学报》（哲学社会科学版）2018 年第 1 期。

缓解财政压力。[①] 穆怀中和杨傲注重研究公共养老金问题，从养老保险和经济学的交叉角度出发，研究人口老龄化背景下"艾伦条件"边界与现收现付养老适度水平的联动关系，提出在长寿风险和我国养老金保障风险提高的背景下，提高最低缴费年限标准难以破解提高保障水平和保持精算平衡的"两难"困境，实施延迟退休年龄政策以及个人账户计发系数、预期寿命与养老金指数联动的调整机制可以实现提高保障水平和保持精算平衡的帕累托改进。[②]

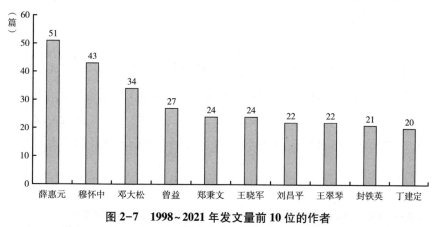

图 2-7　1998~2021 年发文量前 10 位的作者

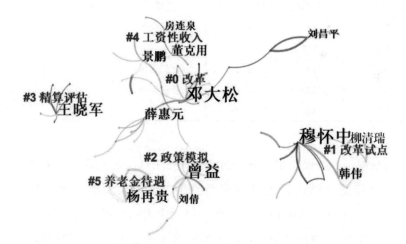

图 2-8　1998~2021 年养老保险主题研究主要作者合作网络（前六类）

---

① 曾益、李晓琳、张冉：《缴费率下调会增加养老保险的财政责任吗?》，《保险研究》2020 年第 6 期。
② 穆怀中、杨傲：《"艾伦条件"边界与现收现付养老适度水平》，《国际经济评论》2021 年第 5 期。

（二）养老保险领域的研究热点

通过使用 CiteSpace 软件对所筛选出的 3518 篇 CSSCI 来源文献关键词进行共现和聚类分析，绘制出排名前十的关键词聚类可视化图谱，可以梳理得出关于养老保险主题的研究热点。

养老保险主题下出现频次较高的 10 个关键词如表 2-3 所示，出现频次排名前三的关键词依次是"养老保险""养老金""个人账户"，频次均超过 100次。关键词的中介中心性代表了该节点的核心程度，节点的中介中心性数值越大，意味着其所连接与传递信息的关键词越多，在整个图谱中的媒介作用也越强。"养老保险"、"养老金"、"农民工"、"社会保障"和"企业年金"的中介中心性均在 0.10 及以上，说明这几个关键词是当前养老保险主题研究的关键节点。

表 2-3　1998~2021 年养老保险主题研究文献关键词出现的频次与中介中心性分析

关键词	频次（次）	中介中心性	关键词	频次（次）	中介中心性
养老保险	849	0.27	全国统筹	100	0.03
养老金	172	0.13	社会保障	78	0.20
个人账户	146	0.08	延迟退休	69	0.02
农民工	107	0.11	企业年金	57	0.10
替代率	101	0.08	改革	52	0.03

为清晰展示养老保险相关研究领域的研究热点，在关键词共现分析的基础上进一步对筛选文献进行关键词聚类分析，聚类模型的 Q 值 = 0.8807（>0.3），S 值 = 0.9733（>0.5），表示此关键词聚类图谱可信度较高。通过采用 LLR 算法，共产生 19 个主要关键词聚类节点（见表 2-4）。将关键词聚类形成图谱（见图 2-9），基于每个标签的聚类内容，并结合相关文献，可反映出养老保险主题的研究热点和发展脉络，可大致分为两个维度，两个维度下划分若干个方面的研究。

表 2-4　1998~2021 年养老保险主题研究文献关键词聚类节点

序号	聚类标签	紧密度	所含节点（按频次从高到低排序）
#0	养老保险	1.000	养老保险、养老金、养老保险制度、机关事业单位、新农保
#1	延迟退休	0.963	延迟退休、可持续性、老龄化、劳动人口抚养比、一体化
#2	公平	0.982	公平、效率、制度设计、启示、日本
#3	养老金	0.931	养老金、性别差异、养老保险、参数改革、企业职工
#4	替代率	0.963	替代率、企业年金、养老金性别不平等、个人所得税递延政策、养老保险
#5	财政补贴	0.973	财政补贴、对策、覆盖面、政府责任、问题
#6	农民工	0.984	农民工、全国统筹、演化博弈理论、参与者、制度创新
#7	第三支柱	0.953	第三支柱、改革、德国、城镇职工、中央政府
#8	社会保障	0.967	社会保障、影响因素、农民、保障水平、农村居民
#9	个人账户	0.980	个人账户、精算平衡、统筹账户、预期寿命、计发系数
#10	新农保	0.965	新农保、参保意愿、参保行为、断点回归、政策模拟
#11	农村	0.989	农村、制度、绩效评价、指标体系、制度变迁
#12	失地农民	0.993	失地农民、精算模型、反事实、再分配
#13	保值增值	0.994	保值增值、民政部、收支平衡、投资、基本方案
#14	缴费率	0.934	缴费率、统筹层次、调整机制、城乡居保、国务院
#15	人力资本	0.941	人力资本、现收现付、事业单位、经济增长、基金积累
#16	代际核算	0.989	代际核算、基金制、代际平衡、现收现付制、动态效率
#17	社会统筹	0.987	社会统筹、个人账户、保险费、农民养老、养老保险
#18	投资运营	0.992	投资运营、资本市场、共同基金、智利、资本积累

1. 养老保险的制度研究

通过"养老保险"、"第三支柱"、"社会保障"和"新农保"等聚类标签，进一步结合文献内容可以发现，养老保险制度一直是我国养老保险研究的热门主题。我国的养老保险制度早在新中国成立初期便有了雏形，养老保险作为养老保障体系的主要内容，"十三五"期间我国在解决养老问题方面取得了一定成就，以基本养老保险、企业年金和职业年金以及个人养老金为主要内容的"三支柱"养老保障体系朝着全覆盖、更公平、可持续的方向发展。"十四五"规划纲要进一步明确提出发展多层次、多支柱的养老保险体系。

城镇职工基本养老保险方面，主要研究与特定政策和现实背景相关，如全国统筹、延迟退休、零工经济、减税降费等。首先，在推进全国统筹时应注意

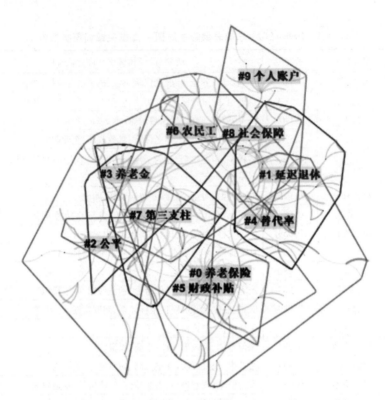

图 2-9　1998~2021 年养老保险主题研究文献关键词聚类图谱

构建相应的利益补偿机制，根据现有研究发现，省级统筹会显著降低企业养老保险缴费率，且统筹力度越大，影响越明显。① 其次，延迟退休对中央调剂效果也有正向促进作用。② 再次，零工经济对城镇职工基本养老保险也会造成不容忽视的冲击，研究发现这一用工方式会阻碍员工参与养老保险，影响养老基金的收支平衡。③ 最后，减税降费对不同的养老保险制度会产生一般均衡效应，把城镇职工基本养老保险单位缴费率降低 4 个百分点之后，会引起城镇人

---

① 赵仁杰、范子英：《养老金统筹改革、征管激励与企业缴费率》，《中国工业经济》2020 年第 9 期。

② 陈元刚、刘嘉艳、齐嵩喆：《中央调剂金制度对各省份养老金负担效应研究》，《上海金融》2022 年第 1 期。

③ 张国英、林伟垌、孙中伟：《零工经济对城镇职工基本养老保险的冲击——基于对基金收支平衡的模拟计算》，《安徽师范大学学报》（人文社会科学版）2022 年第 1 期；赵青、徐静、王晓军：《"正规就业-灵活就业"比较视角下的养老金充足性研究》，《保险研究》2021 年第 9 期。

口、城镇职工、城镇居民社会养老金替代率不同水平的下降。[①]

　　城乡居民基本养老保险方面，2014 年之前以新农保研究为主，合并为城乡居民基本养老保险后，开始朝着一体化方向发展。但是其中存在一些问题：农民实际养老金水平较低；资金统筹层次低，保值增值能力不强；区域差异大，权责不对称；等等。城乡居民基本养老保险的财政补贴远小于城镇职工基本养老保险，部门间人均养老金收入差距远大于劳动收入差距，应逐步把给职工保的财政补贴转移至居民保，以缩小养老金差距。[②] 具体分为"补入口"和"补出口"两个方向，许鼎和杨再贵认为出口补贴模式的效果优于入口补贴，且优势随着个人缴费档次和基金投资收益率的提高而增强。[③] 曹信邦则认为政府应提高入口补贴标准，来增强农民参保的意愿。[④]

　　企业年金方面，一些研究者对美国、日本、中国香港的企业年金制度进行了比较研究，对我国的养老保险制度发展提供了经验启示，应适时引入"自动加入"机制和生命周期基金[⑤]，完善个人税收优惠征收模式，提高养老金产品在整个养老资产管理市场的普及程度[⑥]，分类建立多种类型并存的企业年金制度，推动制度普及，以缓解社会养老金的压力[⑦]。此外，还应注意到企业年金对养老金差距存在双重影响[⑧]，一方面，企业年金市场存在市场失灵、恶性竞争的现象[⑨]，高收入者和大中型国有垄断企业可能利用税收优惠，通过企业

①　贾洪波：《降低单位缴费率对城镇人口养老金替代率的一般均衡效应》，《数量经济技术经济研究》2021 年第 11 期。

②　爱德华·帕尔默、王新梅、詹鹏：《中国城乡一体化的公共养老金：构建职工保与居民保之间的良性循环》，《社会保障评论》2022 年第 1 期。

③　许鼎、杨再贵：《"补入口还是补出口"？——对城乡居保财政补贴模式的精算评估》，《统计与信息论坛》2021 年第 1 期。

④　曹信邦：《完善农村社会养老保险政府责任机制的探讨》，《中国行政管理》2011 年第 10 期。

⑤　李瑶、柏正杰：《美国企业年金制度的经验、教训与启示——以 401（K）计划为例》，《社会保障研究》2018 年第 6 期。

⑥　宋德玲：《日本企业年金税收优惠制度及其对我国的启示》，《社会科学战线》2016 年第 9 期。

⑦　樊恒希、徐春华：《香港强积金制度对完善内地企业年金制度的启示》，《财经理论与实践》2017 年第 3 期。

⑧　郭磊、苏涛永：《人力资源、税收、所有制与企业年金参保——基于家庭金融微观数据的实证研究》，《公共管理学报》2015 年第 1 期。

⑨　杨燕绥、鹿峰、修欣欣：《中国养老金市场的公共治理——企业年金市场恶性竞争成因分析》，《西安交通大学学报》（社会科学版）2011 年第 3 期。

年金计划加剧社会分配不公，进而扩大企业职工养老金差距①；另一方面，企业年金又能缩小企业与机关事业单位职工养老金差距。

职业年金方面，国内研究主要包含制度优化、基金管理和国际经验等方向。有关研究通过探讨美国、英国、荷兰、澳大利亚等国家公务员职业年金制度②，测算职业年金缴费模型③等方式，发现在风险社会背景下，职业年金面临着多重风险④，如存在部分单位职业年金缴费采用"虚账运行"模式⑤、社会保险机构作为"代理人"⑥、投资管理体制不完善⑦、治理结构中"委托代理"关系趋于复杂化⑧等风险，长期下来将对财政负担产生较大风险和不公平问题。基于此，有学者认为应通过优化统筹职业年金同企业年金协同发展⑨，调整职业年金待遇给付方式和缴费比例⑩，完善职业年金投资体制⑪，实现职业年金整体性治理⑫。

个人养老金方面，国内对其发展的必要性、可行性和对策建议进行了相关研究。在必要性上，第三支柱养老金是我国养老金体系的有机组成部分，在当

① 邓大松、李玉娇：《医养结合养老模式：制度理性、供需困境与模式创新》，《新疆师范大学学报》（哲学社会科学版）2018 年第 1 期。

② 杨洋：《欧美国家公务员职业年金制度比较研究》，《社会保障研究》2016 年第 3 期；乔杨、姜玉鹏：《公职人员职业年金缴费与待遇设计研究——兼析国际典型国家的经验启示》，《价格理论与实践》2017 年第 10 期。

③ 蒲晓红、王雅：《职业年金计发完毕后的机关事业单位养老金待遇测算研究》，《社会保障研究》2021 年第 4 期。

④ 龙玉其：《职业年金制度风险及其整体性治理》，《社会保障研究》2020 年第 3 期。

⑤ 张盈华：《中国职业年金制度的财政负担预测与"实账运行"必要性》，《开发研究》2017 年第 4 期；张盈华、卢昱昕：《我国职业年金"混合账户式"管理的特性、问题与建议》，《华中科技大学学报》（社会科学版）2021 年第 3 期。

⑥ 龙玉其：《职业年金制度风险及其整体性治理》，《社会保障研究》2020 年第 3 期。

⑦ 张盈华、卢昱昕：《我国职业年金投资体制的特征和潜在风险》，《保险研究》2020 年第 7 期。

⑧ 郑秉文：《机关事业单位职业年金"委托代理"中的风险与博弈》，《开发研究》2017 年第 4 期。

⑨ 柏正杰、陈洋洋：《协调、创新与共享：企业年金与职业年金协同优化研究》，《西北人口》2020 年第 6 期。

⑩ 许鼎、郝爱民：《对机关事业单位职业年金待遇领取方式的精算分析》，《保险研究》2020 年第 1 期。

⑪ 林逸涛：《职业年金投资策略与借鉴：基于养老保障类基金角度》，《社会保障研究》2018 年第 4 期。

⑫ 龙玉其：《职业年金制度风险及其整体性治理》，《社会保障研究》2020 年第 3 期。

前我国第一支柱基本养老保险替代率不断走低，第二支柱企业年金和职业年金增长空间有限的背景下，发展个人养老金是必要之举。[1] 在可行性上，政府为发展第三支柱养老保险提供政策保障，表现为我国的税收制度改革为发展第三支柱养老保险提供了制度契机，可以利用税收优惠政策，豁免第三支柱养老金在一、二级市场的资本利得税，增强制度参与的积极性以推进制度发展。[2] 在对策建议上，则应从税收优惠、制度设计等方面完善第三支柱支撑体系。[3]

2. 养老保险的制度参数研究

该主题涉及"替代率"、"保值增值"、"财政补贴"和"缴费率"等关键词，反映了在我国养老保险的制度参数研究中，特别注重效率和公平的平衡，以及对财政负担的影响。Chybalski 从 GDP 分配情况、养老金的充足性、对劳动力市场的影响和管理成本等四个维度来分析养老保险制度的效率，结合众多学者广泛关注的领域与文献关键词聚类情况，可进一步将现有研究划分为财政负担研究、待遇测算研究、可持续性研究。[4]

财政负担方面，财政精算可以为公共养老金制度改革提供依据，推动公共养老金制度不断完善，因此我国应借鉴建立定期精算报告制度的经验，推动养老金制度高质量发展。[5] 具体精算中，在养老保险"双降"政策和征费体制改革的背景下，费基占比越高，当前养老保险基金结余越多，财政负担越小。[6] 对比自然条件下和长寿风险下的未来城乡居民基本养老保险隐性财政负担规模，2035 年前城乡居民基本养老保险隐性财政负担年均增长率达 53.85%，2035 年后降

---

① 董克用、施文凯：《加快建设中国特色第三支柱个人养老金制度：理论探讨与政策选择》，《社会保障研究》2020 年第 2 期；郑秉文：《对养老保险制度全面深化改革的思考》，《人才资源开发》2016 年第 5 期；杨燕绥、妥宏武、杜天天：《国家养老金体系及其体制机制建设》，《河海大学学报》（哲学社会科学版）2018 年第 4 期。

② 姚余栋、王赓宇：《发展养老金融与落实供给侧结构性改革》，《金融论坛》2016 年第 5 期。

③ 董克用、王振振、张栋：《中国人口老龄化与养老体系建设》，《经济社会体制比较》2020 年第 1 期；董克用、施文凯：《加快建设中国特色第三支柱个人养老金制度：理论探讨与政策选择》，《社会保障研究》2020 年第 2 期。

④ Filip Chybalski, "The Multidimensional Efficiency of Pension System: Definition and Measurement in Cross-Country Studies," *Social Indicators Research* (2016): 128.

⑤ 孙立娟、张鑫、任孝智：《日本公共养老金财政精算制度的演进与经验借鉴》，《安徽师范大学学报》（人文社会科学版）2021 年第 6 期。

⑥ 郭瑜、张寅凯：《城镇职工基本养老保险基金收支平衡与财政负担分析——基于社保"双降"与征费体制的改革》，《社会保障研究》2019 年第 5 期。

为 13.08%；2050 年城乡居民基本养老保险个人账户约 33%的支出需由财政负担。[①]

待遇测算方面，职业年金制度下的机关事业单位养老金待遇水平存在性别差异并且与个人账户记账利率成正比。[②] 城乡居民基本养老保险的待遇调整则呈现出层级间的差异：国家层面待遇调整机制缓慢，省际调整机制发展不平衡，市级调整机制表现灵敏、水平高。[③] 城乡居民基础养老金待遇水平至少应达到 119 元/月，才能实现当年中央确定的最低待遇水平的制度目标。[④] 替代率水平是衡量养老金水平的重要指标，已有研究运用保险精算的方法对不同类型人群养老金替代率进行测算[⑤]，如依据生命周期理论[⑥]或年金理论[⑦]得出养老金替代率模型、从需求和供给两方面进行基本养老金替代率的优化分析[⑧]。

可持续性方面，随着人口老龄化形势的加剧，养老保险的关键问题是可持续性，确保养老保险公共财政可持续性的主要措施可归结为延长退休年龄和降低人均养老金支付金额。调查显示，未来的养老金支付压力主要来自男性，约占养老金总支出的 58%。[⑨] 新冠疫情对我国城镇职工基本养老保险基金的可持续性产生了一定的实际影响，应从增强基金自平衡能力、合理调节退休年龄、强化精算平衡、加力提效积极财政政策等几个方面来应对新冠疫情所带来的负面冲击，提升我国城镇职工基本养老保险基金的可持续性。[⑩]

---

① 石晨曦：《城乡居民基本养老保险隐性财政负担——基于长寿风险背景下的精算分析》，《兰州学刊》2018 年第 12 期。

② 蒲晓红、王雅：《职业年金计发完毕后的机关事业单位养老待遇测算研究》，《社会保障研究》2021 年第 4 期。

③ 徐婷婷、魏远竹：《乡村振兴背景下城乡居民养老保险基础养老金待遇调整机制及测算》，《福建师范大学学报》（哲学社会科学版）2021 年第 6 期。

④ 王振振：《城乡居民基础养老金的目标待遇与水平测度——以中国东中西部地区六省为例》，《统计与信息论坛》2020 年第 11 期。

⑤ 王晓军、王燕、康博威：《我国社会养老保险不同类型人群养老金替代率的测算》，《统计与决策》2009 年第 20 期。

⑥ 王晓军：《对我国城镇职工基本养老保险制度收入替代率的定量模拟分析》，《统计研究》2002 年第 3 期。

⑦ 高建伟、高明：《中国基本养老保险替代率精算模型及其应用》，《数学的实践与认识》2006 年第 5 期。

⑧ 贾洪波、温源：《基本养老金替代率优化分析》，《中国人口科学》2005 年第 1 期。

⑨ 石晨曦：《延迟退休、人口抚养比及养老保险基金可持续性》，《当代经济管理》2022 年第 6 期。

⑩ 赵亮、李灯强：《我国城镇职工基本养老保险基金可持续性研究——基于新冠肺炎疫情冲击的影响》，《财经科学》2020 年第 12 期。

（三）养老保险领域研究的发展趋势

通过对筛选文献进行关键词突现分析，得到突现率前 20 位的关键词图谱。分别按照突现强度和时间排序，可以从横向和纵向维度综合掌握该主题的研究趋势。从强度上看，"延迟退休"、"农民工"和"养老基金"是突现强度排名前三的关键词（见图 2-10）。此外，根据关键词突现延续时间，可以发现养老保险主题研究可分为 1998~2006 年、2007~2014 年、2015~2021 年三个阶段（见图 2-11）。

关键词	第一次出现 年份	突现 强度	突现 开始年份	突现 结束年份	1998~2021年
延迟退休	1998	19.41	2015	2021	
农民工	1998	18.72	2008	2010	
养老基金	1998	15.48	1998	2006	
新农保	1998	11.64	2011	2014	
农村	1998	11.38	2003	2009	
基金制	1998	10.87	1998	2004	
个人帐户	1998	10.73	1998	2006	
全国统筹	1998	9.96	2018	2021	
社会统筹	1998	8.05	1998	2001	
财政负担	1998	7.60	2016	2019	
影响因素	1998	6.13	2014	2017	
城镇职工	1998	6.12	2017	2021	
政府责任	1998	5.93	2010	2012	
城乡统筹	1998	5.49	2013	2017	
失地农民	1998	5.28	2007	2011	
收支平衡	1998	5.26	2016	2018	
个人账户	1998	5.13	2007	2009	
参保意愿	1998	5.09	2010	2015	
制度	1998	5.05	2000	2007	
财政责任	1998	4.94	2015	2019	

图 2-10　1998~2021 年养老保险主题研究文献关键词突现图谱（按强度排序）

注：关于"个人帐户"和"个人账户"的使用，目前确实统一为后者，但是较早的时候不太规范，较多研究使用前者，因而图中第一处保留了当时的用法。

　　1998~2006 年，我国养老保险的研究主题以"养老基金"、"基金制"、"个人帐户"和"社会统筹"为主。这一时期我国还处在养老保障和养老保险体系建设的探索阶段，相关制度尚未完善，研究主要集中在上层制度设计与讨论层面。2007~2014 年，研究主题集中在"失地农民"、"农民工"、"新农保"和"政府责任"。2009 年，国务院发布《关于开展新型农村社会养老保险试点的指导意见》，我国的农村养老保险制度进入了新阶段，开始统筹城乡社会保障与养老保险发展的新征程，在这一时期出现了大量以养老保险制度改革与完善为主题的文献。2015~2021 年，"延迟退休"、"财政负担"、"收支平衡"、"城镇职工"和"全国统筹"成为该阶段的主要关键词。早在 1999 年我国便已经进入老龄化社会，根据 2020 年第七次全国人口普查数据，截至 2020 年

关键词	第一次出现年份	突现强度	突现开始年份	突现结束年份	1998~2021年
养老基金	1998	15.48	1998	2006	
基金制	1998	10.87	1998	2004	
个人帐户	1998	10.73	1998	2006	
社会统筹	1998	8.05	1998	2001	
制度	1998	5.05	2000	2007	
农村	1998	11.38	2003	2009	
失地农民	1998	5.28	2007	2011	
个人账户	1998	5.13	2007	2009	
农民工	1998	18.72	2008	2010	
政府责任	1998	5.93	2010	2012	
参保意愿	1998	5.09	2010	2015	
新农保	1998	11.64	2011	2014	
城乡统筹	1998	5.49	2013	2017	
影响因素	1998	6.13	2014	2017	
延迟退休	1998	19.41	2015	2021	
财政责任	1998	4.94	2015	2019	
财政负担	1998	7.60	2016	2019	
收支平衡	1998	5.26	2016	2018	
城镇职工	1998	6.12	2017	2021	
全国统筹	1998	9.96	2018	2021	

图 2-11　1998~2021 年养老保险主题研究文献关键词突现图谱（按时间排序）

底，我国60岁及以上人口数量为2.64亿人，占比18.7%，65岁及以上人口数量占比13.5%，距离老龄化社会仅一步之遥。老龄化社会对于社会保障体系的首要冲击便是养老金的巨大负荷，因此如何应对人口老龄化、缓解养老金压力、保证养老金按时足额发放成为当下首要的研究热点。

三　养老服务相关研究

（一）文献基本情况

以中国知网（CNKI）数据库为数据来源，为保证数据质量，主要选取 CNKI数据库中的核心期刊进行检索，为能有效探求近些年来我国养老服务相关领域的研究和发展情况，故将2012~2021年作为检索的时间范围，最终共获得相关文献2360篇。文献发文量可以在一定程度上体现出该领域的研究热度。综观CSSCI来源养老服务主题研究的发文量，自2012年125篇起，发文量呈现出总体增长的趋势，2016年相关研究领域发文量超过200篇，此后每年发文量相对稳定，近五年（2017~2021年）平均发文量为286篇。由此可见，养老服务领域属于一直为专家学者所关注的热点研究领域。此外，养老服务相关发文量在2013年、2016年、2017年均有较为明显的增加（见图2-12），结合养老服务主题研究的发文时间与数量变化情况，可知该主题研究发展趋势与我国养老服务发展的几个关键节点相一致，与一些重要政策文件的出台基本保持同步的状态。

2013年9月，《国务院关于加快发展养老服务业的若干意见》（国发〔2013〕35号）明确提出，"到2020年，全面建成以居家为基础、社区为依托、机构为支撑的，功能完善、规模适度、覆盖城乡的养老服务体系。养老服务产品更加丰富，市场机制不断完善，养老服务业持续健康发展"；同年10月，《国务院关于促进健康服务业发展的若干意见》（国发〔2013〕40号）要求，"推进医疗机构与养老机构等加强合作""发展社区健康养老服务""积极开发……养老等服务相关的商业健康保险产品"。养老服务主题研究出现明显增长。2016年和2017年，随着《中华人民共和国国民经济和社会发展第十三个五年规划纲要》、《关于2016年深化经济体制改革重点工作的意见》、《国务

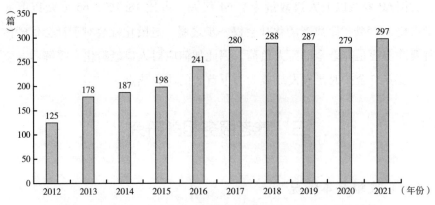

图 2-12　2012~2021 年养老服务主题研究发文量时序变化趋势

院办公厅关于全面放开养老服务市场提升养老服务质量的若干意见》（国办发〔2016〕91 号）、《智慧健康养老产业发展行动计划（2017—2020 年）》等相关政策文件的出台，"深化养老服务业综合改革试点，全面放开养老服务市场；鼓励民间资本、外商投资进入养老健康领域；推进多种形式的医养结合，增加有效供给；基本形成覆盖全生命周期的智慧健康养老产业体系"等一系列政策要求得到了社会各界的广泛重视，因此该时段内其相关主题研究在 CSSCI 上的发文量也呈现出先后两次明显的增加。此后由于国家对于老龄化与养老问题的持续关注，养老服务领域主题研究的热度也继续保持稳中有升的趋势。

目前在养老服务领域我国逐步形成了一批具有较强学术影响力的学者与研究机构。综观 2012~2021 年 CSSCI 来源养老服务主题研究的文献，发文量前 5 位的作者分别为李长远（18 篇）、李放（17 篇）、杜鹏（13 篇）、曲绍旭（13 篇）、丁建定（12 篇）。发文量前 5 位的研究机构依次为中国人民大学（132 篇）、南京大学（79 篇）、武汉大学（78 篇）、吉林大学（63 篇）、北京大学（48 篇）。在此基础上，通过 CiteSpace 软件对 2360 篇样本文献的作者与研究机构进行合作网络图谱的可视化，进而对养老服务主题研究领域的作者和研究机构进行共现分析。总体来看，在团队合作方面，养老服务主题研究主要集中在高校与科研院所上，学科背景以公共管理为主，目前已形成了南京大学政府管理学院、武汉大学社会保障研究中心、西安交通大学公共政策与管理学院等主要的研究团队（见图 2-13），但研究作者的合作主要集

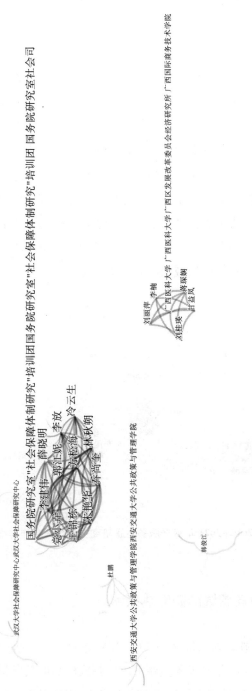

图 2-13　2012～2021 年养老服务主题研究主要作者与机构合作网络

中在同一机构内，机构之间的合作连线较少，整体网络密度较低，这表明以养老服务为主题的跨机构研究网络还未成熟，机构间联系相对松散，相互间的学术合作有待加强。

此外，进一步运用 CiteSpace 软件对研究作者合作网络图谱进行绘制与共现分析，可知 2012~2021 年的养老服务主题研究主要形成五大研究类团，同时通过进一步聚类可发现，不同研究类团之间均有明显主题，以李放、黄俊辉为代表的团队集中于人口老龄化研究，以李璐、纪竞垚为代表的团队则集中于康复服务研究，以李楠、蒋琛娴为代表的团队重点对广西进行了研究，以张建坤、李德智为代表的团队侧重于养老服务体系构建研究，而以封铁英、南妍为代表的团队则将目光集中于公办养老机构（见图 2-14）。这表明养老服务领域正在逐步出现具有不同研究方向、不同研究方法、不同研究特点的合作团体，这也在一定程度上反映了该领域的研究越来越深入。

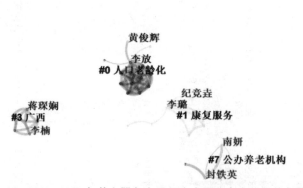

图 2-14　2012~2021 年养老服务主题研究主要作者合作网络与聚类

（二）养老服务领域的研究热点

通过 CiteSpace 软件对所筛选的 2360 篇养老服务主题研究文献进行关键词共现分析。由表 2-5 中养老服务主题下出现频次较高的关键词可以发现以下两方面。一方面就关键词频次而言，"养老服务"（376 次）、"居家养老"（149

次）、"老龄化"（145 次）、"医养结合"（100 次）、"养老模式"（80 次）是出现频次排名前五的关键词。这些关键词均代表了当下在我国养老服务研究领域中的热点话题，同时也与在人口老龄化大背景下我国养老服务模式的发展趋势相一致，即形成"以居家为基础、社区为依托、机构为补充、医养相结合"的多层次具有可持续性的社会养老服务体系。另一方面就关键词中介中心性而言，关键词关系最为紧密的是"社会保障"，其中介中心性为 0.27，基本上与其他关键词存在共现关系，是养老服务研究中的关键节点。此外，"社会养老"（0.22）、"居家养老"（0.20）、"政府购买"（0.20）、"养老服务"（0.15）等词组也都与其他关键词有较为紧密的联系。

表 2-5　2012~2021 年养老服务主题研究文献关键词出现的频次与中介中心性分析

关键词	频次（次）	中介中心性	关键词	频次（次）	中介中心性
养老服务	376	0.15	影响因素	40	0.15
居家养老	149	0.20	政府购买	38	0.20
老龄化	145	0.08	互助养老	37	0.14
医养结合	100	0.08	公共服务	36	0.08
养老模式	80	0.08	社会保障	36	0.27
老年人	72	0.03	社会养老	28	0.22
养老机构	68	0.09	长期照护	24	0.10
智慧养老	68	0.04	社会资本	23	0.01
社区养老	67	0.04			

为了进一步了解养老服务领域内相关主题研究重点的知识结构，运用 CiteSpace 软件并利用 LLR 算法对 CSSCI 来源 2012~2021 年的 2360 篇文献中的关键词进行聚类分析，以达到对研究热点高度概括的目的，得到 2012~2021 年关键词的聚类图谱（见图 2-15）。其中 Q 值=0.8626（>0.3），S 值=0.9584（>0.7），表示此聚类图谱结构显著且信度较高。从关键词聚类视图来看，形成了#0 社会保障、#1 老龄化、#2 公共服务、#3 互助养老、#4 影响因素、#5 养老服务、#6 养老机构、#7 长期照护、#8 居家养老、#9 智慧养老等 10 个核心聚类群。养老服务领域的研究主要围绕这些核心聚类群展开，各核心聚类群下又含有不同的节点（见表 2-6），核心聚类群与其下的各个节点大体勾勒出了

养老服务领域的研究轮廓。通过整理核心聚类群及聚类节点信息，同时结合所筛选文献的内容，养老服务研究热点主要聚焦于养老服务需求研究、养老服务模式研究、养老服务供给方式革新研究这3个主题领域。

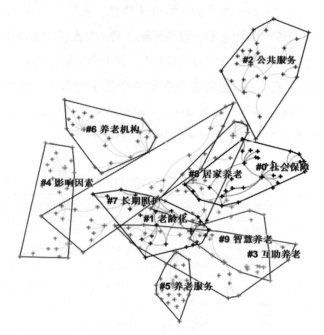

图 2-15 2012~2021 年养老服务主题研究文献关键词聚类图谱

表 2-6 2012~2021 年养老服务主题研究文献关键词聚类节点

序号	聚类标签	紧密度	所含节点（按频次从高到低排序）
#0	社会保障	0.937	社会保障、社会养老、社区养老、"互联网+"、养老观念
#1	老龄化	0.932	老龄化、乡村振兴、健康中国、养老设施、健康养老
#2	公共服务	0.964	公共服务、政府购买、新时代、民间资本、社会治理
#3	互助养老	0.988	互助养老、时间银行、社会资本、困境、出路
#4	影响因素	0.948	影响因素、医养结合、政策工具、政策文本、内容分析
#5	养老服务	0.988	养老服务、养老模式、居家养老、机构养老、文献计量
#6	养老机构	0.984	养老机构、政府、市场、家庭、宗教界
#7	长期照护	0.941	长期照护、城市社区、对策、精神养老、资源整合
#8	居家养老	1.000	居家养老、老年人、人工智能、可及性、均等化
#9	智慧养老	0.969	智慧养老、大数据、体育产业、服务质量、服务模式

1. 养老服务需求研究

从现有研究来看，大多数学者从实证研究层面，对我国老年人的养老服务需求进行了探究。按照养老服务需求种类和影响因素划分，在需求种类上，养老服务需求涉及老年人生活的方方面面，许多学者认为养老服务需求包括经济支持、日常生活照料、文化娱乐、临终照料、精神慰藉、医疗护理等六个方面，其中蔡中华等、王琼、王振军都认为医疗护理是老年人需求最为强烈的养老服务[①]；在影响因素上，养老服务主要受到老年人年龄、健康程度、经济状况、家庭结构、子女数量、自身受教育程度、传统观念、社会保障等因素的影响[②]。进一步细分对不同老年人群体进行研究，就失能老年人而言，张思锋等通过扩展线性支出模型发现，我国失能老年人对于居家养老服务有明显的偏好[③]；就城市纯老家庭而言，李芬和高向东从家庭结构变迁的视角，认为城市纯老家庭对家庭关怀需求更大，因此在养老服务中应更多关注和满足老年人精神慰藉的需求[④]；就农村老年人而言，吉鹏和李放针对市场化居家养老服务需求进行调查，发现农村老年人对市场化居家养老服务项目有一定的需求且针对不同项目的支付意愿有较大差异，受个人、家庭和子女关系等影响[⑤]；就民族地区老年人而言，李长远认为，民族地区养老服务需求应该立足于本地区经济发展和文化传统的特

---

① 蔡中华、安婷婷、侯翱宇：《城市老年人社区养老服务需求特征与对策——基于吉林市的调查》，《社会保障研究》2013年第4期；王琼：《城市社区居家养老服务需求及其影响因素——基于全国性的城市老年人口调查数据》，《人口研究》2016年第1期；王振军：《农村社会养老服务需求意愿的实证分析——基于甘肃563位老人问卷调查》，《西北人口》2016年第1期。

② 王晓峰、刘帆、马云博：《城市社区养老服务需求及影响分析——以长春市的调查为例》，《人口学刊》2012年第6期；田北海、王彩云：《城乡老年人社会养老服务需求特征及其影响因素——基于对家庭养老替代机制的分析》，《中国农村观察》2014年第4期；王琼：《城市社区居家养老服务需求及其影响因素——基于全国性的城市老年人口调查数据》，《人口研究》2016年第1期；景晓芬：《迁移老人城市社会性养老服务需求及影响因素研究——基于与城市非迁移老人的对比》，《兰州学刊》2020年第11期。

③ 张思锋、唐敏、周淼：《基于我国失能老人生存状况分析的养老照护体系框架研究》，《西安交通大学学报》（社会科学版）2016年第2期。

④ 李芬、高向东：《家庭结构变迁：城市纯老家庭养老服务环境与需求探讨》，《现代城市研究》2019年第2期。

⑤ 吉鹏、李放：《农村老年人市场化居家养老服务的需求意愿及其影响因素分析——基于江苏省的实证数据》，《兰州学刊》2020年第11期。

点，进行差异化制度设计①；就迁移老人而言，景晓芬基于比较的视角，通过与城市本地老人进行对比，指出受年龄、配偶的健康状况、职业以及对未来养老的预期等因素的影响，迁移老人的社会性养老服务整体需求较低②。

还有学者从供需错配的角度对于养老服务需求进行了讨论，认为养老服务应针对老年人实际需求进行供给，确立需求导向的决策原则，并更进一步通过魅力质量理论 Kano 模型和 TOPSIS 法，指出养老服务要瞄准老年人的需求层次，"自上而下"统一的服务供给会导致资源的浪费，难以提高老年人的获得感和满足感。此外，在影响老年人生活质量的诸多因素中，居家养老服务只是其中一个方面，其他生活性服务业（如家政服务、餐饮服务、便民服务）的蓬勃发展在一定程度上是可以提供相应支持的，但整体来看城市的公共服务较为健全，农村的公共服务相对滞后，很难找到可供替代的服务。因此，居家养老服务对于城乡老年人的意义迥然不同，对于农村老年人来说可能更为重要。③

2. 养老服务模式研究

通过分析发现，近些年学界对我国养老服务模式的探讨主要集中在居家养老、社区养老和机构养老上。

在居家养老上，居家养老服务是指社会为居住在家的老年人提供以解决日常生活困难为主要内容的一种服务形式。④ 居家养老并不等同于家庭养老，居家养老服务是社会养老服务体系的核心和基础。⑤ 国外学者通过研究发现，大力发展居家养老服务并不会导致老年人身体功能状态的下降，反而有助于鼓励个人尽可能长时间地在家里独立生活。实现居家养老的主要方式则包括专业护理人员上门照料和创

---

① 李长远：《民族地区特殊困难老年人养老服务需求研究——基于甘肃省临夏回族自治州的调查》，《哈尔滨商业大学学报》（社会科学版）2018 年第 2 期。

② 景晓芬：《迁移老人城市社会性养老服务需求及影响因素研究——基于与城市非迁移老人的对比》，《兰州学刊》2020 年第 11 期。

③ 盛见：《"需求响应"视角下养老服务供需错配问题及其解决对策》，《中州学刊》2021 年第 2 期；王建云、钟仁耀：《基于年龄分类的社区居家养老服务需求层次及供给优先序研究——以上海市 J 街道为例》，《东北大学学报》（社会科学版）2019 年第 6 期；王永梅、李雅楠、肖颖：《居家养老服务对城乡老年人生活质量的影响——基于三期 CLASS 数据的效应评估》，《人口研究》2020 年第 6 期。

④ 陈友华：《居家养老及其相关的几个问题》，《人口学刊》2012 年第 4 期。

⑤ 丁建定：《居家养老服务：认识误区、理性原则及完善对策》，《中国人民大学学报》2013 年第 2 期。

办日间照料中心两种。① 就服务过程而言，一些学者还从基本理念、政策理解、服务基本方式、资源配置等四个方面指出了居家养老所存在的核心问题②以及对居家养老服务进行了基于国际实践经验的思路框架与制度安排研究，认为居家养老服务的有效实现需要政府、市场、家庭等多方的共同努力③。此外，家庭养老向社会化养老转变是养老模式发展的基本趋势，而从传统家庭养老服务走向现代居家养老服务，既是工业化与城市化所使然，也是应对人口老龄化和家庭核心化的必然。④

在社区养老上，一些学者分析了居家养老与机构养老的优缺点与适用范围，认为居家养老难以摆脱传统意义上家政的观念，机构养老则面临经营成本高、老人认可度和利用率低的问题，因此能够充分利用社区内部及周边资源，可兼顾提供上门居家服务和机构入住的社区养老服务成为学者关注的研究热点。⑤ 目前市场上已有的养老社区可以归纳为三种主要类型：一是配建于普通居住区中的养老社区或养老住宅，二是专门建设的综合性养老社区，三是结合旅游、养生地产开发建设的度假型养老社区。⑥ 此外，还有许多学者基于某一地区的案例对社区养老服务进行探索，如李凤琴和陈泉辛以南京市鼓楼区政府向"心贴心老年服务中心"购买服务为例⑦、郁建兴等以杭州市上城区为例⑧、王晓峰等以长春市为例⑨、黄俊

① 睢党臣、彭庆超：《"互联网+居家养老"：智慧居家养老服务模式》，《新疆师范大学学报》（哲学社会科学版）2016 年第 5 期。

② 丁建定、李薇：《论中国居家养老服务体系建设中的核心问题》，《探索》2014 年第 5 期。

③ 田玲、张思锋：《居家养老服务发展的思路框架与制度安排——基于国际实践经验的分析探讨》，《理论与改革》2014 年第 6 期。

④ 刘晓梅：《我国社会养老服务面临的形势及路径选择》，《人口研究》2012 年第 5 期；丁建定：《居家养老服务：认识误区、理性原则及完善对策》，《中国人民大学学报》2013 年第 2 期。

⑤ 陈友华、邵文君：《智慧养老：内涵、困境与建议》，《江淮论坛》2021 年第 2 期；李凤琴、陈泉辛：《城市社区居家养老服务模式探索——以南京市鼓楼区政府向"心贴心老年服务中心"购买服务为例》，《西北人口》2012 年第 1 期；胡宏伟、汪钰、王晓俊、张澜：《"嵌入式"养老模式现状、评估与改进路径》，《社会保障研究》2015 年第 2 期。

⑥ 周燕珉、林婧怡：《我国养老社区的发展现状与规划原则探析》，《城市规划》2012 年第 1 期。

⑦ 李凤琴、陈泉辛：《城市社区居家养老服务模式探索——以南京市鼓楼区政府向"心贴心老年服务中心"购买服务为例》，《西北人口》2012 年第 1 期。

⑧ 郁建兴、金蕾、瞿志远：《民办社区养老机构建设及其政府责任——以杭州市上城区为例》，《浙江社会科学》2012 年第 11 期。

⑨ 王晓峰、刘帆、马云博：《城市社区养老服务需求及影响分析——以长春市的调查为例》，《人口学刊》2012 年第 6 期。

辉等以江苏农村老人为例①等，通过案例调查、问卷发放等方式收集数据，提出社区养老服务发展的困境和对策。

在机构养老上，对养老机构的现状、问题和对策的研究相对集中。② 研究发现，就服务主体而言，老年人入住养老机构的意愿呈现增长趋势，但收入水平、资金来源制约了养老机构的发展，而其中位于收入分层两端的老年人从机构养老体系中获益最多，并且随着收入的不断提升与家庭补偿的持续减少，与收入相关的机构养老利用差异也将会进一步扩大。③ 而就机构主体发展而言，刁鹏飞等以上海市为例，分析了养老机构所存在的供给不足、优质养老机构分布不均、专业人员缺乏、服务对象不明确等问题并提出对策④；武萍和付颖光则从责任分担的视角指出我国机构养老服务所面临的困境与法律应对⑤。此外，还有许多研究讨论了政府、市场、社会与家庭在养老中的责任。⑥

3. 养老服务供给方式革新研究

随着养老服务日趋从"单一保基本型"向"多样化发展型"转变，"医养结合""互助养老""智慧养老"等新型养老服务供给方式成为学界在该主题领域的研究热点问题。

在医养结合上，一部分学者针对医养结合的内涵特点、实践过程、发展困

① 黄俊辉、李放、赵光：《农村社会养老服务需求评估——基于江苏 1051 名农村老人的问卷调查》，《中国农村观察》2014 年第 4 期。
② 穆光宗：《我国机构养老发展的困境与对策》，《华中师范大学学报》（人文社会科学版）2012年第 2 期；关信平、赵婷婷：《当前城市民办养老服务机构发展中的问题及相关政策分析》，《西北大学学报》（哲学社会科学版）2012 年第 5 期；王莉莉：《中国城市地区机构养老服务业发展分析》，《人口学刊》2014 年第 4 期。
③ 姜向群、丁志宏、秦艳艳：《影响我国养老机构发展的多因素分析》，《人口与经济》2011 年第 4 期；罗艳、丁建定：《福利社会化背景下的机构养老利用差异》，《中国人口科学》2020 年第 5 期。
④ 刁鹏飞、臧跃、李小永：《机构养老的现状、问题及对策——以上海市为例》，《城市发展研究》2019 年第 8 期。
⑤ 武萍、付颖光：《责任分担视角下我国机构养老服务困境的法律应对》，《社会科学家》2021年第 4 期。
⑥ 陈友华：《居家养老及其相关的几个问题》，《人口学刊》2012 年第 4 期；田杨、崔树义、杨素雯：《养老机构扶持政策实施效果研究——基于山东省 45 家养老机构的调查分析》，《山东大学学报》（哲学社会科学版）2018 年第 3 期；周学馨、刘美华：《我国失独家庭养老体系中机构养老兜底保障作用研究——基于对全国 709 个失独者调研数据的分析》，《重庆社会科学》2020 年第 1 期；杨倩文、杨硕、王家合：《政府购买机构养老服务绩效评价指标体系构建与实证应用》，《社会保障研究》2021 年第 5 期。

境、可行路径等方面进行了探究，认为医养结合实现了"有病治病、无病疗养"的养老保障模式创新，同时还指出其当前所存在的资金投入不足、专业医生缺乏、主管部门交叉重叠、支付保障体系尚无统一规划等问题，并提出了相应的对策建议。① 而随着近年来医养结合的不断发展，一部分学者也将其与社区养老的互构机制②、社会影响力债券③、商业保险参与④等进行结合研究，为医养结合提供更多发展路径，推动"以养促医、以医助养"的新型医养关系的形成⑤。

在互助养老上，就服务模式而言，各地实践和探索各有不同，已形成了"互助幸福院""老伙伴""合租互助""义产义庄""社区互助"等十多种互助养老模式⑥，而其中较为典型的"时间银行"模式也成为学者研究的热点，并主要分成了支持和反对两种意见。其中，陈功和黄国桂围绕时间银行的发展历程和本土化创新展开研究，认为时间银行是积极应对中国人口老龄化的新思路。⑦ 而陈友华和施旖旎则对该模式难以持续推广的原因进行分析，指出其在传统文化、公信力和运营能力、服务匹配与运营成本、人口可持续与人口流动等诸多方面存在问题。⑧ 此外还有学者将时间银行与社会法⑨、区块链⑩等不同

---

① 赵晓芳：《健康老龄化背景下"医养结合"养老服务模式研究》，《兰州学刊》2014 年第 9 期；张晓杰：《医养结合养老创新的逻辑、瓶颈与政策选择》，《西北人口》2016 年第 1 期；孟颖颖：《我国"医养结合"养老模式发展的难点及解决策略》，《经济纵横》2016 年第 7 期；睢党臣、彭庆超：《"互联网+居家养老"：智慧居家养老服务模式》，《新疆师范大学学报》（哲学社会科学版）2016 年第 5 期；邓大松、李玉娇：《医养结合养老模式：制度理性、供需困境与模式创新》，《新疆师范大学学报》（哲学社会科学版）2018 年第 1 期。

② 刘丹、张昱：《医养结合与社区养老的互构机制及其运作逻辑——以 S 市"长护险"项目的社区实践为例》，《云南民族大学学报》（哲学社会科学版）2021 年第 5 期。

③ 李小兰：《社会影响力债券在我国农村医养结合融资中的运用》，《东南学术》2021 年第 6 期。

④ 王雅丽：《商业保险参与"医养结合"养老模式发展——以江苏省健康保险综合保障创意产品为例》，《社会科学家》2019 年第 9 期。

⑤ 迟福林：《探索"以养促医、以医助养"的新型医养关系——我国老龄化社会"医养结合"的几点思考》，《人民论坛》2019 年第 23 期。

⑥ 欧旭理、胡文根：《中国互助养老典型模式及创新探讨》，《求索》2017 年第 11 期。

⑦ 陈功、黄国桂：《时间银行的本土化发展、实践与创新——兼论积极应对中国人口老龄化之新思路》，《北京大学学报》（哲学社会科学版）2017 年第 6 期。

⑧ 陈友华、施旖旎：《时间银行：缘起、问题与前景》，《人文杂志》2015 年第 12 期。

⑨ 王笑寒：《社会法视域下"时间银行"互助养老机制中服务合同性质定位分析》，《法学论坛》2020 年第 5 期。

⑩ 郭剑平、王彩玲、黄健元：《社会交换视角下区块链赋能养老服务时间银行发展研究》，《中州学刊》2021 年第 12 期。

视角进行联系，为该模式的可持续发展寻找对策。还有众多学者从合作生产、社会网络和社会资本等方面对时间银行服务领域的发展进行了广泛探讨。①

随着物联网与云计算的兴起，另一些学者提出了"智慧养老"的概念和结构，认为智慧养老是指通过现代信息技术，为老年人生活的诸多方面提供更便捷高效的服务与管理，实现现代科技与老年人智能互动的养老服务新模式②，并对其发展前景优势③、实践现状与困境④进行了探讨。此外还有部分学者从智能可穿戴设备产业竞争力⑤、多模态用户界面应用设计和社交辅助机器人⑥、虚拟养老院发展⑦、失能老人使用智慧养老产品态度⑧等角度对相关服务产品进行了更加深入的研究，并对智慧养老服务发展提出了相应的对策建议。

---

① 李海舰、李文杰、李然：《中国未来养老模式研究——基于时间银行的拓展路径》，《管理世界》2020 年第 3 期；陈际华：《"时间银行"互助养老模式发展难点及应对策略——基于积极老龄化的理论视角》，《江苏社会科学》2020 年第 1 期；袁志刚、陈功、高和荣等：《时间银行：新型互助养老何以可能与何以可为》，《探索与争鸣》2019 年第 8 期；张彩华：《村庄互助养老幸福院模式研究：支持性社会结构的视角》，博士学位论文，中国农业大学，2017；Jason Glynos, et al., "Paradoxes in the Management of Timebanks in the UK's Voluntary Sector: Discursive Bricolage and Its Limits," *International Journal of Voluntary and Nonprofit Organizations* 34 (2023): 486-496；Wei Zhang, Jiawei Cao, and Linjun Zhang, "Study on China's Time Bank Mutual Care Model for the Elderly from the Perspective of Social Capital Theory," *Academic Journal of Business Management* 5 (2023): 90-95；Ruth Naughton-Doe, Ailsa Cameron, and John Carpenter, "Timebanking and the Co-production of Preventive Social Care with Adults: What Can We Learn from the Challenges of Implementing Person-to-Person Timebanks in England? ," *Health Social Care in the Community* 29 (2021): 1285-1295。
② 张雷、韩永乐：《当前我国智慧养老的主要模式、存在问题与对策》，《社会保障研究》2017 年第 2 期。
③ 魏强、吕静：《快速老龄化背景下智慧养老研究》，《河北大学学报》（哲学社会科学版）2021 年第 1 期。
④ 张雷、韩永乐：《当前我国智慧养老的主要模式、存在问题与对策》，《社会保障研究》2017 年第 2 期；陈友华、邵文君：《智慧养老：内涵、困境与建议》，《江淮论坛》2021 年第 2 期。
⑤ 吴琼、陈思、朱庆华：《产业链视角下我国老年智能可穿戴设备产业竞争情报分析》，《情报理论与实践》2020 年第 5 期。
⑥ Alessandro Di Nuovo, Frank Broz, Ning Wang, Tony Belpaeme, Angelo Cangelosi, Ray Jones, Raffaele Esposito, Filippo Cavallo, Paolo Dario, "The Multi-Modal Interface of Robot-Era Multi-Robot Services Tailored for the Elderly," *Intelligent Service Robotics* 11 (2018): 1.
⑦ 杜孝珍、孙婧娜：《我国虚拟养老院发展的优势、风险及路径》，《上海行政学院学报》2020 年第 4 期。
⑧ 王立剑、金蕾：《愿意抑或意愿：失能老人使用智慧养老产品态度研究》，《西北大学学报》（哲学社会科学版）2021 年第 5 期。

（三）养老服务领域研究的发展趋势

为更好地了解我国养老服务主题研究在近些年不同时间段内的变化情况，本书采用对关键词进行突现性探测的方法，在 CiteSpace 软件中绘制出突现率前 25 位的关键词图谱（见图 2-16），通过分析关键词突现图谱发现，我国近些年养老服务主题研究可大致分为以下三个阶段。

关键词	第一次出现年份	突现强度	突现开始年份	突现结束年份	2012~2021年
居家养老	2012	7.22	2012	2014	
社区	2012	4.64	2012	2015	
养老	2012	4.51	2012	2015	
空巢老人	2012	4.01	2012	2013	
服务体系	2012	3.44	2012	2013	
社区服务	2012	2.95	2012	2013	
家庭	2012	2.50	2012	2014	
社会养老	2013	6.98	2013	2015	
对策	2013	3.80	2013	2017	
社会工作	2013	3.27	2013	2014	
公共服务	2012	4.22	2014	2016	
城市社区	2014	3.02	2014	2017	
农村社区	2015	2.44	2015	2016	
政府购买	2012	3.25	2016	2017	
老年人口	2016	3.19	2016	2017	
医养融合	2016	3.19	2016	2017	
互联网+	2016	3.18	2016	2017	
养老意愿	2016	2.66	2016	2018	
影响因素	2014	5.09	2018	2019	
智慧养老	2016	8.41	2019	2021	
互助养老	2015	7.30	2019	2021	
时间银行	2019	5.71	2019	2021	
农村养老	2015	4.42	2019	2021	
人工智能	2019	4.35	2019	2021	
新时代	2019	3.68	2019	2021	

图 2-16 2012~2021 年养老服务主题研究文献关键词突现图谱

第一阶段为 2012~2015 年。随着人口老龄化程度的不断加深，在这一阶段研究者将目光主要集中在养老服务对象、服务供给模式以及服务提供主体三个方面。其中，就服务对象而言，研究者逐渐将老年人口进行细分，"空巢老人"等不同老年人群体进入研究者视野；就服务供给模式而言，自国发〔2013〕35 号明确提出发展多层次社会养老服务体系后，"居家养老""社会养老"成为此阶段研究者关注的重点；就服务提供主体而言，"社区"等不同主体在养老服务中发挥的作用越来越受到学界的重视。

第二阶段为 2016~2018 年。在这一阶段关于"医养融合""互联网+"等新型养老服务模式的研究逐步兴起，此外研究者对于"政府购买"等相关政府行为在养老服务中的作用表现出了较高的关注度。总体来看，这一阶段的研究体现了养老服务逐步拓展与丰富的过程。

第三阶段为 2019~2021 年。随着供给侧结构性改革在前期的经验积累和不断深入推进，养老服务供给也在这一阶段呈现出了更加明显的多样化趋势，观察这一阶段突现的关键词可以发现，"智慧养老""互助养老""时间银行""人工智能"等成为当下养老服务主题研究的热点前沿问题。此外，在全面建成小康社会和脱贫攻坚的大环境下，对该领域的研究也在逐渐侧重于"农村养老"等一系列问题。故这一时间段可以看成该主题研究对中国特色社会主义新时代与新发展格局的统筹考虑，在着眼于整体定位的同时，也规划出了养老服务未来多元多层次的推进方向。

四　小结

结合上述文献分析来看，已有关于供给侧结构性改革的研究视角丰富，关于养老保险的研究较为成熟，近年来对养老服务的关注也持续升温，但多数研究只关注了其中一方面，单独讨论了养老保险或养老服务，而对于三者相互关系和影响机制的系统研究则相对较为缺乏，更鲜有研究对养老保险和养老服务的供需平衡和互动机制进行探索。

根据联合国最新预测，2050 年中国人口老龄化率将高达 35.1%，"十四五"时期我国 60 岁及以上人口的数量将突破 3 亿人，我国将从轻度老龄化进入中度老龄化阶段。相较于发达国家人口老龄化与工业化、城镇化同步发展的历程，我国人口老龄化的进程略显仓促。人口老龄化和高龄化的持续加深会增加养老保险和养老服务需求，并对供给造成压力。一方面，随着我国人口老龄化程度的不断加剧，养老金缺口会随着人口红利的逐步消失而不断扩大，养老保险体系的负担将不断加重，制度收支平衡矛盾日益尖锐。而目前我国正在探索实施的渐进式延迟退休年龄政策在缓解资金压力的同时，也在一定程度上为现有养老保险制度的调整和完善提出了严峻的挑战。此外，在新冠疫情流行的大背景下，各类灵活多样的就业形式层出不穷，如何保障灵活就业者的权益，妥善处理养老保险转移接续问题，保障养老保险的便携性，仍是值得深思的问题。另一方面，人口老龄化程度的加深使得养老服务相对缺乏的供给和多样性需求之间的矛盾有所加剧。我国养老服务发展时限较短，市场发育仍不充分，养老服务供给层次较低、质量不高、同质性服务供给相对过剩、有需无供或供给价格不合理等结构性问题普遍存在，同时，养老服务供给方的高成本与需求方的低支付能力之间也存在着一定的矛盾。可见，目前我国养老保险和养老服务供给仍难以满足日益增长的需求，养老保险制度、养老服务体系尚不健全，供需结构性矛盾较为凸显。因此，从供给侧结构性改革的角度来分析养老保险和养老服务问题切中肯綮。

深化供给侧结构性改革是养老保险和养老服务的发展方向。从供给侧结构性改革的角度考量养老保险和养老服务问题，最终目的是满足人口老龄化和人口红利消失所带来的养老需求，主攻方向是提高供给质量，根本途径是通过改革完善养老保险制度和养老服务体系，增强养老保险的可持续性，提高养老服务供给能力，以提升老年群体的获得感和幸福感，稳定青年群体的预期，提升其对于公共服务的满意度，满足其对于美好生活的向往。就北京市的情况而言，养老金总量的需求、养老服务多样性的需求持续增加，延迟退休、三孩政策等公共政策在长期能够缓解供给压力，但短期内，服务于整体规划的疏解非首都核心功能又会在一定程度上使养老金积累和养老服务人员配比变得紧张。如何在供给侧结构性改革中平衡养老保险和养老服务的供给与需求，形成良性循环，亟待深入探讨。

在供给侧结构性改革的指引下，将养老保险与养老服务统筹考量，理顺二者之间的关系，分析其内部供需结构，有利于从"补短板"的角度完善养老保险待遇的正常增长机制，健全养老保险待遇发放制度，提高资金使用效率，使得养老保险供给更有效地与需求匹配；有利于提高和完善养老服务的质量与标准，在统一的制度下更加人性化地提供保障，解决养老服务的供需矛盾；有利于协调养老保险和养老服务，使得养老保险和养老服务在政府供给和个人需求上能够更为有效地联动和平衡，以养老保险拓展养老服务范围、提高服务质量，以养老服务吸引资金流入、合理配置资源，促进现金和服务的动态调整与平衡，让二者在思路上符合供给侧结构性改革、在功能上更合理地互补、在实施中更有效地相互促进，实现资源的有效配置。基于此，本书将聚焦于北京市养老保险和养老服务的内部供需平衡，探寻二者之间的互动机制，探讨养老体系在新环境下的调整和变革。

第二篇

全貌与聚焦

第三章　我国养老保险和养老服务的
建设情况

一　我国"三支柱"养老保险的发展动态

随着我国人口老龄化程度持续加深，《中华人民共和国国民经济和社会发展第十四个五年规划和 2035 年远景目标纲要》明确提出，"发展多层次、多支柱养老保险体系，提高企业年金覆盖率，规范发展第三支柱养老保险"。至 2020 年底，我国已初步构建起以基本养老保险为基础、以企业（职业）年金为补充、与个人储蓄性养老保险和商业养老保险相衔接的"三支柱"养老保险体系。

第一支柱即基本养老保险制度，由国家、单位和个人共同负担，坚持全覆盖、保基本。截至 2022 年底，城镇职工基本养老保险参保人数 5.0355 亿人（其中实际领取待遇人数 1.3644 亿人），积累基金 5.689 万亿元；城乡居民基本养老保险参保人数 5.4952 亿人（其中实际领取待遇人数 1.6464 亿人），积累基金 1.2962 万亿元。[①] 第二支柱为企业（职业）年金制度，由单位和个人共同负担，实行完全积累，市场化运营。截至 2022 年 3 月底，全国参加企业年金和职业年金的职工有 7200 万人，积累基金 4.5 万亿元，补充养老的作用

---

① 民政部网站：《2022 年度国家老龄事业发展公报》（2023 年 12 月 14 日），https：//www.gov.cn/lianbo/bumen/202312/content_6920261.htm，最后访问日期：2023 年 12 月 30 日。

初步显现。① 第三支柱包括个人储蓄性养老保险和商业养老保险，是个人利用金融手段增加养老保障供给的有效形式。

（一）基本养老保险

我国基本养老保险由城镇职工基本养老保险、城乡居民基本养老保险构成。城镇职工基本养老保险对象包括企业职工、机关事业单位人员和其他灵活就业人员。城乡居民基本养老保险对象包括未参加城镇职工基本养老保险的城乡居民，前身是新型农村社会养老保险、城镇居民社会养老保险，2014 年 2月国务院常务会议决定将两者合并为全国统一的城乡居民基本养老保险制度。第一层次政府主导的基本养老保险制度获得了长足发展，截至 2022 年底，城镇职工基本养老保险和城乡居民基本养老保险的参保人数为 105307 万人②，占总人口的 74.6%，基本养老保险基金总支出占当期 GDP 的比重已经从 2011 年的 2.74% 上升到 2022 年的 5.23%③。

1. 覆盖人群及覆盖范围逐渐扩大

我国针对不同群体先后建立了城镇职工基本养老保险和城乡居民基本养老保险制度，基本实现全覆盖，加快城乡一体化统筹步伐。基本养老保险覆盖范围从城镇逐渐扩大到农村，从国有企业扩大到多元经济单位，从正规就业群体向个体工商户、灵活就业人员等就业不稳定群体覆盖。基本养老保险参保率持续增长，截至 2021 年 3 月底，基本养老保险参保率超过 90%④，逐步从"制度全覆盖"迈向"人群全覆盖"。

从参保情况来看，截至 2021 年底，全国基本养老保险参保人数为 102871 万

---

① 中国政府网：《关于个人养老金，这场发布会信息量很大》（2022 年 4 月 27 日），http://www.gov.cn/fuwu/2022-04/27/content_5687497.htm，最后访问日期：2022 年 6 月 9 日。
② 民政部网站：《2022 年度国家老龄事业发展公报》（2023 年 12 月 14 日），https://www.gov.cn/lianbo/bumen/202312/content_6920261.htm，最后访问日期：2023 年 12 月 30 日。
③ 数据来源：根据 2011 年和 2022 年《人力资源和社会保障事业发展统计公报》披露的基金总支出和国内生产总值的数据计算而来。
④ 人民日报：《基本养老保险参保率提高到 95%——健全多层次养老保险体系》（2021 年 7 月 13日），https://www.gov.cn/xinwen/2021-07/13/content_5624486.htm，最后访问日期：2023 年12 月 30 日。

人，比上年末增加 3007 万人。其中，城镇职工基本养老保险参保人数达到 48074 万人，比上年末增加 2453 万人，占全部参保人数的 47%；城乡居民基本养老保险参保人数 54797 万人，比上年末增加 554 万人，占全部参保人数的 53%（见表 3-1）。

表 3-1　2011~2021 年基本养老保险参保人数

单位：万人

年份	城镇职工基本养老保险参保人数			城乡居民基本养老保险参保人数	
	参保职工	参保离退休人员	总计	参保人数	实际领取待遇人数
2011	21565	6826	28391	33182	—
2012	22981	7446	30427	48370	13382
2013	24177	8041	32218	49750	14122
2014	25531	8593	34124	50107	14742
2015	26219	9142	35361	50472	14800
2016	27826	10103	37930	50847	15270
2017	29268	11026	40293	51255	15598
2018	30104	11798	41902	52392	15898
2019	31178	12310	43488	53266	16031
2020	32859	12762	45621	54244	16068
2021	34917	13157	48074	54797	16213

资料来源：2011~2021 年《人力资源和社会保障事业发展统计公报》。

我国于 2014 年在全国范围内推行"全民参保登记计划"，各省份通过信息比对、入户调查和数据集中管理等一系列积极措施，通过建立全面、完整和准确的参保数据库，努力实现将全体职工和适龄城乡居民覆盖在内，确保越来越多的群体享受到基本养老保险待遇，保证各类人群参与养老保险制度的机会公平、规则公平和权利公平。[①]

2. 养老保险待遇水平稳步提高

2021 年，基本养老保险基金总收入为 65793 亿元，同比增长 33.6%（见表 3-2）。其中城镇职工基本养老保险基金收入达到 60455 亿元，占养老保险

① 王延中、单大圣、龙玉其：《中国社会保障发展报告（2020）No.11——"十四五"时期社会保障展望》，社会科学文献出版社，2020。

基金总收入的 91.9%；城乡居民基本养老保险基金收入为 5339 亿元，占养老保险基金总收入的 8.1%（见表 3-3）。2020 年，基本养老保险基金总收入以及累计结存的减少主要是受到了新冠疫情的影响，为了减轻企业负担，政府出台了社保"免减缓"政策。减免政策直接导致城镇职工基本养老保险基金收入减少，而城乡居民基本养老保险基金支出依旧稳步增长，从而总体上导致基本养老保险基金累计结存减少。2021 年，新冠疫情基本得到控制，生产秩序得以恢复，基本养老保险基金收入也实现回升。

表 3-2 2011~2021 年基本养老保险基金收支及累计结存情况

单位：亿元

年份	总收入	总支出	累计结存
2011	18005	13363	20728
2012	21830	16712	26244
2013	24733	19819	31275
2014	27620	23326	35645
2015	32195	27929	39937
2016	37991	34004	43965
2017	46614	40424	50202
2018	55005	47550	58152
2019	57026	52342	62873
2020	49229	54657	58075
2021	65793	60197	63970

资料来源：2011~2021 年《人力资源和社会保障事业发展统计公报》。

表 3-3 2011~2021 年分类别基本养老保险基金收支及累计结存情况

单位：亿元

年份	城镇职工基本养老保险基金			城乡居民基本养老保险基金		
	收入	支出	累计结存	收入	支出	累计结存
2011	16895	12765	19497	1110	599	1231
2012	20001	15562	23941	1829	1150	2302
2013	22680	18470	28269	2052	1348	3006
2014	25310	21755	31800	2310	1571	3845
2015	29341	25813	35345	2855	2117	4592
2016	35058	31854	38580	2933	2150	5385

续表

年份	城镇职工基本养老保险基金			城乡居民基本养老保险基金		
	收入	支出	累计结存	收入	支出	累计结存
2017	43310	38052	43885	3304	2372	6318
2018	51168	44645	50901	3838	2906	7250
2019	52919	49228	54623	4107	3114	8249
2020	44376	51301	48317	4853	3355	9759
2021	60455	56481	52574	5339	3715	11396

资料来源：2011~2021 年《人力资源和社会保障事业发展统计公报》。

　　2021 年，基本养老保险基金总支出 60197 亿元，同比增长 10.1%。2011~2020 年，基本养老保险基金总支出占 GDP 的比重持续稳定上涨，直到 2021 年才有回落，由 2011 年的 2.74%上升到 2021 年的 5.26%（见图 3-1）。近些年，无论是城镇职工还是城乡居民，其养老保险待遇水平均获得了不同程度的提高。截至 2022 年，我国企业退休人员基本养老金水平已实现"十八连涨"。[1]特别是自 2012 年以来，我国持续建立健全基本养老金待遇确定和合理调整机制[2]，企业退休人员月人均养老金从 2012 年的 1686 元增长到 2021 年的 2987元[3]，劳动者的获得感和满足感不断提升。对于城乡居民而言，我国不仅在2014 年率先实现城乡一体化，而且持续加大政府转移支付的力度。城乡居民基础养老保险基金最低标准从建立初期（2012 年）的每人每月 55 元上升到2020 年的每人每月 93 元。整体而言，我国城乡居民社会保险制度平均待遇水平已经从 2012 年的每人每年 859 元上升到 2020 年的每人每年 2088 元。2018年 3 月，人社部和财政部联合下发《关于建立城乡居民基本养老保险待遇确定和基础养老金正常调整机制的指导意见》，推动实现城乡居民基本养老保险待

---

① 新华社：《2022 年退休人员基本养老金上调 4%》（2022 年 5 月 26 日），https：//www.gov.cn/xinwen/2022-05/26/content_5692442.htm，最后访问日期：2024 年 5 月 17 日。

② 人民日报：《中国这十年：就业保持总体稳定　社保体系不断完备》（2022 年 8 月 26 日），https://www.gov.cn/xinwen/2022-08/26/content_5706883.htm，最后访问日期：2024 年 5 月 17 日。

③ 经济日报：《织密社会保障安全网》（2022 年 5 月 10 日），https：//www.mohrss.gov.cn/SYrlzyhshbzb/dongtaixinwen/buneiyaowen/rsxw/202205/t20220510_447151.html，最后访问日期：2024 年 5 月 17 日。

遇水平调整的机制化和科学性，实现与经济发展水平和财政能力相契合，进一步强化民生安全保障网。

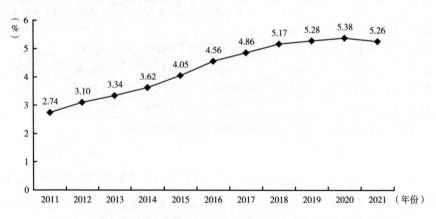

图 3-1　2011~2021 年基本养老保险基金总支出占 GDP 的比重

资料来源：2011~2021 年《人力资源和社会保障事业发展统计公报》及国家统计局发布数据。

3. 基金保值增值压力大

我国的基本养老保险基金与其他"四险"基金（基本医疗保险基金、工伤保险基金、失业保险基金、生育保险基金）共同被称为社会保障基金，由全国社会保障基金理事会负责管理运营。从投资收益情况来看，截至 2020 年，社会保障基金自 2000 年 8 月成立以来的年均投资率为 8.51%，其中，基本养老保险基金自 2016 年 12 月开始受托运营以来投资收益额逐年增长，2017~2020 年累计投资收益额为 1986.46 亿元，年均投资收益率为 134.7%。2020 年，基本养老保险基金投资收益额为 1135.77 亿元，投资收益率为 10.95%（见表 3-4）。基本养老保险基金的投资运营是在确保基金安全的基础上再实现保值增值，投资成绩稳中有进。从投资运营方式来看，投资渠道过于单一且过于保守，降低了养老保险制度的可持续性。2019 年，人社部基金监督局局长唐霁松表示，现阶段我国养老金委托投资规模只占到了基金积累额的 15%，还有大量的养老保险基金存在银行或是购买国债。①

---

① 新华网：《养老金入市规模仅 15%！人社部官员：鼓励扩大投资规模》（2019 年 2 月 25 日），https：//baijiahao. baidu. com/s？ id＝1626426094112179261&wfr＝spider&for＝pc，最后访问日期：2023 年 12 月 30 日。

表 3-4　2017～2020 年基本养老保险基金投资收益情况

单位：亿元，%

年份	基本养老保险基金投资收益额	基本养老保险基金投资收益率
2017	87.83	5.23
2018	98.64	2.56
2019	664.22	9.03
2020	1135.77	10.95

资料来源：《全国社会保障基金理事会基本养老保险基金受托运营年度报告（2020 年度）》。

4. 全国统筹稳步推进

统筹层次低一直是影响和制约我国城镇企业职工基本养老保险制度可持续发展的关键。长期以来，城镇企业职工基本养老保险一直处于县市级统筹，不仅各地政策不一，而且基金难以在地区间互助共济。实施全国统筹有利于解决基金结构性矛盾，当前在全国范围内实现养老保险统筹已具备较好的基础。首先，2021 年初，我国已有 30 个省份在基本养老制度、缴费政策、待遇政策、基金使用、基金预算和经办管理实现"六统一"的基础上，实现省级基本养老保险基金统收统支。其次，中央调剂制度已经确定。我国于 2018 年 7 月 1 日起正式启动实施了养老保险基金中央调剂制度，中央调剂基金由各省份养老保险基金上解的资金构成。按照各省份职工平均工资的 90% 和在职应参保人数作为计算上解额的基数，上解比例从 3% 起步，逐步提高。① 至 2021 年，企业职工基本养老保险基金中央调剂比例提高到 4.5%。② 在实施制度的 2018～2021 年四年间共跨省调剂资金 6000 多亿元，其中 2021 年跨省调剂的规模达到 2100 多亿元。③ 中央调剂制度的建立使得包括东北三省在内的 22 个省

① 《国务院关于建立企业职工基本养老保险基金中央调剂制度的通知》（国发〔2018〕18 号）。
② 规划财务司：《2021 年度人力资源和社会保障事业发展统计公报》（2022 年 6 月 7 日），http://www.mohrss.gov.cn/SYrlzyhshbzb/zwgk/szrs/tjgb/202206/t20220607_452104.html，最后访问日期：2023 年 12 月 31 日。
③ 人民日报：《企业职工基本养老保险全国统筹 1 月起启动实施　养老金及时足额发放有保障》（2022 年 2 月 25 日），http://www.gov.cn/xinwen/2022-02/25/content_5675550.htm，最后访问日期：2022 年 5 月 21 日。

份从中获益，这意味着我国推进养老保险全国统筹目标的实现迈出了实质性一步。最后，全国统一的社会保险公共服务平台已经建成，为养老保险全国统筹实施奠定了较好的基础。2022 年 2 月 22 日，人社部对外宣布，2022 年 1 月起企业职工基本养老保险启动全国统筹，为养老保险待遇及时足额发放提供保障。从数据上看，2022 年全年共跨省调剂资金 2440 亿元。①

5. 区域发展差异较大

我国基本养老保险区域发展差异较大，主要体现在两个方面：养老保险区域间收支差异和养老保险区域缴费标准差异。从表 3-5 来看，就养老保险区域间收支差异而言，我国各省区市之间养老保险基金累计结余差异明显，一些经济基础较好的省市，如广东、北京、江苏、浙江等养老保险基金累计结余较多。其中养老保险基金累计结余最多的省份是广东省，城镇职工基本养老保险基金累计结余为 12338.3 亿元，城乡居民基本养老保险基金累计结余为 475.1 亿元。相比之下，黑龙江、青海、西藏、海南等省区的养老保险基金累计结余较少，其中黑龙江已经出现城镇职工基本养老保险基金收不抵支的情况。同时，由表 3-5 可知，如广东、北京等养老保险基金累计结余较多的省市老年抚养比却相对较低，而一些累计结余较少的省份如辽宁、黑龙江等的老年抚养比反而较高，养老保险基金压力较大。就养老保险区域缴费标准差异而言，我国实行的缴费标准如下：河北、内蒙古、辽宁、吉林、黑龙江、上海、西藏、陕西、青海采取 20% 的企业缴纳标准；北京、天津、山西、安徽、江西、河南、湖北、湖南、广西、海南、重庆、四川、贵州、云南、甘肃、宁夏采取 19% 的缴纳标准；山东、福建采取 18% 的缴费标准；江苏、新疆采取 16% 的缴费标准；广东、浙江采取 14% 的缴费标准。可见不同地区的企业负担存在较大差异，缴费标准差距高达 6 个百分点。

---

① 人力资源和社会保障部：《2022 年度人力资源和社会保障事业发展统计公报》（2023 年 6 月 20 日），http://www.mohrss.gov.cn/xxgk2020/fdzdgknr/ghtj/tj/ndtj/202306/t20230620_501761. html，最后访问日期：2023 年 12 月 31 日。

表3-5　2020年各省区市基本养老保险基金累计结余情况

单位：亿元，%

省区市	城镇职工基本养老保险基金累计结余	城乡居民基本养老保险基金累计结余	老年抚养比
北京	5763.3	170.0	17.8
天津	358.6	296.4	20.6
河北	641.6	485.0	21.1
山西	1505.4	269.8	18.2
内蒙古	407.8	124.2	17.9
辽宁	226.3	88.2	24.4
吉林	341.2	85.7	21.5
黑龙江	-368.9	116.3	21.1
上海	1214.1	89.4	22.0
江苏	4231.8	788.3	23.6
浙江	2457.8	250.5	18.1
安徽	1863.3	588.6	22.8
福建	710.2	231.0	15.9
江西	724.0	305.4	18.0
山东	1475.7	1290.7	22.9
河南	1078.7	641.1	21.3
湖北	963.2	445.2	21.1
湖南	1864.9	411.0	22.6
广东	12338.3	475.1	11.8
广西	631.3	234.1	19.0
海南	248.8	113.5	15.0
重庆	1025.9	171.7	25.5
四川	3367.4	632.5	25.3
贵州	878.4	154.0	17.9
云南	1340.5	487.3	15.4
西藏	185.1	33.9	8.1
陕西	747.7	300.1	19.2
甘肃	376.6	250.0	18.5
青海	23.3	59.7	12.3
宁夏	241.9	43.0	21.1
新疆	1330.3	127.1	22.6

资料来源：《中国统计年鉴2021》。

（二）补充养老保险

1. 企业年金

我国自 2004 年起建立企业年金制度，采用个人账户方式管理，费用由企业和个人共同缴纳，实行完全积累制。基金构成主要包括企业缴费、个人缴费、基金投资运营收益。2004 年 1 月，劳动和社会保障部发布《企业年金试行办法》（当年 5 月 1 日起施行），其中规定"企业缴费每年不超过本企业上年度职工工资总额的十二分之一。企业和职工个人缴费合计一般不超过本企业上年度职工工资总额的六分之一"。2017 年 12 月，人社部、财政部联合印发《企业年金办法》（2018 年 2 月 1 日起施行），其中规定"企业缴费每年不超过本企业职工工资总额的 8%。企业和职工个人缴费合计不超过本企业职工工资总额的 12%"。《企业年金办法》弱化了企业年金的自愿性，积极鼓励引导符合条件的企业建立企业年金。

（1）覆盖范围扩面增速放缓

从建立企业年金的企业数和参加职工数上来看，我国企业年金正向全覆盖的方向发展。截至 2020 年底，有 105227 个企业参加企业年金，有 2717.53 万名职工参加企业年金。除一些中小企业和民营企业外，能源、电力、交通、烟草、金融等行业基本上建立了企业年金，企业年金制度的覆盖范围逐步扩大。从增长速度来看，尽管企业年金参加职工数和企业数保持持续增长，但是增长速度正在放缓且呈波动态势。具体来看，2011~2014 年建立企业年金的企业数增长率较高，随后几年增长率急剧下降，2016 年为 1.1%，此后增长率略有回升但是增速缓慢；企业年金参加职工数的增长率在 2015~2018 年急剧下降，2017 年增长率达到最低值 0.3%，之后略有回升，2020 年增长率为 6.7%（见表 3-6）。这说明我国企业年金已经进入低增长区间。从参保人数占就业人口的比重和占城镇职工基本养老保险参保人数的比重可以看出，作为养老保险体系第二支柱的企业年金依然有很大的发展空间（见表 3-7）。

表3-6 2011~2020年我国企业年金发展情况

对比指标	2011年	2012年	2013年	2014年	2015年	2016年	2017年	2018年	2019年	2020年
参加职工数（万名）	1577	1847	2056	2293	2316	2325	2331	2388	2548	2718
比上年增长（%）	18.1	17.1	11.4	11.5	1.0	0.4	0.3	2.4	6.7	6.7
参加企业数（年末累计，万个）	4.49	5.47	6.61	7.33	7.55	7.63	8.04	8.74	9.60	10.50
比上年增长（%）	21.3	21.8	20.8	10.8	3.0	1.1	5.4	8.7	9.8	9.4
企业年金基金规模（亿元）	3570	4821	6035	7689	9526	11075	12880	14770	17985	22497
占GDP的比重（%）	0.76	0.93	1.06	1.21	1.38	1.49	1.56	1.64	1.77	2.21

资料来源：2012~2021年《中国统计年鉴》、2011~2020年《全国企业年金基金业务数据摘要》。

表 3-7　2011~2020 年企业年金相关占比情况

单位：%

年份	企业年金参保人数/就业人口	企业年金参保人数/城镇职工基本养老保险参保人数	企业年金积累额/城镇职工基本养老保险基金积累额
2011	2.06	5.55	18.31
2012	2.41	6.07	20.14
2013	2.67	6.38	21.35
2014	2.97	6.72	24.18
2015	2.99	6.55	26.95
2016	2.99	6.13	29.96
2017	3.00	5.82	29.74
2018	3.08	5.70	29.01
2019	3.29	5.86	32.92
2020	3.46	5.96	46.56

资料来源：2011~2020 年《全国企业年金基金业务数据摘要》、2011~2020 年《国民经济和社会发展统计公报》、2011~2020 年《人力资源和社会保障事业发展统计公报》。

（2）基金规模稳步提升

2011~2020 年，我国企业年金基金规模稳步提升。企业年金基金规模从 2011 年的 3570 亿元增长至 2020 年的 22497 亿元，年均增长率为 22.70%。2011 年，企业年金基金规模占 GDP 的比重为 0.76%，2013 年首次超过 1%，2020 年达到 2.21%（见表 3-6），但是基金规模相比第一支柱基本养老保险仍然较小。2011 年，企业年金积累额占城镇职工基本养老保险基金积累额的比重为 18.31%，2020 年比重达 46.56%（见表 3-7）。除了企业年金基金规模保持稳定增长外，受新冠疫情影响，城镇职工基本养老保险基金累计结余减少也是导致比重上升的原因。

（3）投资收益率偏低且波动性大

企业年金基金整体保值增值效果不明显。近些年，2020 年的企业年金投资收益率最高，为 10.30%（见图 3-2）。受市场投资环境的影响，总体呈现收益率低且不稳定的态势，其中，2011 年为负收益率，其余年份的收益率基本维持在 3% ~ 10%。相比于发达国家第二层次企业年金较高的投资收益率，我国企业年金投资收益状况一般，投资成效有限。

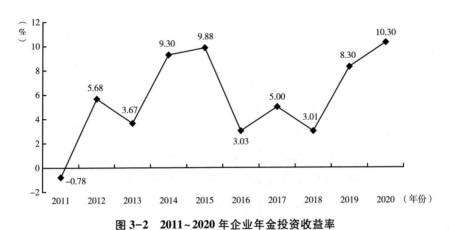

图 3-2　2011 ~ 2020 年企业年金投资收益率

资料来源：2011 ~ 2020 年《全国企业年金基金业务数据摘要》。

（4）结构分布差异明显

在地域分布方面，我国各省区市企业年金参与情况差距明显。截至 2020 年底，从企业账户数来看，厦门参保企业数最多，已超过 1.2 万个，参保企业数处于后五位的分别为宁夏、宁波、海南、新疆生产建设兵团、西藏。厦门参保企业数约是西藏的 368 倍。从职工账户数来看，参保职工数最多的上海有 142.92 万人，西藏最少，仅为 1.09 万人，上海参加企业年金职工数约是西藏的 131 倍。

在行业分布方面，参与企业主要集中在电力、电信和金融等大型国有垄断企业，而中小民营企业占比较低，国有企业的参保率为 40%，国有企业的年金参与度明显高于中小民营企业等其他所有制企业，而中小型企业的参保意愿不强。这主要是因为中小型企业成本压力更大、员工流动性更强，缺乏稳定性，中小型企业加入的积极性有限。

2. 职业年金

《机关事业单位职业年金办法》明确，职业年金是指机关事业单位及其工作人员在参加机关事业单位基本养老保险基础上，建立的补充养老保险制度。

相比企业年金，职业年金具有准强制性特征，加入方式为"超级自动加入"，覆盖范围远远大于企业年金，但在事业单位里，差额拨款或工资自筹人员难以被职业年金覆盖，存在制度"死角"。截至 2022 年 11 月，加入职业年金的人数已达 4100 万人，基金积累 1.6 万亿元。① 职业年金虽然发展较快，但是同样存在待遇不均衡、监管不一致、实施面较窄等问题。

3. 个人储蓄性养老保险和商业养老保险

商业养老保险是多层次养老保险体系的重要组成部分，早在 1991 年我国就提出要发展个人储蓄性养老保险，近年来为推动养老保障"第三支柱"发展，我国出台了若干税收优惠政策。2017 年《国务院办公厅关于加快商业养老保险的若干意见》（国办发〔2017〕59 号）强调，对商业保险机构一年期以上人身保险保费收入免征增值税。2018 年 5 月，开展个人税收递延型商业养老保险试点。

2018 年，我国在上海、福建、苏州工业园区试点开展个人税收递延型商业养老保险试点，规定个人购买商业养老保险产品的支出，可以按照当月工资薪金、连续性劳务报酬收入一定比例进行税前扣除；计入个人商业资金账户的投资收益，暂不征收个人所得税，仅当个人领取商业养老金时再征收。截至 2021 年 10 月底，税延养老产品保费收入近 6 亿元，参保人数超过 5 万人。② 不论是从基金积累量还是从参保人数来看，其在养老保险体系中所占比重都较小，发挥作用有限。可见，目前我国第三支柱的商业养老保险发展仍然处于缺位的状态，远没有发挥出其应有的作用。

2020 年 1 月，中国银保监会、财政部、人社部等部门对构建多层次养老保险体系做出部署，将完善养老保障第三支柱，鼓励金融机构发展养老产品作为工作重点之一。2021 年 2 月，国务院新闻办举行就业和社会保障情况新闻发布会，推出个人养老金制度。2021 年 5 月，《中国银保监会办公厅关于开展专属商业养老保险试点的通知》（银保监办发〔2021〕57 号）明确，自

① 郑秉文：《第二支柱养老保险"双金"要均衡发展》（2021 年 11 月 11 日），http：//pl. cbimc. cn/2021-11/11/content_415455. htm，最后访问日期：2022 年 6 月 5 日。

② 第一财经：《税延养老险试点五年落幕，与个人养老金衔接正式启动》（2023 年 9 月 6 日），https：//baijiahao. baidu. com/s？id=1776296333807081258&wfr=spider&for=pc，最后访问日期：2023 年 12 月 30 日。

2021 年 6 月 1 日起，在浙江省（含宁波市）和重庆市开展专属商业养老保险试点，试点期限暂定一年。2022 年 4 月 21 日，《国务院办公厅关于推动个人养老金发展的意见》（国办发〔2022〕7 号）发布，标志着个人养老金制度的正式落地。个人养老金政策的出台有利于满足人口老龄化背景下人民多样化的养老保障需求、实现资金的保值增值、进一步巩固国家多层次养老保险体系。

（三）多层次养老保险体系结构失衡

我国多层次养老保险体系建设的相关政策渐成体系，制度框架逐步明确。但是基本养老保险代表的第一支柱"一柱独大"，企业（职业）年金、个人储蓄性养老保险和商业养老保险代表的第二、三支柱发展力量弱小，尤其是第三支柱商业保险，由于起步晚、发展慢，其参保率远远低于养老保险体系的第一、二支柱。

首先，从参保人数上看，基本养老保险参保人数远多于企业（职业）年金、个人储蓄性养老保险和商业养老保险参保人数，第二、三支柱养老保险覆盖范围极为有限。从全国层面来看，2022 年底全国参加基本养老保险人数为105307 万人，其中城镇职工和城乡居民基本养老保险参保人数分别为 50355 万人和 54952 万人。[①] 2022 年底，全国参加企业年金人数为 3010 万人，个人税收递延型商业养老保险参保人数也极为有限。

其次，从基金规模上看，基本养老保险基金收支规模远大于企业（职业）年金基金、个人储蓄性养老保险和商业养老保险基金。截至 2022 年底，我国"三支柱"养老保险基金总规模合计约为 15.8 万亿元，其中，第一支柱基本养老保险（城镇职工基本养老保险和城乡居民基本养老保险）基金约为 10 万亿元，占 GDP 的 5.8% 左右；第二支柱企业年金和职业年金基金约为 5 万亿元，占 GDP 的 4% 左右；第三支柱养老保险基金规模较小，累计缴费总额约为

---

① 人力资源和社会保障部：《2022 年度人力资源和社会保障事业发展统计公报》（2023 年 6 月 20 日），http：//www.mohrss.gov.cn/xxgk2020/fdzdgknr/ghtj/tj/ndtj/202306/t20230620_501761.html，最后访问日期：2023 年 12 月 31 日。

100 亿元。①

由此可见，我国基本养老保险发展迅速，城镇职工基本养老保险和城乡居民基本养老保险的参保率都较高，而第二支柱和第三支柱的补充养老保险发展滞后，出现"第一支柱独大，第二、三支柱发展薄弱"的状况。如何发展壮大第二支柱和第三支柱的养老保险项目，是健全我国养老保险体系过程中需要思考和解决的首要问题。

二 我国多层次养老服务的实践探索

（一）我国养老服务发展基本情况

1. 全国养老服务发展基本情况

（1）养老机构与设施、床位数

在养老机构与设施数量上，2011～2020 年我国养老机构与设施数量不断增加，从 2011 年的 4.1 万个增加到 2020 年的 33.0 万个，增长超 7 倍。从增长率来看，总体呈现出波动发展的趋势，其中以 2014 年和 2018 年为界出现了两次明显的起伏，2012～2014 年增长率不断上涨，到 2015 年出现明显的回落，其增长率约为 2014 年的一半，为 23.4%；此后持续走低，直到 2018 年增长率最低，为 8.4%；而到 2019 年开始回升，并在 2020 年增长率达到 10 年间最高，为 62.6%（见图 3-3）。

在养老床位数方面，其数量的变化情况总体上和养老机构与设施数量的变化保持一致，仅在 2018 年养老床位数有小幅度下降，但在 2019 年便再次回升，达到 775.0 万张，到 2020 年养老床位数超过 800 万张。尽管养老床位数总量在 10 年时间内得到了长足的提升，但是自 2014 年开始养老床位数增速不断下降，到 2018 年降至最低点，增长率为 -2.4%，同时也首次出现负增长，

---

① 21 世纪经济报道：《中国社科院保险与经济发展研究中心主任郭金龙：第三支柱养老金业务发展前景广阔》（2023 年 8 月 22 日），https://www.21jingji.com/article/20230822/herald/73e9a86a33d39c59c519c350d8da3f23.html，最后访问日期：2024 年 5 月 17 日。

图 3-3 2011~2020 年中国各类养老机构与设施数量及其增长率

资料来源：2012~2021 年《中国民政统计年鉴》。

随后在 2019 年逐渐有部分回升，增长率为 6.6%，但总体来看，相较于 2015 年及以前维持在 10% 以上的较高速增长，养老床位数增长速度趋于放缓（见图 3-4）。总体上图 3-3 和图 3-4 中养老机构与设施数量和养老床位数的变化体现出，以 2014 年为节点，养老服务正在从"跑马场式"增量发展转向常态化稳中有升式发展。

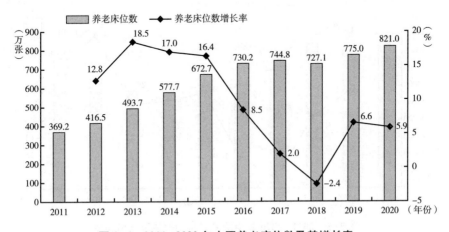

图 3-4 2011~2020 年中国养老床位数及其增长率

资料来源：2012~2021 年《中国民政统计年鉴》。

（2）机构养老与社区养老

当前我国已逐步形成了"以居家为基础、社区为依托、机构为补充、医养相结合"的多层次具有可持续性的社会养老服务体系。其中，"机构为补充"所指的养老机构包括社会福利院、农村特困人员供养机构、光荣院和养老公寓等各种在编办、民政或者市场监管部门办理了登记注册手续，为老人提供24小时集中居住和日间照料服务的机构。

①机构养老发展情况

从2011年至2020年的发展情况来看，我国养老机构的数量处于不断波动变化的状态，10年间仅有2012年、2016年、2017年、2019年和2020年五年相较上年数量有所增长。值得注意的是，2013年、2014年、2015年连续三年养老机构数量增长率为负，养老机构数量也由最初的前三年连续超过4万个，下降至2015年最低仅有27753个。随后在2016~2018年短暂稳定在2.8万多个，在2019年出现较明显的回升，超过3万个达到34369个，同比增长率为19.9%。同时根据民政部2021年9月发布的《2020年民政事业发展统计公报》数据，截至2020年底，"全国共有注册登记的养老机构3.8万个，比上年增加11.0%"，可知养老机构数量持续回升（见图3-5）。

图3-5　2011~2020年中国养老机构数量及其增长率

资料来源：2012~2021年《中国民政统计年鉴》。

2011～2020 年，养老机构床位数总体上有起有伏，处于不断变化的发展状态之中，平均值为 403.2 万张，与最高值 2020 年 488.2 万张相差 85 万张（见图 3-6）。养老机构床位数与养老机构数量的发展变化是紧密相关的，养老机构数量的增减在一定程度上影响着养老机构床位数。将图 3-5 与图 3-6 进行对比，在养老机构数量减少的年份如 2014 年和 2015 年，养老机构床位数也随之展现出下降的状态，并同样在 2015 年达到最低值。同时从两图增长率曲线上来看，它们均可近似地看成 "W" 形，即 "下降—回升—再下降—再回升" 四个阶段，在养老机构床位数增长率上，2012～2014 年下降，其中 2014 年增长率-9.2% 为最低值，随后在 2015～2016 年上升，2017～2018 年再次下降，到 2019 年增长率 15.7% 成为后五年内一次较明显的回升。同时《2020 年民政事业发展统计公报》数据显示，截至 2020 年底，养老机构床位 488.2 万张，比上年增长 11.3%，继续保持上升趋势。

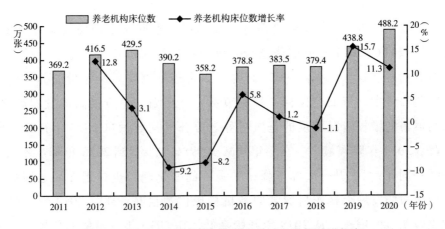

图 3-6　2011～2020 年中国养老机构床位数及其增长率

资料来源：2012～2021 年《中国民政统计年鉴》。

在 "每千老年人口养老床位数" 和 "养老机构职工人数" 两项上，总体呈现出波动上升的发展趋势（见表 3-8），体现出养老机构在对老年人的收容保障和服务能力上不断提高。

表 3-8 2011~2020 年中国机构养老服务发展情况

年份	养老机构数量（个）	养老机构床位数（万张）	每千老年人口养老床位数（张）	养老机构收养人员情况（万人）	养老机构职工人数（万人）
2011	42828	369.2	20.0	279.9	31.2
2012	44304	416.5	21.5	293.6	33.1
2013	42475	429.5	24.4	307.4	35.6
2014	33044	390.2	27.2	320.4	33.4
2015	27753	358.2	30.3	214.8	31.8
2016	28592	378.8	31.6	219.8	33.8
2017	28770	383.5	30.9	211.1	36.9
2018	28671	379.4	29.1	197.6	37.6
2019	34369	438.8	30.5	217.5	45.2
2020	38158	488.2	31.1	222.4	51.8

资料来源：2012~2021 年《中国民政统计年鉴》。

从城乡视角来看机构养老服务发展情况，根据《中国民政统计年鉴》数据①，2011~2017 年城市养老服务机构数量和床位数持续增长，处于稳中有升的发展状态（见图 3-7），并可以合理推测在后续年份的养老服务实践与探索中，依旧会保持一种有节奏、有规划、稳步提高的发展趋势。而与城市的增长情况相反的是农村养老服务机构数量自 2013 年开始不断下降，2014 年降幅最大，在一年间减少 9986 个，直到 2015 年降幅才趋于平缓；同样，"上升—大幅下降—平缓"的变化趋势也体现在养老服务机构床位数的发展上，农村养老服务机构床位数仅在 2011~2013 年三年呈现出较明显的增长，从 2014 年开始降低，在 2015 年后虽依旧总体呈下降趋势，但下降速度逐渐平缓，并在其中出现了不足 3 万张的略微回升（见图 3-8）。值得注意的是，虽然农村养老服务机构数量和床位数总体下降同时城市二者数量不断上升，并且在其总量上，农村的养老服务机构数量

① 《中国民政统计年鉴》自 2018 年开始不再单独统计"城市养老机构"和"农村养老机构"两项数据，而将其同"光荣院"等六项合并统计为"养老公寓等各类养老机构"和"特困人员供养机构"。

与床位数始终多于城市，但两者渐趋接近。由此也可以视作城镇化推进是城乡养老服务表现出差异化发展的动因。

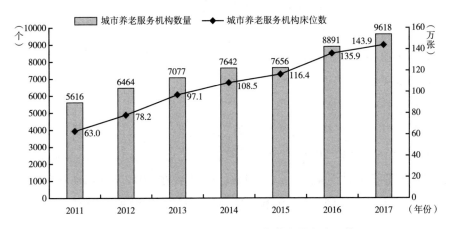

图 3-7　2011~2017 年中国城市机构养老服务发展情况

资料来源：2012~2018 年《中国民政统计年鉴》。

图 3-8　2011~2017 年中国农村机构养老服务发展情况

资料来源：2012~2018 年《中国民政统计年鉴》。

②社区养老发展情况

社区养老是指将有老人家庭作为核心，将社区作为服务平台，依托专业化机构，通过政府采购、社会参与、非政府组织承办的运作方式，采取上门帮扶、邻里互助、日间照护等服务形式，为居家老人提供生活照料、医疗保健、精神慰藉等社会化服务。① 自 2014 年开始《中国民政统计年鉴》对社区养老发展情况进行统计，根据其分类的统计指标，社区养老服务被划分为"社区养老照料机构与设施"② 和"社区互助型养老设施"两类。截至 2020 年，社区养老服务机构与设施共有 291279 个，占全国养老机构与设施的 88.4%，这有力地印证了我国"以居家为基础、社区为依托、机构为补充、医养相结合"的养老服务体系的发展。

社区养老照料机构与设施数量呈现出逐年增长的发展趋势，但其增长率波动较大，尤其以 2018 年为界，增长率变化呈现出"V"形发展态势，在 2018 年增长率跌至最低，仅 3.1%，但随后在 2019 年和 2020 年出现剧烈回升，增长率分别为 42.8% 和 120.3%，2020 年增长率达到近些年中最高（见图 3-9）。

图 3-9　2014～2020 年中国社区养老照料机构与设施数量及其增长率

资料来源：2015～2021 年《中国民政统计年鉴》。

---

① 章晓懿、刘帮成：《社区居家养老服务质量模型研究——以上海市为例》，《中国人口科学》2011 年第 3 期。

② 《中国民政统计年鉴 2021》将之前的统计指标"社区养老照料机构与设施"进一步细分为"全托服务社区养老服务机构和设施""日间照料社区养老服务机构与设施""其他社区养老服务机构和设施"三类，为统一和方便研究，故将 2020 年"社区养老照料机构与设施"的数量视为细分三类之和，"社区养老照料机构床位数"同理。

2014~2020 年，社区养老照料机构床位数处于不断调整与变化之中，其中前四年为床位数集中增加时期，到 2017 年所提供床位数为 158.7 万张；之后在 2018 年开始下降，2018 年较 2017 年床位数减少 28.0 万张，2019 年较 2018 年床位数减少 17.7 万张，2019 年床位数为 113.0 万张，仅高于社区养老发展起步阶段 2014 年的床位数；但随着社区养老的发展，2020 年出现明显增长，其床位数最多，达到了 178.4 万张（见图 3-10）。从整体来看，与图 3-6 养老机构所提供床位数相比较，社区养老照料机构所提供床位数较少，平均值基本在 134 万张。这一方面受限于社区有限的空间设施与场地，另一方面在社区的老人更普遍采取居家养老的方式，使得其本身对于社区所提供床位的需求较小。

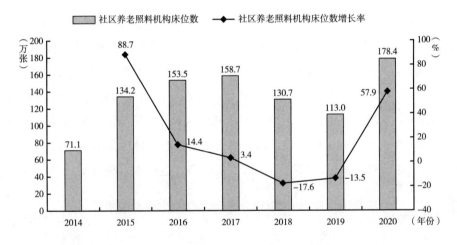

图 3-10　2014~2020 年中国社区养老照料机构床位数及其增长率

资料来源：2015~2021 年《中国民政统计年鉴》。

在衡量社区养老照料机构与设施发展状态时，除比较机构数量与床位数以外，通过对收容人数和职工人数的观察可以发现，社区养老照料机构与设施在服务老年人人数上虽有波动但总体照料人数稳定在 46.5 万人左右；而服务从业者规模展现出总体上升趋势，其中在 2020 年从业者人数相较往年有明显增加，达到 44.1 万人（见表 3-9）。

表 3-9 2014~2020 年中国社区养老照料机构与设施发展情况

年份	社区养老照料机构与设施(个)	社区养老照料机构床位数(万张)	社区养老照料机构与设施收容人数(万人)	社区养老照料机构与设施职工人数(万人)
2014	18927	71.1	35.4	7.0
2015	26067	134.2	55.7	12.2
2016	34924	153.5	59.2	15.6
2017	43212	158.7	56.4	17.2
2018	44558	130.7	41.8	16.6
2019	63618	113.0	58.5	21.5
2020	140134	178.4	18.6	44.1

资料来源:2015~2021 年《中国民政统计年鉴》。

社区养老中除社区养老照料机构与设施外,社区互助型养老设施也同样是社区养老的重要组成部分。2014~2020 年,全国社区互助型养老设施数量逐年上升,截至 2020 年已发展超过 14 万个,由于社区互助型养老设施更加灵活且易于开展,社区互助型养老设施 2020 年已经在全国养老机构与设施中占比达到 44.8%。从增长率上来看,2015 年增长率大幅上升,超过 50%,但在 2016 年、2017 年两年急剧下降,最低增长率仅为个位数,随后 2018 年和 2019 年增长率变化逐渐趋于平稳,2020 年再次大幅提高,达到 45.6%(见图 3-11)。

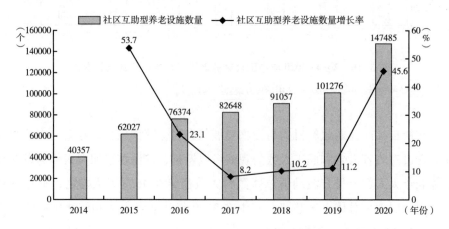

图 3-11 2014~2020 年中国社区互助型养老设施数量及其增长率

资料来源:2015~2021 年《中国民政统计年鉴》。

社区互助型养老床位数和设施数量及其增长率的变化趋势总体一致，床位数逐年提高，增长率则展现出"起步激增—剧烈下降—平稳上升"三个阶段。截至 2020 年，全国社区互助型养老床位数突破 100 万张，为 132.5 万张，较上年增长 23.4%（见图 3-12）。

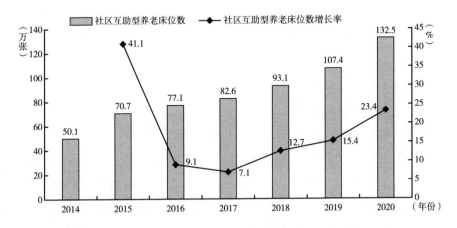

图 3-12　2014~2020 年中国社区互助型养老床位数及其增长率

资料来源：2015~2021 年《中国民政统计年鉴》。

另外在"社区互助型养老设施收容人数"和"社区互助型养老设施职工人数"两项数据的统计上，截至 2019 年均呈现出逐年递增的发展趋势，基本可以说明，我国享受社区互助型养老服务的老年人人数与提供服务的从业人员规模正在不断增多和扩大。而 2020 年"社区互助型养老设施收容人数"的减少或与新冠疫情导致的设施暂停服务等原因相关（见表3-10）。

表 3-10　2014~2020 年中国社区互助型养老设施发展情况

年份	社区互助型养老设施数量(个)	社区互助型养老床位数(万张)	社区互助型养老设施收容人数(万人)	社区互助型养老设施职工人数(万人)
2014	40357	50.1	18.5	7.3
2015	62027	70.7	21.1	12.4
2016	76374	77.1	26.0	14.8
2017	82648	82.6	27.7	16.4

续表

年份	社区互助型养老设施数量(个)	社区互助型养老床位数(万张)	社区互助型养老设施收容人数(万人)	社区互助型养老设施职工人数(万人)
2018	91057	93.1	32.2	18.4
2019	101276	107.4	61.0	19.1
2020	147485	132.5	19.9	24.7

资料来源：2015~2021 年《中国民政统计年鉴》。

2. 省域养老服务发展基本情况

（1）各地养老机构发展情况

根据民政部公布的《中国民政统计年鉴 2021》数据，全国除港澳台地区以外，2020 年养老机构数量排名前十的省份为河南省（3244 个）、四川省（2541 个）、江苏省（2470 个）、安徽省（2452 个）、湖南省（2381 个）、山东省（2190 个）、辽宁省（2035 个）、广东省（1891 个）、湖北省（1841 个）、江西省（1808 个）（见图 3-13）。

2020 年，床位数排名前十的省份为江苏省（442975 张）、安徽省（360892 张）、山东省（358829 张）、浙江省（335694 张）、河南省（310535 张）、四川省（297638 张）、湖北省（280387 张）、广东省（251597 张）、河北省（231981 张）、湖南省（225080 张）（见表 3-11）。

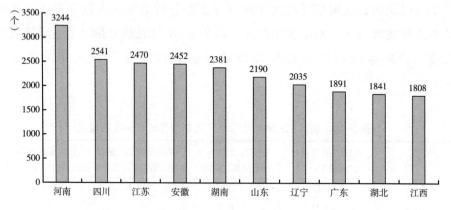

图 3-13　2020 年中国养老机构总量排名前十的省份

资料来源：《中国民政统计年鉴 2021》。

2020 年，拥有专业技能人员数量排名前十的省市为江苏省（37418 人）、山东省（30636 人）、广东省（24906 人）、河南省（23959 人）、河北省（23494 人）、上海市（22550 人）、浙江省（19896 人）、北京市（17127 人）、湖南省（16364 人）、安徽省（15725 人）（见表 3-11）。

表 3-11　2020 年中国养老机构发展情况

省区市	养老机构数量(个)	床位数(张)	专业技能人员数量(人)	省区市	养老机构数量(个)	床位数(张)	专业技能人员数量(人)
北京	584	112848	17127	湖北	1841	280387	15436
天津	399	63235	5895	湖南	2381	225080	16364
河北	1726	231981	23494	广东	1891	251597	24906
山西	665	72262	5793	广西	567	91148	10180
内蒙古	677	77560	5874	海南	48	9002	850
辽宁	2035	178035	12953	重庆	927	102560	8805
吉林	1498	136103	11544	四川	2541	297638	12005
黑龙江	1709	165563	12430	贵州	988	84344	3592
上海	669	139355	22550	云南	880	89142	5891
江苏	2470	442975	37418	西藏	23	4160	349
浙江	1752	335694	19896	陕西	735	105009	9179
安徽	2452	360892	15725	甘肃	268	29049	2255
福建	640	84312	6304	青海	64	6734	474
江西	1808	166742	10987	宁夏	112	20033	1344
山东	2190	358829	30636	新疆	374	49562	4682
河南	3244	310535	23959				

资料来源：《中国民政统计年鉴 2021》。

（2）各地机构养老发展情况

2020 年，养老公寓等各种在编办、民政或者市场监管部门办理了登记注册手续，为老人提供 24 小时集中居住和日间照料服务的养老机构数量排名前十的省份为辽宁省（1743 个）、黑龙江省（1527 个）、河南省（1421 个）、山东省（1414 个）、河北省（1397 个）、江苏省（1389 个）、浙江省（1175 个）、吉林省（987 个）、安徽省（815 个）、四川省（800 个）（见表 3-12）。

表 3-12　2020 年中国养老公寓等各类养老机构情况

省区市	养老机构数量(个)	床位数(张)	专业技能人员数量(人)	省区市	养老机构数量(个)	床位数(张)	专业技能人员数量(人)
北京	575	108871	16347	湖北	631	97693	7869
天津	380	60478	5583	湖南	510	82552	8063
河北	1397	172785	18535	广东	593	138985	16936
山西	353	41703	3889	广西	367	66404	8346
内蒙古	418	48953	3942	海南	19	5342	547
辽宁	1743	137488	10717	重庆	536	59378	6953
吉林	987	91460	9182	四川	800	98907	7598
黑龙江	1527	122132	9828	贵州	229	27669	2140
上海	650	132542	21162	云南	194	30892	3362
江苏	1389	240718	26095	西藏	—	—	—
浙江	1175	237377	14784	陕西	357	45626	5372
安徽	815	118113	7833	甘肃	89	14003	1300
福建	277	55461	4795	青海	26	2586	296
江西	361	61680	5732	宁夏	47	10644	604
山东	1414	251237	23942	新疆	201	29238	2985
河南	1421	166009	14332				

资料来源:《中国民政统计年鉴 2021》。

(3) 各地社区养老发展情况

2020 年,社区养老机构与设施数量排名前十的省区为湖南省(29771个)、河北省(28935 个)、广东省(22364 个)、江西省(20829 个)、湖北省(19844 个)、江苏省(19147 个)、浙江省(15796 个)、福建省(15676 个)、山东省(13575 个)、广西壮族自治区(12169 个)(见表 3-13)。

表 3-13　2020 年中国社区养老机构与设施情况

省区市	养老机构与设施数量(个)	床位数(张)	照料和全托服务人数(人)	省区市	养老机构与设施数量(个)	床位数(张)	照料和全托服务人数(人)
北京	1197	17339	2799	湖北	19844	192208	12371
天津	1039	10143	562	湖南	29771	178298	28847
河北	28935	216853	19362	广东	22364	218622	8287

续表

省区市	养老机构与设施数量（个）	床位数（张）	照料和全托服务人数（人）	省区市	养老机构与设施数量（个）	床位数（张）	照料和全托服务人数（人）
山西	6256	89976	10905	广西	12169	177712	23220
内蒙古	2538	132819	62578	海南	290	5573	1317
辽宁	7919	66317	9047	重庆	4751	75935	29517
吉林	4118	30288	4082	四川	11832	182291	45512
黑龙江	1606	47427	14876	贵州	9638	79091	16056
上海	6416	31542	2053	云南	2391	32467	5490
江苏	19147	311775	20026	西藏	86	1866	237
浙江	15796	306258	38744	陕西	8938	94397	20313
安徽	3599	67136	9186	甘肃	8757	120142	7326
福建	15676	160502	9995	青海	1308	12238	2085
江西	20829	96619	12408	宁夏	697	7160	860
山东	13575	245462	30769	新疆	1052	29903	8345
河南	8745	89171	9399				

资料来源：《中国民政统计年鉴2021》。

（4）各地养老服务补贴与养老机构补贴情况

2020年，养老服务补贴排名前十的省市为江苏省（54386.4万元）、上海市（41588.4万元）、安徽省（39051.0万元）、浙江省（38682.9万元）、广东省（20792.4万元）、四川省（18132.0万元）、北京市（15746.8万元）、河北省（14080.5万元）、重庆市（12135.3万元）、青海省（10513.1万元）（见表3-14）。

2020年，养老机构补贴排名前十的省市为浙江省（150213.7万元）、河南省（107901.5万元）、山东省（97967.5万元）、四川省（97263.8万元）、江苏省（91423.0万元）、上海市（90542.7万元）、北京市（57144.5万元）、湖北省（56910.9万元）、安徽省（49040.4万元）、陕西省（48184.0万元）（见表3-14）。

表 3-14 2020 年各地养老服务补贴与养老机构补贴情况

单位：万元

省区市	养老服务补贴	养老机构补贴	省区市	养老服务补贴	养老机构补贴
北京	15746.8	57144.5	湖北	5764.3	56910.9
天津	—	14887.2	湖南	8803.1	41176.1
河北	14080.5	39279.5	广东	20792.4	44006.9
山西	787.4	28501.6	广西	310.9	19598.6
内蒙古	376.0	19410.0	海南	367.8	1016.2
辽宁	4874.4	26662.4	重庆	12135.3	24079.9
吉林	5185.9	13399.5	四川	18132.0	97263.8
黑龙江	245.1	13814.6	贵州	430.1	12792.9
上海	41588.4	90542.7	云南	1221.2	25699.3
江苏	54386.4	91423.0	西藏	—	5097.3
浙江	38682.9	150213.7	陕西	1058.9	48184.0
安徽	39051.0	49040.4	甘肃	8075.6	20613.8
福建	8394.2	46824.4	青海	10513.1	10743.6
江西	6509.2	23504.6	宁夏	116.0	10137.0
山东	318.5	97967.5	新疆	26.6	24910.4
河南	2855.0	107901.5			

资料来源：《中国民政统计年鉴 2021》。

3. 区域养老服务发展基本情况

自然地理与人文地理对我国区域有不同的划分方法。综合国家政策、地理位置及经济技术发展水平，本书按照统计意义将全国划分为东部、中部、西部、东北四区域。按照《中国民政统计年鉴 2021》数据，以各省区市养老机构发展情况来表示我国东部、中部、西部以及东北地区养老服务发展的基本状态。

东部地区（见图 3-14）：包括北京市、天津市、河北省、上海市、江苏省、浙江省、福建省、山东省、广东省和海南省 10 个省市。2020 年，我国东部地区养老机构数量为 12369 个，占全国养老机构总量的 32.4%，其中有 3 个省份排在全国养老机构总量前十，分别为江苏省（2470 个）、山东省（2190

个)、广东省（1891个）。同时由上文可知，在床位数与拥有专业技能人员数量上，东部地区排名前十的省市分别有5个和7个。与其他地区相比，由于东部地区经济发展水平较高，其养老机构数量较多且发展较快，可见东部地区养老服务处于全国领先地位，养老服务资源丰富。

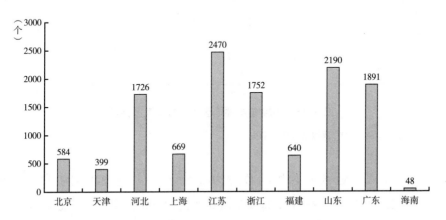

图3-14 2020年东部地区养老机构发展情况

资料来源：《中国民政统计年鉴2021》。

中部地区（见图3-15）：包括山西省、安徽省、江西省、河南省、湖北省、湖南省6个省份。2020年，中部地区养老机构数量为12391个，占全国养老机构总量的32.5%，其中河南省（3244个）、安徽省（2452个）、湖南省（2381个）、湖北省（1841个）、江西省（1808个）5个省份处于全国养老机构总量排名前十的行列之中。中部地区相较于西部地区，在养老机构数量上占据优势地位，但是相对数量与东部地区基本持平，且在床位数、拥有专业技能人员数量以及在社区养老照料机构与设施和社区互助型养老设施数量上，并不处于优势地位。总体来说，中部地区养老机构数量多于西部地区，与东部地区大致持平，但在养老人才培养和社区养老服务建设上仍存在短板，当前中部地区仍需在使老年人从"养得了"向"养得好"的转变上持续发力。

西部地区（见图3-16）：包括内蒙古自治区、广西壮族自治区、重庆市、四川省、贵州省、云南省、西藏自治区、陕西省、甘肃省、青海省、宁夏回族自治区、新疆维吾尔自治区12个省区市。按照《中国民政统计年鉴2021》数

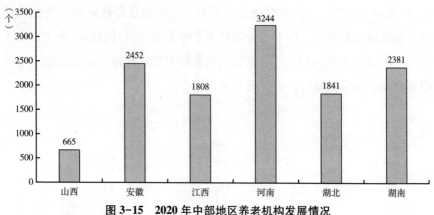

图 3-15　2020 年中部地区养老机构发展情况

资料来源：《中国民政统计年鉴 2021》。

据，2020 年西部地区养老机构数量为 8156 个，占全国养老机构总量的 21.4%，仅四川省（2541 个）排在全国养老机构总量前十。与其他地区相比，西部地区养老服务总体发展水平较低且内部发展不均衡、不充分。

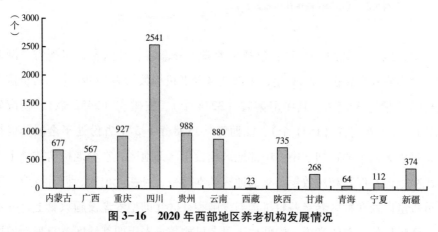

图 3-16　2020 年西部地区养老机构发展情况

资料来源：《中国民政统计年鉴 2021》。

东北地区（见图 3-17）：包括辽宁省、吉林省、黑龙江省 3 个省份。按照《中国民政统计年鉴 2021》数据，2020 年东北地区养老机构数量为 5242 个，占全国养老机构总量的 13.7%，其中辽宁省（2035 个）处于全国养老机构总量排名前十的行列之中，且东北地区 3 个省份均处于为老人提供 24 小时集中居住和日间照料服务的养老机构数量排名前十的行列之中。但是，相较于东部和中部地区，3 个省份在床位数与拥有专业技能人员数量上并没有明显优势。总体而言，东北三省的养老机构在相对数量上较为庞大，养老服务发展水平强于西部地区，但与东部、中部地区还存在一定差距，尤其是养老产业后备人才培育和基础设施建设方面还有待加强。

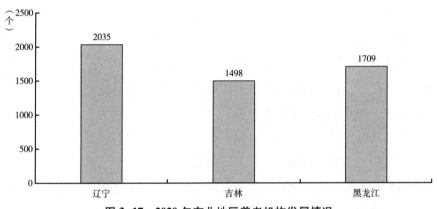

图 3-17　2020 年东北地区养老机构发展情况

资料来源：《中国民政统计年鉴 2021》。

（二）各地养老服务模式实践探索

1. 医养结合养老服务模式

回顾主要政策文件，"医养结合"虽然在 2014 年才被正式提出，但尝试将医疗资源与养老服务进行整合的政策指导文件早在 2011 年就已经颁布。2011 年 12 月，国务院办公厅发布《社会养老服务体系建设规划（2011—2015年）》，提出机构养老要具备为老年人提供突发性疾病和其他紧急情况的应急处置救援服务能力，鼓励在老年养护机构中内设医疗机构，并提出重点推进医护型养老设施建设。2013 年 9 月，国务院印发《关于加快发展养老服务业的若干意见》，将"积极推进医疗卫生与养老服务相结合"作为养老服务业发展的六大主要任务之一。2014 年，国家发展改革委联合民政部等 9 个部门共同发布的《关于加快推进健康与养老服务工程建设的通知》指出，养老服务体系建设"包括社区老年人日间照料中心、老年养护院、养老院和医养结合服务设施、农村养老服务设施等 4 类项目"。由此，医养结合被正式明确提出。

在具体落实上，医养结合养老服务模式在我国已经过了较长一段时间的探索，各地结合自身情况逐步形成了各具特色的实践模式。如贵州省遵义市发展的"大医疗+小养老"与"大养老+小医疗"模式，鼓励在养老院设立老年病医院，以及引导乡镇（街道）卫生院等基层医疗卫生机构在机构内部开设养老护理床位。江苏省南京市探索养老机构与社区卫生服务中心签约模式，社区卫生服务中心每周两次上门进行巡诊，同时江苏省老年医院同养老机构联合成立"苏协作"，组建医疗护理服务巡查队，为养老机构的老人提供医疗护理、健康教育等服务。浙江省杭州市江干区推广三方联动的日托型和居家型医养结合服务模式，建立家庭医生服务关系，以慢性病随访控制为重点，家政服务人员携带可移动医疗仪器，在社区日间照料中心或上门进行检测等方式，为养老人员进行简单的血压、血糖情况检测；而家庭医生则主要负责每周在社区日间照料中心坐诊 1 次，提供医疗、健康宣教等服务。河北省保定市蠡县着重发展医疗养老并重服务模式，医养综合体主要包括养老护理中心、康复保健中心、健康检测中心、健身文化中心、重点照料中心几大功能板块，医与养一应俱全。在广东省深圳市罗湖区医养结合实践探索上，社区日间照料中心与社区健康服务中心合作；居家养老，建设家庭病床；医院直接举办"公办公营"日间照料中心；社会出资建设一体化医养融合服务机构等，探索完善贯穿老年生命周期的全方位服务链，探索出多种社区养老的医养结合模式。江西省南昌市则侧重推进医养结合机构纳入医保定点，着力破解关于社区和家庭所产生的医疗护理费用未被纳入医保、医保额度提高难、医保支付受限等问题。

2. 互助养老服务模式

2019 年，《国务院办公厅关于推进养老服务发展的意见》第十九条明确指出："积极探索互助养老服务。大力培养养老志愿者队伍，加快建立志愿服务记录制度，积极探索'学生社区志愿服务计学分'、'时间银行'等做法，保护志愿者合法权益。"2021 年，国务院印发《"十四五"国家老龄事业发展和养老服务体系规划》，提出构建农村互助式养老服务网络，将专业养老服务延伸至村级邻里互助点、农村幸福院和居家老年人。

借助代际转移开展互助养老服务模式，有助于缓解当前养老服务人员所存在的供需不平衡的矛盾，此外通过相互协作、关怀互助的方式，一方面减轻了作为机构或社区主导的养老服务的压力，减轻了老年家庭子女的负担，促进非正式照料服务发展；另一方面互助志愿活动使老人们在互动过程中感受到更加充分的精神慰藉与更切合需求的精准帮扶，提高了养老服务的质量与效率。此外，互助养老有助于提高老人的社交意识，推动老人积极参与社区事务，促使老年人找到社会认同，从而实现老有所为。

各地在互助养老方面已经展开了广泛的探索。如上海市浦东新区开展新沪商"人之老"社区助老志愿服务项目，帮助社区 65 岁以下退休年轻老人志愿者与 70 岁以上的独居老人结对，开展长期帮扶助老服务活动。浙江省宁波市各社区积极探索，推出"老年志愿团自治""四声送温暖""老姐妹认亲"等互助养老服务模式，引导老年志愿者加入日间照料服务，精准帮扶高龄、独居、困难老人。杭州市通过"老青互助"助推居家养老，由高龄独居老年人免费为年轻人提供居住场所，而年轻人在工作之余为老年人提供日常照看、精神陪伴与简单的生活协助，以此实现老青之间的相互关怀与相互帮助。此外，还有对于"时间银行"互助养老服务模式的广泛探索，如上海市搭建形成市-区-街镇-居村四级服务网络体系，以时间币的形式储蓄个人账户时间，兑换相关服务，同时鼓励低龄老人为高龄老人提供情感慰藉、服务协助、出行陪伴、文体娱乐等非专业性、非家政类且风险可控的养老服务。

3. "互联网+养老服务"模式

"互联网+养老服务"是指互联网与养老服务之间的互动和联系。"互联网+养老服务"模式旨在利用互联网平台，通过终端设备联结各方使用者，在开放式网络平台传递信息，作为养老服务提供者与老年人家庭的供需双方进行虚实行动的连接交互，推动多样化资源、服务和关系的汇聚，促使互联网与养老服务进行融合，借助互联网所具备的优势特点，为更高质量养老服务发展创造新的机会，最终达到使老年人度过幸福晚年的目标。

在"互联网+养老服务"模式探索发展过程中，国家多次出台相关政策文件。2016 年，《国务院办公厅关于全面放开养老服务市场提升养老服务质量的若干意见》指出，"推进'互联网+'养老服务创新。发展智慧养老服务新业态……支持适合老年人的智能化产品、健康监测可穿戴设备、健康养老移动应用软件（APP）等设计开发。打通养老服务信息共享渠道，推进社区综合服务信息平台与户籍、医疗、社会保障等信息资源对接"。2019 年，《国务院办公厅关于推进养老服务发展的意见》要求："实施'互联网+养老'行动……促进人工智能、物联网、云计算、大数据等新一代信息技术和智能硬件等产品在养老服务领域深度应用。"2020 年，《国务院办公厅关于促进养老托育服务健康发展的意见》指出："创新发展健康咨询、紧急救护、慢性病管理、生活照护、物品代购等智慧健康养老服务……研究开发适老化智能产品，简化应用程序使用步骤及操作界面，引导帮助老年人融入信息化社会，创新'子女网上下单、老人体验服务'等消费模式，鼓励大型互联网企业全面对接养老服务需求，支持优质养老机构平台化发展，培育区域性、行业性综合信息平台。"2021 年 10 月，工业和信息化部等三部门公布的《智慧健康养老产业发展行动计划（2021—2025 年）》指出，要"加强跨学科、跨领域合作，推动物联网、大数据、云计算、人工智能、区块链、超高清视频、虚拟现实等新一代信息技术在健康及养老领域的集成创新和融合应用，提升健康养老产品及服务的智慧化水平……创新互联网+养老、'时间银行'互助养老、老年人能力评估等智慧养老服务"。

各地在"互联网+养老服务"模式方面已经展开了广泛的探索。如上海市徐汇区通过"徐汇区综合为老服务平台""徐汇邻里汇""久久关爱"等多个为老服务平台搭建智慧养老服务体系。湖南省岳阳市通过"一键帮"社区居家养老帮扶中心实现与老年人"线上下单，线下服务"的有效互动。北京市石景山区的街道以"智慧安全养老社区应急服务中心"为监测服务平台，为老年人提供 24 小时的紧急救助服务，同时帮助老年人实现在养老驿站"刷脸"用餐，在助餐服务上不断创新改进，提高对社区老年人的服务质量。

4."嵌入式"社区养老生活圈模式

"嵌入式"社区养老的核心在于"嵌入"。一是在空间上，指将养老设施嵌入社区，使老人在家门口即可就近享受养老照料；二是在功能上，指将助老服务嵌入现实需求，有效整合医疗、购物、住宿、出行等需要，为老人的日常生活提供便利；三是在社会上，与传统养老机构院舍封闭式养老不同，"嵌入式"社区养老旨在将个人行动与社会关系网络充分融合，使老人在养老安老的同时也能够参与家庭和社会事务以发挥自身的价值。而在多大程度、多远距离上属于社区嵌入范围，在各地的实践探索中发现，"嵌入式"社区养老常与"15分钟生活圈"相结合，即在15分钟步行可达范围内，配备老年人生活所需的基本服务功能与公共活动空间，打造安全、便捷、舒适的社区养老基本生活平台。

在"嵌入式"社区养老生活圈模式上，各地已开展了较为广泛的探索。如上海市静安区南京西路街道积极打造嵌入式"15分钟乐龄生活圈"社区养老服务模式，该模式将社区商业和养老助老服务有机结合，力求打造在以居家老人居住小区为圆心，15分钟步行路程为半径的范围内，即可享受到"生活服务、商业服务、医疗康复、文化娱乐、精神慰藉"等各类社区为老服务资源的嵌入式"15分钟乐龄生活圈"。四川省成都市龙泉驿区探索建成了"1+N+X"嵌入式养老综合体，涵盖信息指挥中心、爱心代购中心、慢病管理中心、日间托养中心、文化活动中心、营养助餐中心以及门诊部等，通过采取一体集中设立的方式，有效降低了养老成本，解决了养老贵、养老难等多项问题。北京市朝阳门街道以朝阳门街道为区域范围，以养老驿站和照料中心为服务核心，联合区域内商户、公共服务商以及区域外的多类型服务商，组建"区域养老服务联合体"，构建"1510"生活圈，即15分钟到达10个便民项目，极大地提升了老人居家养老生活质量。

5. PPP 养老服务模式

PPP（Public-Private Partnership）即政府和社会资本合作，是公共基础设施中的一种项目运作模式。在该模式下，鼓励私营企业、民营资本与政府进行合作，双方按照平等协商原则订立合同，参与公共基础设施的建设，实现合作各方达到比预期单独行动更为有利的结果。PPP通常具有特殊的项目建设运营模式，主要包括"建设—运营—移交"（BOT模式）、"建设—拥有—经营"（BOO模式）、"改建—运营—移交"（ROT模式）等，自2014年以来，PPP模式开始在我国逐渐推广发展。截至2021年第三季度，据财政部政府和社会资本合作中心"PPP管理库项目"中公开报告数据，自2014年起PPP项目累计入库10115个，总投资额15.9万亿元，并呈现出持续增长的发展态势。在政府与社会资本在养老服务的合作上，对"PPP管理库项目"以养老服务为关键词进行搜索，共检索出进入执行阶段的国家级示范项目 29 个。以下将以其中 4 个为例，分别介绍不同地区运用不同 PPP 模式在养老服务上的实践探索。

河南省开封市民生养老院项目属于 BOT 模式，建成后拟向社会提供 1500 张养老床位以及养老服务，其中 1000 张床位由项目公司市场化自主经营，保留 500 张床位，按照 PPP 协议的约定，面向基本养老服务对象（"三无"老人、低收入老人、经济困难的失能半失能老人）提供基本养老服务。

吉林省白山怡康医养结合养老综合体·白山第二社会福利院为 BOO 模式，政府方依法授予本项目经营权、收益权，负责确定项目建设规模、目标等内容，负责项目核准、规划调整为符合本项目公共服务需求的相关用地性质与用地指标等工作；社会资本方按照合同约定收回投资成本取得投资回报，对本项目实施过程进行组织、指导、协调。

山东省蓬莱市智慧健康养老服务项目为 BOO 与 BOT 结合模式。属于 BOT 模式下的项目社会福利服务中心、居家养老服务、医院的产权归政府所有；社会福利服务中心、居家养老服务、医院由项目公司建设。在合作期内，公司对项目进行运营管理，并从中获得合理利益；合作期满，公司把项目管理权全部移交给政府。而属于 BOO 模式下的颐养学院、养老公寓、养老商业中心的建设、运营管理和产权皆为公司所有；在合作期满之后，代表政府出资单位退出项目公司。

湖北省武汉市社会福利院综合大楼 B 座项目属于 ROT 模式，建设公司在原有基础上进行装修改造、安装工程改造、智能化系统升级、医疗设备及办公家具购置，并承担本项目的运营管理。

6. 家庭养老床位模式

到 2020 年我国逐渐形成了"以居家为基础、社区为依托、机构为补充、医养相结合"的多层次社会养老服务体系，其中 90% 以上的老年人更倾向于希望能留在家中即可享受养老照料的需求。近年来，我国部分地区开始率先探索"家庭养老床位"这一新型养老服务模式。

区别于普通的让老人住在家里，"家庭养老床位"是指依托养老机构，通过家庭适老化改造等方式为老年人提供照护和远程监测等服务，将养老机构的专业设施与专业照料送到居家失能、重残老人的床边，提高其生活质量，同时减轻家庭照护负担。民政部表示"十四五"期间，将在总结前期试点经验的基础上，进一步规范和发展"家庭养老床位"。

各地在家庭养老床位方面已经展开了广泛的探索。如北京市海淀区就近依托养老服务机构，对65岁以上特殊困难失能失智老人进行家庭床位改造，同时增加个性化服务咨询，建立跟踪回访机制，保障老人的居家养老不打折扣。此外，政府还对家庭床位提供包括适老化改造补贴与服务补贴两部分在内的补贴，随失能程度不同，老人所享受补助金额与服务也不同。重庆市九龙坡区家庭养老床位采取"申请—评估—安装"的方式进行，政府主要在设施、服务和补贴三方面提供帮助。在设施上，为符合条件的老年人家庭每户配备一张家庭护理床、一张防褥疮床垫和一套生命体征监测设备，供老年人免费使用，直至服务终止时收回；在服务上，由政府统一购买；在补贴上，为老年人家庭每户提供3000元标准的床位改造补贴以及1000元标准的适老化改造补贴。此外，就近的养老服务中心还将依托配备的生命体征监测和一键报警等智能设备，为老年人提供远程辅助监护与风险预警提示服务。

7. 旅居养老服务模式

旅居养老服务模式是一种将"候鸟式养老"和"度假式养老"融为一体的新型养老服务模式，与普通旅游不同，选择旅居养老的老人，通常会在一个地方较长时间停留居住，并还会根据季节多地辗转，夏天北上，冬天南下。旅居养老服务模式兼具避暑、避寒、养生、养老的优点，通过整合旅游、地产、康养等资源，突破地域限制，为老年人提供舒适自在的晚年生活。2015年11月，在北京首次举办的"互联网+旅居项目"开发运营论坛上，正式成立的"中国旅居养老产业联盟"，将致力于全国优质旅居项目的开发与运营，让"养老"变"享老"。

此外发展旅居养老服务模式，除要具备优越的自然环境条件以外，专业化的助老照护服务才是衡量旅居养老服务模式成功的决定性条件。目前在我国各地不断探索并已逐渐形成的主要旅居养老服务模式包括"以暖冬、避暑为主的候鸟式"、"以中医护理、美食养生为主的疗养式"、"以民俗、修禅为主的文艺鉴赏式"、"以乡村农事体验为主的田园式"和"以大城市为主与地产相结合的社区式"五种。在具体实践上，2019年，广东省与黑龙江省、辽宁省、吉林省建立旅居养老产业合作机制，探索推进"养老+旅居+N"模式，打造"旅居养老，南北同行"养老合作品牌；2020年，广东省又与江西、广西两省区签署旅居养老合作框架协议，积极开展"互动式"异地养老服务，以差异化、特色化为产品设计方向，在康养项目、居住环境、文化体验、区域传统文化研修等四个方面进行差异化闭环设计，旨在共同培育更多的旅居养老示范基地。

8. 特殊老人的养老服务

（1）计划生育特殊家庭老年人的养老服务

计划生育是我国的一项基本国策，即按人口政策有计划地生育。1979年第五届全国人民代表大会第二次会议"鼓励一对夫妇只生育一个孩子"，从此独生子女政策的持续推行，使得政策的覆盖面涉及绝大部分出生在20世纪后20年以及千禧年前10年的"80后"、"90后"和"00后"这一代人以及他们背后的家庭，实施长达30多年的独生子女政策，在给我国的人口结构和经济社会发展带来深刻影响的同时，也造成了数以百万计的失独家庭。在对失独家庭的扶助上，早期的探索开始于2007年，国家人口计生委和财政部联合印发了《全国独生子女伤残死亡家庭扶助制度试点方案》，此后随着社会经济的不断发展，对失独家庭的扶助和管理措施也在不断调整。

在各地的实践中，北京市通过公办养老机构集中式养老与重点保障相结合的方式，将市第五福利院转为专门收住计划生育特殊困难家庭老年人的示范性公办养老机构；另外在重点保障方面，明确要求优先响应、重点保障失独老人的服务需求，并在2018年全面启动的居家养老巡视探访服务工作中，将失独家庭作为重点服务对象。上海市要求照护服务中均优先保障失独家庭的养老服务需求，其主要表现在长护险评估，公办养老机构、日间照料中心等申请入住，助老服务等三个方面。

（2）失能失智老人的养老服务

2021年，国务院印发《"十四五"国家老龄事业发展和养老服务体系规划》，指出加强特困人员养老保障，关注高龄失能失智老年人，通过发放补贴等方式迅速助力养老服务发展。在实践中，对于失能失智老人的养老服务上，主要包括对于患病老人本身的专业看护以及对于非正式照护者家属帮助两个方面。北京市丰台区开展"喘息服务"试点工作，整合调度区域内 8 家养老机构，组建起 200 余人的专业队伍为失能失智老人提供照料，让老人看护者家属得到休息，"喘息服务"采取随时申请随时享受的服务方式，1 个月服务 4 天，全年可选择分散或集中享受服务。在浙江省杭州市的浙江省大爱老年事务中心则探索建立失智老人早期干预标准化管理模式，对患轻微认知障碍、轻度失智的老人及其家庭提供非药物干预、照顾技能辅导、心理咨询等一系列服务。同时，大爱之家在对失智老人照护上，将服务对象主要划分为"全体社区老人""早期失智老人及照护者""长期照护群体"三种，分类有区别地提供不同的服务。此外，吉林省、重庆市积极为失能失智老人探索制定省级地方标准；上海市、宁波市等对于养老机构开设失能失智老人专区也提出了重点要求。

三　养老保险与养老服务的供需基本情况

（一）养老保险供需现状

养老保险的保障水平对于老龄化社会的影响日益显著。保证养老保险基金收支平衡，化解养老保险持续供需矛盾是积极应对人口老龄化和走向全民老有所养的重要前提。我国目前的养老保险收支模式实行的是社会统筹与个人账户相结合的方式，其中社会统筹部分是现收现付制，即以近期横向收支平衡为指导原则，由现在工作的一代供养已经退休的一代，隔代抚养。这种代际转移意味着老年人口的实际养老金获取额度依托于劳动年龄人口所能提供的养老金有效供给程度，随着我国人口老龄化进程的加速，人口结构也在发生变化，规模日益庞大的老年群体生活质量的高低对社会和谐稳定与否有直接影响。养老保险的供给侧和需求侧两端需要维持合理的平衡状态。养老保险的供给并非越高越好，保障水平过高会加剧不必要的财政负担和缴费压力，不利于养老保险制度稳定性和财务可持续性；养老保险供给不足则难以保障退休人员的基本生活质量，因此保持适度的养老保险待遇水平，供需平衡尤为重要。

1. 需求侧面临的挑战

（1）老年人口数量激增必然带来养老金需求量的增加

人口年龄结构变化导致我国养老金供需矛盾加剧。[①] 根据 2020 年第七次全国人口普查数据，截至 2020 年底，我国 60 岁及以上老年人口比重达 18.74%，其中 65 岁及以上老年人口比重达 13.53%，根据世界卫生组织的划分标准，我国 65 岁及以上老年人口占比即将达 14%，将进入老龄化社会。我国目前老龄化速度很快，根据老龄系数的预测，在未来的一段时间内，老年人口比重将以每年 0.4% 的速度上升，老年人口比重增加意味着领取养老保险待遇的人数增加。

（2）人口平均寿命延长导致养老金供需保障风险增加

截至 2021 年，我国人口平均预期寿命已经达到 78.2 岁。[②] 穆怀中等对养老保险参保者退休期内的社会平均工资替代率的测算发现，在参保者按社会平均工资缴费 15 年的情况下，退休之后的预期余命假定为 15 年，退休期社会平均工资替代率由 23.48% 降低至 13.84%，如果预期余命延长至 20 年，社会平均工资替代率将进一步降低至 11.46%，在退休期高龄阶段养老金接近恩格尔系数支出水平。[③] 这说明预期寿命延长将可能会导致养老金收入低于最低生活保障需求，产生养老金供需保障风险。

（3）老年抚养比变化给养老保险供需结构带来巨大挑战

老年抚养比是指人口中非劳动年龄人口数中老年部分与劳动年龄人口数之比，用以表明每 100 名劳动年龄人口要负担多少名老年人，计算公式为（65 岁及以上人口数/劳动年龄人口数）×100%。由老年抚养比公式可以看出，劳动年龄人口的抚养能力与老年人口的抚养需求之间是反比例关系，在劳动年龄人口的抚养能力一定的情况下，老年抚养比不断攀升，与此同时，随着生育政策的放开，少儿抚养比开始上升，劳动年龄人口抚养压力明显加大，养老保险

① 蒲新微：《"全面两孩"政策后我国养老金供需矛盾的化解》，《南京社会科学》2016 年第 8 期。

② 新华社：《2021 年我国居民人均预期寿命提高到 78.2 岁》（2022 年 7 月 12 日），https://www.gov.cn/xinwen/2022-07/12/content_5700668.htm，最后访问日期：2023 年 12 月 31 日。

③ 穆怀中、范璐璐、陈曦：《人口预期寿命延长、养老金保障风险与政策回应》，《社会科学文摘》2021 年第 4 期。

供需矛盾越来越突出。由图 3-18 可知，我国的老年抚养比从 1953 年的 7.4%
攀升至 2021 年的 20.8%，2010~2021 年老年抚养比增加了近 9 个百分点，而
2000~2010 年老年抚养比仅仅增加了 2 个百分点。可见我国老龄化形势严峻，
对养老保险的供需结构挑战巨大。

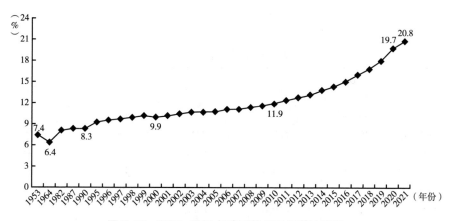

图 3-18　1953~2021 年我国的老年抚养比变化

资料来源：根据历年《中国统计年鉴》相关数据整理。

2. 供给侧面临的挑战

我国养老保险需求侧的刚性扩张给养老保险供给侧带来了巨大挑战。养老
保险供给保障水平的高低通常用替代率指标进行衡量，在老龄化社会中，将养
老保险所提供的保障水平控制在适度状态对于维护老年群体生活质量与制度可
持续性尤为重要。替代率的基本含义是离退休人员养老金收入水平与在职人员
工资收入水平之比。替代率指标通常又可以分为目标替代率、总额替代率和平
均替代率。由于平均替代率能够反映出社会成员养老保障水平高低的普遍情
况，因此采用平均替代率来衡量养老金的整体供给情况。平均替代率能反映制
度的现实养老保障程度，其水平越高，说明养老保障程度越高，退休人员的生
活需求满足得越充分。

（1）城镇职工基本养老保险平均替代率水平

由表 3-15 所示，中国城镇职工基本养老保险的平均替代率水平自 1997 年
以来整体呈现出下降的变动趋势，从 1997 年的 76.66% 下降到 2020 年的

39.99%，降幅高达30多个百分点。2020年，城镇职工基本养老保险平均替代率水平已经降至40%以下，实际替代率远低于设计水平。根据国际劳工组织发布的《社会保障最低标准公约》规定，养老保险的最低替代率标准为55%，要维持退休前的生活水平不下降，基本养老保险替代率需不低于70%，可见我国的养老保险供给水平并不乐观。

表3-15　1997~2020年城镇职工基本养老保险平均替代率水平

年份	全国城镇职工基本养老保险支出(亿元)	离退休人员（万人）	平均养老金（元）	在岗职工人均工资（元）	平均替代率（%）
1997	1251.3	2533.0	4940	6444	76.66
1998	1511.6	2727.3	5543	7446	74.44
1999	1924.9	2983.6	6451	8319	77.55
2000	2115.5	3169.9	6674	9333	71.51
2001	2321.3	3380.6	6866	10834	63.38
2002	2842.9	3607.8	7880	12373	63.69
2003	3122.1	3860.2	8088	13969	57.90
2004	3502.1	4102.6	8536	15920	53.62
2005	4040.3	4367.5	9251	18200	50.83
2006	4896.7	4635.4	10564	20856	50.65
2007	5964.9	4953.7	12041	24721	48.71
2008	7389.6	5303.6	13933	28898	48.22
2009	8894.4	5806.9	15317	32244	47.50
2010	10554.9	6305.0	16741	36539	45.82
2011	12764.9	6826.2	18700	41799	44.74
2012	15561.8	7445.7	20900	46769	44.69
2013	18470.4	8041.0	22970	51483	44.62
2014	21754.7	8593.4	25316	56360	44.92
2015	25812.7	9142.0	28236	62029	25.52
2016	31853.8	10103.4	31528	67569	46.66
2017	38051.5	11026.0	34511	74318	46.44
2018	44645.0	11798.0	37841	82461	45.89
2019	49228.0	12310.4	39989	93383	42.82
2020	51301.0	12762.3	40197	100512	39.99

资料来源：根据历年《中国统计年鉴》相关数据整理计算。

（2）城乡居民基本养老保险平均替代率水平

城乡居民基本养老保险平均替代率是平均养老金与农村居民人均可支配收入的比值。从表3-16看出，2012~2020年，城乡居民基本养老保险平均替代率仅在10.16%~12.52%，很难保证城乡居民的基本生活需求。尽管城乡居民基本养老保险平均替代率总体在增加，但是增速缓慢，并且与城镇职工基本养老保险平均替代率相比仍存在较大差距。2020年，城镇职工基本养老保险平均替代率水平是城乡居民基本养老保险平均替代率水平的3倍多，二者退休后的生活保障程度差距较大。

表3-16 2012~2020年城乡居民基本养老保险平均替代率水平

年份	全国城乡居民基本养老保险支出(亿元)	实际待遇领取人数(万人)	平均养老金(元)	农村居民人均可支配收入(元)	平均替代率(%)
2012	1150	13382	859	7917.0	10.85
2013	1348	14122	955	8896.0	10.73
2014	1571	14742	1066	10488.9	10.16
2015	2117	14800	1430	11421.7	12.52
2016	2150	15270	1408	12363.4	11.39
2017	2372	15598	1521	13432.4	11.32
2018	2906	15898	1828	14617.0	12.51
2019	3114	16031	1942	16020.7	12.12
2020	3355	16068	2088	17131.5	12.19

资料来源：根据历年《中国统计年鉴》相关数据整理计算。2012~2013年由于统计方式不同，故采用农村居民纯收入数据。

3. 养老保险供给侧的调整

根据中国社会科学院世界社保研究中心发布的《中国养老金精算报告2019—2050》预测，2019年的当期结余总额是1062.9亿元，到2022年达到高峰后，就开始持续下降，到2025年当期结余会降至-11.2774亿元。同年，全国城镇企业职工基本养老保险基金累计结余为4.26万亿元，累计结余将于2027年达到峰值并在2035年耗尽。[①] 这意味着结余基金和累计基金不足，未

---

① 郑秉文主编《中国养老金精算报告2019—2050》，中国劳动社会保障出版社，2019。

来养老保险待遇缺口会越来越大。养老保险供给侧的调整主要体现在以下三个方面。

（1）财政补贴对于填补我国养老保险待遇可能出现的漏洞起到了重要作用

目前我国养老保险尚未实现全国统筹，2020年底基本实现省级统筹，由于各地区的经济发展水平存在差距，且人口结构也不同，很多省份需依靠财政补贴来缓解养老保险收不抵支的问题。根据财政部数据，职工养老保险补贴从2006年的71亿元迅速上升至2018年的6000多亿元，有效保证了养老保险按时足额发放。但值得注意的是，相比于发达国家的养老保险财政投入，如挪威养老基金占GDP的比例为83%左右，日本为25%，美国为15%，而我国只有2%，财政投入的力度依然不足。

（2）划转国有资本充实社会保障基金

长期来看，划转国有资本充实社保基金能在一定程度上弥补养老保险待遇缺口。2018年开始开展划转国有资本充实社保基金试点工作。截至2020年，中央层面参与划转的企业共67家，已划转国有资本1.1万亿元。划转的范围不断扩展，参与的企业数量也不断攀升，划转金额也越来越庞大，大大丰富了社保基金的储备，缓解了养老保险的供给压力。

（3）养老保险缴费的扩面补足

养老保障体系内部的资金供给方式调整对于保证养老保险基金的供需平衡具有重要意义。在财政补贴无法持续填补漏洞的情况下，我国进行了供给侧的结构性调整，从主要依靠财政补贴转入征缴扩面。为了填补当前迅速扩大的养老保险需求，政府决定让更多50~60岁的城乡居民甚至更年轻的群体补全15年的基础基金，待到退休年龄时逐年领取养老保险待遇，这种补差的办法迅速为全国养老基金提供了资金来源。2012~2022年，全国参加基本养老保险人数已经由78794万人上升为105307万人。[①] 这种征缴扩面的办法对于缓解我国当前养老保险支出压力确实起到了关键作用。但是，征缴扩面所产生的效果只是一时的，因为参保扩面会达到极限，且合意缴费率和现实缴费率存在错误现象，完全达到缴费率标准比较困难。

---

① 民政部网站：《2022年度国家老龄事业发展公报》（2023年12月14日），https://www.gov.cn/lianbo/bumen/202312/content_6920261.htm，最后访问日期：2023年12月30日。

（二）养老服务供需现状

养老服务供给与需求是一体两面，构建完善的养老服务体系，需理顺养老服务供需之间的关系，以养老服务需求为导向，厘清养老需求总量与结构，将养老服务供给作为其实现主体，来匹配相应的养老产品和服务。随着人口老龄化程度的日益加深，结合 2018 年最新修改的《中华人民共和国老年人权益保障法》中所概括的"五个老有"（即"老有所养""老有所医""老有所为""老有所学""老有所乐"）的养老目标与马斯洛需求层次理论，在探讨当下养老服务供求问题时，可进一步将其精简为物质供养、生活照料、精神慰藉三个方面。一是要解决生理需要，做到"老有所养"，其经济基础是开展所有养老服务的前提和保障；二是随着年龄的增长，老年人随时都可能会出现慢性病、失能失智等"不安全"情况，为满足安全需要，"老有所医"应在日常非正式家庭照护和专业的医养康护等生活照料之中都有所体现；三是由丧偶（死亡威胁）、角色改变、社会支持减少等各种生活负面性事件而引发的孤独、焦虑、抑郁等不良心理状态可能会给老年人带来精神压力和打击，如果超出其承受限度，还可能导致认知、情感、行为等遭受不同程度的障碍，因而能做到"老有所为""老有所学""老有所乐"的精神慰藉，在亲情抚慰、社会交往、自我实现的过程中显得尤为重要。

1. 物质供养：有效养老服务需求不足

养老服务市场由人口、购买力和购买欲望三个主要因素构成，人口因素是前提，人口的多少决定了市场的大小，购买力则是指在一定时期内用于购买商品的货币总额，购买欲望是消费者购买商品的动机、希望和要求。当前在我国人口老龄化程度不断加重、人均预期寿命延长、老年人口持续增多的背景下，除主观购买动机外，在一定时期内，经济状况也会对养老服务的需求度和利用度产生影响。而收入水平仍然是最直接反映和衡量老年人对于养老服务需求的指标与客观基础之一。据 2015 年第四次中国城乡老年人生活状况抽样调查数据，老年人人均可支配收入为 17585 元、中位数为 6339 元，与 2016 年中国居民人均可支配收入 23821 元、中位数 20883 元相比，人均可支配收入相差 6236 元、中位数相差 14544 元。此外，该调查显示中国老年人最主要的收入来源是包括养老金、离退休金等在内的社会保障性收入，占老年人总收入的 62.7%；其次为房租、地租以及子女亲属的支持性收入，占 22.8%；然后是农业经济活动收入和工作收入，分别占 9.7% 和 6.4%；占比最低的收入种类为投资理财性收入，仅为 0.6%（见图 3-19）。

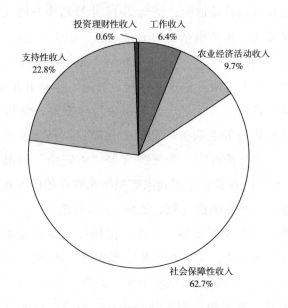

图 3-19 老年人各项收入占比

注：图中数据之和为 102.2%，与 100% 差别稍大，原始数据即为此。
资料来源：2015 年第四次中国城乡老年人生活状况抽样调查、《中国老年人生活质量发展报告（2019）》。

综合来看，当前我国老年人群体收入水平总体低于全国居民平均收入水平，其中 2015 年老年人收入中位数为 6339 元，仅略高于 2016 年全国城市最低生活保障平均标准 5935.2 元/（人·年），老年人可供消费购买服务的资金较少，且不同老年人之间也存在较大差距（见表 3-17）；同时在收入来源上，老年人收入较多依赖社会保障性资金的支持，收入支柱单一，老年人在经济上处于相对弱势地位，养老服务有效需求不足。

表 3-17　分城乡、性别的老年人支出情况

单位：元

性别	城镇	农村	全国
男性	8171	3486	5870
女性	5967	2156	4178
合计	6997	2806	4986

资料来源：2015 年第四次中国城乡老年人生活状况抽样调查、《中国老年人生活质量发展报告（2019）》。

当前我国已逐步形成了"以居家为基础、社区为依托、机构为补充、医养相结合"的多层次社会养老服务体系，本书仅以有照料需求的高龄老年人对各类社区养老服务项目的知晓、利用和需求情况为例，分析养老服务供需在经济状况上的差异。由表 3-18 可知，社区所提供的养老服务的知晓率和利用率总体呈现出"经济宽裕老年人>经济一般老年人>经济困难老年人"的分布状态，尤其在助餐服务、上门做家务、健康教育等项目上与经济宽裕老年人相比较，经济困难老年人在服务知晓率和利用率上还存在较大差距，但将经济宽裕老年人单独进行观察发现，其对于养老服务的知晓率整体较低，仅有上门看病一项的知晓率超过 30%，此外在利用率上，即便是经济宽裕老年人，其大多占比也仅为个位数，反映出老年人对于养老服务供给的不知晓以及难以利用的问题；在需求率方面，与知晓率和利用率相反，经济困难老年人对于养老服务的需求率比其余两类老年人偏高，整体呈现出"经济困难老年人>经济一般老年人>经济宽裕老年人"的分布状态，其中上门看病一项的需求率最高，超过 60%，而上门做家务、日间照料和康复护理的需求率也在 22% 以上，总体来看，可以发现随着经济状况的恶化，老年人对养老服务的需求也在增加；在需求差上，需求差与经济状况紧密相关，随着经济条件的改善，有需求的高龄老年人在各项社区居家养老服务项目上的需求差渐次降低，值得注意的是，除助浴服务、上门看病和康复护理三项以外，经济宽裕老年人在养老服务中的需求差为负值，表示这些居家养老服务项目的供给对于经济宽裕老年人来说存在供大于求的情况，而经济困难老年人刚好与之相反，其社区居家养老服务需求差全部为正值，尤其是上门看病一项最高，需求差为 32.7 个百分点，此外在其

表3-18 按经济状况有照料需求的高龄老年人对各类养老服务项目的知晓率、利用率、需求率和需求差

服务项目	知晓率（%）			利用率（%）			需求率（%）			需求差（百分点）		
	宽裕	一般	困难	宽裕	一般	困难	宽裕	一般	困难	宽裕	一般	困难
助餐服务	17.2	11.5	4.3	3.8	2.3	0.7	15.6	15.5	17.6	-1.6	4.0	13.3
助浴服务	7.1	4.8	3.2	3.2	1.2	0.7	9.9	12.0	15.2	2.8	7.2	12.0
上门做家务	24.4	14.7	7.3	8.2	5.4	3.0	22.5	20.3	22.2	-1.9	5.6	14.9
上门看病	32.9	28.7	28.8	18.1	19.1	24.7	40.3	51.4	61.5	7.4	22.7	32.7
日间照料	21.3	13.8	7.8	4.5	3.8	2.7	18.1	19.4	24.5	-3.2	5.6	16.7
康复护理	13.8	9.5	5.1	1.9	1.7	1.2	15.5	18.4	23.8	1.7	8.9	18.7
辅具租赁	6.5	5.7	3.2	1.9	1.4	0.2	5.4	5.9	9.0	-1.1	0.2	5.8
健康教育	21.4	13.9	7.5	7.7	4.7	3.2	9.3	9.5	11.1	-12.1	-4.4	3.6
心理咨询	13.8	12.1	5.6	3.2	4.9	2.0	12.8	13.5	16.2	-1.0	1.4	10.6

资料来源：2015年第四次中国城乡老年人生活状况抽样调查、《中国老年人生活质量发展报告（2019）》。

他服务项目上只有辅具租赁、健康教育两项的需求差小于 10 个百分点，表示经济困难老年人对于所提供的社区居家养老服务有较大需求，并且依旧处于供不应求的状态。

2. 生活照料：上门看病成为最迫切需求

在马斯洛的需求层次理论中，生存被摆在了首要位置，对于人类而言这是最根本也是最不可或缺的需要。以老年人的视角来看，随着年龄的不断增大，老年人的自理能力也随之下降，在这一过程中满足生存的需求往往需要借助子女、社会等力量为其提供非正式家庭照护或具有专业性质的医、养、康、护等日常生活照料服务。

在健康状况上，尤其在步入老年之后，由于身体内各组织器官功能的老化和衰退，以及抵抗力下降等原因，老年人相较于年轻社会成员，多患有包括心脑血管疾病、糖尿病等不同程度、不同种类的慢性疾病以及存在更高的失能风险。按照 2015 年第四次中国城乡老年人生活状况抽样调查数据，中国32.1% 的老年人患有一种慢性病，随年龄增长，老年人患有慢性病的比例越来越高，60 ~ 69 岁的低龄老年人患有一种及以上慢性病的比例增长到78.9%，70 ~ 79 岁的中龄老年人患有一种及以上慢性病的比例增长到86.8%，80 岁及以上的高龄老年人这一比例达到 88.3%，其中，慢性病患病率提升最快的阶段是 70~79 岁年龄段，最突出表现在 75~79 岁年龄段，一种及以上慢性病患病率达到87.5%。[1] 而在失能情况上，我国老年人中有 4.13%为完全失能老年人，其中有 1.3% 为重度失能老年人，0.53% 为中度失能老年人，2.3%为轻度失能老年人[2]，表明轻度到重度之间转化较快、过渡期短，这说明在养老服务供给上要增加专业的生活照料服务，以应对失能老人家庭对于医养护理的更多需求。此外，失能状况随着年龄的增长呈现上升趋势，增长速度先慢后快，60 岁老年人的失能率为 1.08%，70 岁老年人的失能率为 2.73%，80 岁老年人的失能率上升到 8.76%，而 90 岁老年人的失能率则达到 24.33%，

① 党俊武、李晶、张秋霞、罗晓晖：《中国老年人生活质量发展报告（2019）》，社会科学文献出版社，2019。
② 党俊武、李晶、张秋霞、罗晓晖：《中国老年人生活质量发展报告（2019）》，社会科学文献出版社，2019。

随着我国人口预期寿命的不断增长，失能老年人的占比也将随之增加。[1] 因而这也使得在此时期老年人的就医变得更加频繁，但由于老年慢性疾病多是由年老身体机能衰退引起的，同时失能情况一旦发生也会长期伴随着老年人的日常生活，为延长健康寿命，贯彻健康老龄化战略，医疗保健、医养结合、上门看病等成为老年人最渴望的养老服务需求。

在高龄老年人对社区居家养老服务的各项需求中，上门看病在知晓率、利用率和需求率上均最高，尤其在需求率上有超五成的老年人对此项服务有需求，高于排名第二位的上门做家务需求（21.2%）32.3个百分点，并且在需求差上高达24.2个百分点，这表示上门看病服务供给依旧缺口较大，供不应求情况明显，足以可见医疗已成为老年人最迫切的需求。但是就利用差而言，利用差数值为8.4个百分点（见表3-19），即上门看病服务的利用率低下，存在资源浪费，因此在增加相应养老服务供给的同时，如何用好当下所拥有的医疗护理资源，使其充分发挥作用，提高使用效率，也成为养老服务供给侧结构性调整中的重要课题。其余服务项目供需方面，与老年人较高的需求率相比，总体来说多数养老服务的知晓率和利用率不足10%，除健康教育以外的服务均处于供不应求的状态，且也普遍存在利用率偏低的问题。

表3-19 高龄老年人对社区居家养老服务项目的知晓率、需求率等情况

服务项目	知晓率(%)	利用率(%)	需求率(%)	利用差（百分点）	需求差（百分点）
助餐服务	9.7	1.9	16.2	7.8	6.5
助浴服务	4.5	1.3	12.8	3.2	8.3
上门做家务	13.4	5.0	21.2	8.4	7.8
上门看病	29.3	20.9	53.5	8.4	24.2
日间照料	12.7	3.6	21.0	9.1	8.3
康复护理	8.4	1.6	19.9	6.8	11.5

---

[1] 党俊武、李晶、张秋霞、罗晓晖：《中国老年人生活质量发展报告（2019）》，社会科学文献出版社，2019。

续表

服务项目	知晓率(%)	利用率(%)	需求率(%)	利用差（百分点）	需求差（百分点）
辅具租赁	4.9	1.0	7.0	3.9	2.1
健康教育	12.5	4.5	10.0	8.0	−2.5
心理咨询	9.9	3.6	14.3	6.3	4.4

资料来源：2015 年第四次中国城乡老年人生活状况抽样调查、《中国老年人生活质量发展报告（2019）》。

3. 精神慰藉：满足多样的精神文化需求

精神文化需求在老年人生活中扮演着重要角色，是推进养老服务体系建设中不可忽视的重要一环。按照《中华人民共和国老年人权益保障法》所概括出的"老有所为""老有所学""老有所乐"的养老目标。在 2015 年第四次中国城乡老年人生活状况抽样调查中，对老年人的心理精神状态、社会参与和文化生活做了统计衡量。数据显示，孤独感成为老年人最主要的心理问题，近四成（36.6%）老年人处于情感孤独的状态，并且随着年龄的增长，感到孤独的老年人的比例越来越高，近 1/3 的低龄老年人感到孤独，感到孤独的高龄老年人则超过一半。在社会参与和文化生活的抽样数据上，大部分老年人关心社区事务，积极参加社区选举，2015 年全国有 65.6% 的老年人参加了最近一次的社区选举。随年龄增长，老年人参加社区选举的比例逐步下降，80 岁及以上的高龄老年人参与的比例为 54.2%，较 60~69 岁低龄老年人参与比例 69.6% 下降大约 15 个百分点；文化生活方面，由于休闲娱乐活动门槛较低，2015 年全国有 92.1% 的老年人参加了各类闲暇活动，但从活动种类来看，仍以看电视或听广播（89.0%）、散步或慢跑（42.8%）、读书或看报（20.9%）等传统方式为主，[①] 整体来说，文化娱乐活动种类较为单一。因而为排解老年人孤独感，充实老年人文化生活，满足多样的精神文化需求，提高晚年生活质量与幸福度，就要求在供给侧发挥精神慰藉的作用，重视陪伴、聊天、完善活动场地设施建设等养老服务。

---

① 党俊武、李晶、张秋霞、罗晓晖：《中国老年人生活质量发展报告（2019）》，社会科学文献出版社，2019。

（三）其余情况：绝大部分老年人有居家养老需求，近一成老年人服务需求未满足

据 2015 年第四次中国城乡老年人生活状况抽样调查数据，在养老服务的意愿选择上，居家照料仍是绝大多数老年人的照料来源。由表 3-20 可知，合计有 82.1% 的老年人将养老照护服务地选择在家里，其中在自理老年人群体中占比为 81.8%；另外，由于行动不便、身体虚弱等原因，失能老年人群体选择在家里接受照料比例略高，为 89.9%，二者相差 8.1 个百分点。而选择在养老机构接受服务的老年人相对较少，分别仅占自理老年人和失能老年人的 4.4% 和 4.7%。这些情况与上海市的"9073"养老格局，即 90% 的老年人居家养老、7% 社区养老、3% 机构养老的整体规划基本一致（北京市为"9064"），仅在老年人选择居家照料占比方面尚有略微差距。

表 3-20　老年人照护服务地选择意愿情况

单位：%

服务地	自理老年人	失能老年人	合计
在家里	81.8	89.9	82.1
白天在社区,晚上回家	2.2	0.8	2.1
在养老机构	4.4	4.7	4.4
视情况而定	11.7	4.6	11.4

资料来源：2015 年第四次中国城乡老年人生活状况抽样调查、《中国老年人生活质量发展报告（2019）》。

而在老年人照料需求未满足情况调查中，合计有近一成老年人的需求未能得到有效满足，其中主要集中在 60~79 岁的中低龄老年人群体，其养老需求未得到有效满足的占比超过 10%；80 岁及以上高龄老年人相较中低龄老年人养老服务满足率接近 95%，绝大部分高龄老年人已处于养老服务覆盖范围之内。此外，从城乡视角来看，将合计的老年人照料需求未满足占比 8.6% 作为基准线，城镇占比为 6.5%，农村为 10.5%，城镇和农村分别处于合计值的上下两侧，由此可见，城镇老年人的养老服务在需求侧上的满足度总体优于全国平均水平，而农村则刚好与之相反，有超过一成的老年人养老服务需求未得到有效满足，尤其在 70~79 岁未得到满足的老年人占比达到 11.9%，为各年龄段最高（见表 3-21）。因而在推进养老服务体系建设上应着重关注农村老年人的养老服务需求情况，在供给侧发力解决好养老路上"最后一公里"的问题。

表 3-21 老年人照料需求未满足情况

单位：%

城乡	60~69 岁	70~79 岁	80 岁及以上	合计
城镇	8.9	8.0	4.1	6.5
农村	11.7	11.9	8.0	10.5
合计	10.6	10.1	5.9	8.6

资料来源：2015 年第四次中国城乡老年人生活状况抽样调查、《中国老年人生活质量发展报告（2019）》。

自 1999 年我国步入老龄化社会以来，人口老龄化不断加速。《2020 年度国家老龄事业发展公报》显示，"截至 2020 年 11 月 1 日零时，全国 60 周岁及以上老年人口 26402 万人，占总人口的 18.70%；全国 65 周岁及以上老年人口 19064 万人，占总人口的 13.50%"。当前伴随着人口老龄化的压力不断增大、城镇化持续推进以及传统家庭功能的日益弱化，社会养老压力与问题正在逐步显现。同时，社会主义市场经济繁荣发展，使老年人的消费需求正呈现出明显的升级趋势，老年人不再仅仅满足于生存与温饱的基本需求，对生活品质的提高也表现出了更多的期待，推动养老服务体系从"单一保基本型"向"多层次发展型"转变，除提供简单的日常生活照料服务之外，多样性、智慧化、可定制的养老服务也被给予了更多关注。这就要求我们要在现有经济物质条件下，既要解决好"养得了"的基础需求问题，又要兼顾到"养得好"的时代命题。

四 小结与说明

本章回顾了近年来我国"三支柱"养老保险和多层次养老服务的发展情

况，尝试用数据描绘出我国养老保险和养老服务全局性的概况。

从全国的整体情况可以看出，我国"三支柱"养老保险的发展并不平衡，第一支柱基本养老保险"一支独大"，第二、三支柱还有较大的发展空间，养老服务的机构与设施数量、床位数、专业技能人员数量等也反映出各地存在资源禀赋上的差异。同时，无论是养老保险还是养老服务，都受制于各地经济社会的整体发展水平，也都会因为老龄化进程的差别而面临不同程度的压力。因而，在第四章、第五章和第六章将研究重点放在北京市，从常住老年人规模化、增速快、高龄化的发展趋势出发，展现北京市目前养老保险水平和基金情况，测算未来北京市人口的变化和养老保险的收支，分析北京市养老服务的供给框架和需求情况。

第四章　北京市养老保险和养老
服务的现状

一　北京市老年人口基本情况

（一）北京市常住老年人口情况

1. 常住老年人人数及发展趋势：规模化、增速快、高龄化

北京市自 1990 年开始进入老龄化社会，当前老龄人口数量持续增长，社会老龄化不断加深，且老龄人口呈现高龄化态势。2015～2022 年，北京市 60 岁及以上常住人口从 340.5 万人上升到 465.1 万人，增长 124.6 万人，60 岁及以上常住人口占常住总人口比例从 15.6% 上升到 21.3%。北京市 70～79 岁、80 岁及以上年龄段常住人口及其占常住总人口比例也在增加，70～79 岁年龄段常住人口占常住总人口比例从 4.4% 增长到 5.9%，80 岁及以上年龄段常住人口占常住总人口比例从 2.3% 增长到 3.1%（见表 4-1）。据《北京市老龄事业发展报告（2022）》，截至 2022 年底，北京市户籍人口中百岁老年人共计 1629 人，比上年增加了 212 人。[①]

---

①　北京市老龄工作委员会办公室、北京市老龄协会、北京师范大学中国公益研究院：《北京市老龄事业发展报告（2022）》（2023 年 10 月 23 日），https：//wjw. beijing. gov. cn/wjwh/ztzl/lnr/lljkzc/lllnfzbg/202310/P020231023507927451629. pdf，最后访问日期：2024 年 1 月 20 日。

表 4-1 2015~2022 年北京市常住人口年龄分布

单位：万人，%

年份	统计指标	60~69 岁人口数	70~79 岁人口数	80 岁及以上人口数	合计
2015	人数	194.4	96.3	49.8	340.5
	占常住总人口比例	8.9	4.4	2.3	15.6
2016	人数	198.4	97.2	52.8	348.4
	占常住总人口比例	9.1	4.4	2.4	15.9
2017	人数	203.5	98.5	56.2	358.2
	占常住总人口比例	9.4	4.5	2.6	16.5
2018	人数	207.4	98.8	58.6	364.8
	占常住总人口比例	9.6	4.6	2.7	16.9
2019	人数	210.0	100.9	60.4	371.3
	占常住总人口比例	9.7	4.7	2.8	17.2
2020	人数	258.2	108.3	63.4	429.9
	占常住总人口比例	11.8	5.0	2.9	19.7
2021	人数	258.1	117.6	65.9	441.6
	占常住总人口比例	11.8	5.4	3.0	20.2
2022	人数	268.7	129.1	67.3	465.1
	占常住总人口比例	12.3	5.9	3.1	21.3

资料来源：2016~2023 年《北京统计年鉴》。

同时北京市纯老年人家庭也在增加。纯老年人家庭是指家庭全部人口年龄都在 60 岁及以上的家庭，包括独居老年人家庭、夫妇都在 60 岁及以上的老年人家庭、与父母或其他老年亲属同住的老年人家庭。《北京市 2015 年老年人口信息和老龄事业发展状况报告》显示，截至 2015 年底，北京市户籍人口中纯老年人家庭人口 48.2 万人，占老年人口总数的 15.4%，16 个区中，纯老年人家庭人口排在前三位的是朝阳区、海淀区和丰台区。《北京市老龄事业发展报告（2018）》显示，2018 年北京市纯老年人家庭人口共 58.03 万人，占老年人口总数的 16.6%。

2. 常住老年人年龄、性别分布及趋势

2020 年，北京市老年人在性别分布上存在一定差异，不论从总体数量还是从各个年龄段来看，女性老年人偏多（见表 4-2）。从全年龄段来看，不论是常住人口还是户籍人口，北京市男性人口均比女性人口多①，而在老年阶段却呈现女性人口居多的分布，如此更体现出女性明显长寿特征。

表 4-2 2020 年北京市常住老年人的年龄、性别构成

单位：万人，%

年龄段	人数	占常住人口比例	占60岁及以上人口比例	男		女	
				人数	占常住人口比例	人数	占常住人口比例
60~64 岁	138.7	6.3	32.3	67.7	3.1	71.0	3.2
65~69 岁	119.5	5.5	27.8	56.9	2.6	62.6	2.9
70~74 岁	66.8	3.1	15.5	31.5	1.4	35.3	1.7
75~79 岁	41.5	1.9	9.7	18.5	0.8	23.0	1.1
80~84 岁	34.9	1.6	8.1	15.2	0.7	19.7	0.9
85 岁及以上	28.5	1.3	6.6	12.5	0.6	16.0	0.7
合计	429.9	19.7	100.0	202.3	9.2	227.6	10.5

资料来源：2020 年第七次全国人口普查数据。

（二）各区常住及户籍老年人口分布情况

2015~2020 年，从各区的老龄人口情况来看，65 岁及以上常住老年人在绝对数量上朝阳区、海淀区和丰台区较多，怀柔区、延庆区、门头沟区较少（见表 4-3）。从各区老龄化程度分析，东城区、西城区、平谷区老龄化程度较高，而昌平区、大兴区、顺义区、通州区老龄化程度较低。从各区老龄化速度来看，石景山区、丰台区、朝阳区、海淀区等老龄化速度较快。

具体到各区 60 岁及以上户籍老年人口在各年龄段的情况而言，总体上，北京市各年龄段的老年人口分布不均，存在一定的地区差异。以 2022 年为例，怀柔区（58.8%）、密云区（57.9%）和昌平区（56.7%）60~69 岁的低龄老年人口占该区老年人口总数的比例较大，而海淀区（51.6%）、朝阳区（52.1%）

① 数据分析自《北京统计年鉴 2020》，数据较多相关性不强便未呈现。

表4-3 2015~2020年各区常住老年人口分布情况

单位：万人，%

区域	65岁及以上人数和占比											
	2015年		2016年		2017年		2018年		2019年		2020年	
	人数	占比	人数	占比	人数	占比	人数	占比	人数	占比	人数	占比
东城区	14.1	15.6	13.9	15.8	13.8	16.2	13.8	16.8	13.5	17.0	12.9	18.2
西城区	20.0	15.4	19.5	15.5	19.3	15.8	19.7	16.7	19.3	17.0	20.1	18.2
朝阳区	40.6	10.3	41.8	10.8	42.3	11.3	42.8	11.9	42.0	12.1	49.3	14.3
丰台区	24.5	10.5	24.0	10.6	24.0	11.0	24.4	11.6	23.7	11.7	32.0	15.8
石景山区	6.8	10.4	6.7	10.6	6.7	10.9	6.6	11.2	6.6	11.6	9.3	16.4
海淀区	33.6	9.1	39.3	10.9	40.0	11.5	40.5	12.1	40.5	12.2	40.9	13.1
门头沟区	4.1	13.3	4.1	13.2	4.4	13.7	4.6	13.9	4.6	14.0	5.8	14.8
房山区	11.5	11.0	11.7	10.7	12.6	10.9	14.3	12.0	14.3	12.8	17.4	13.3
通州区	11.5	8.3	12.4	8.7	13.2	8.8	12.9	8.2	12.9	8.5	21.2	11.5
顺义区	8.1	7.9	8.4	7.8	9.0	8.0	8.3	7.1	8.3	7.5	14.4	10.9
昌平区	16.8	8.6	16.6	8.3	17.7	8.6	17.0	8.1	17.0	8.3	22.0	9.7
大兴区	12.4	7.9	12.6	7.4	14.0	8.0	14.5	8.1	14.5	8.3	19.4	9.7
怀柔区	4.0	10.4	4.1	10.4	4.4	10.9	4.6	11.1	4.6	12.8	5.6	12.7
平谷区	5.4	12.8	5.7	13.0	6.1	13.6	6.4	14.0	6.4	14.3	7.5	16.4
密云区	5.7	11.9	5.7	11.8	6.0	12.2	6.6	13.3	6.6	13.7	8.0	15.2
延庆区	3.7	11.8	3.9	11.9	4.1	12.1	4.4	12.6	4.6	12.9	5.4	15.6

资料来源：《北京区域统计年鉴2021》。

和丰台区（54.8%）60~69 岁的低龄老年人口占该区老年人口总数的比例相对较低。通州区（32.7%）、顺义区（31.8%）、房山区（31.6%）和平谷区（31.5%）70~79 岁的中龄老年人口占该区老年人口总数的比例较大，而石景山区（25.7%）、海淀区（26.4%）、东城区（26.5%）和西城区（26.6%）70~79 岁的中龄老年人口占该区老年人口总数的比例相对较低。海淀区（22.0%）、朝阳区（19.3%）和丰台区（18.0%）80 岁及以上的高龄老年人口占该区老年人口总数的比例较大，而通州区（12.4%）、房山区（12.4%）和平谷区（12.6%）80 岁及以上的高龄老年人口占该区老年人口总数的比例相对较低（见表4-4）。

表4-4　2022年北京市分区分年龄段户籍老年人口分布情况

单位：万人，%

区域	60 岁及以上人口	60~69 岁		70~79 岁		80 岁及以上	
		人数	占 60 岁及以上人口比例	人数	占 60 岁及以上人口比例	人数	占 60 岁及以上人口比例
北京市	414.0	226.5	54.7	117.6	28.4	69.9	16.9
东城区	33.2	18.8	56.6	8.8	26.5	5.5	16.6
西城区	47.3	26.4	55.8	12.6	26.6	8.2	17.3
朝阳区	69.8	36.4	52.1	19.9	28.5	13.5	19.3
丰台区	42.3	23.2	54.8	11.5	27.2	7.6	18.0
石景山区	13.6	7.7	56.6	3.5	25.7	2.4	17.6
海淀区	60.5	31.2	51.6	16.0	26.4	13.3	22.0
门头沟区	8.3	4.7	56.6	2.3	27.7	1.2	14.5
房山区	22.5	12.7	56.4	7.1	31.6	2.8	12.4
通州区	22.6	12.4	54.9	7.4	32.7	2.8	12.4
顺义区	17.9	10.0	55.9	5.7	31.8	2.3	12.8
昌平区	18.0	10.2	56.7	5.4	30.0	2.4	13.3
大兴区	19.0	10.6	55.8	5.9	31.1	2.5	13.2
怀柔区	8.0	4.7	58.8	2.2	27.5	1.1	13.8
平谷区	11.1	6.2	55.9	3.5	31.5	1.4	12.6
密云区	12.1	7.0	57.9	3.4	28.1	1.7	14.0
延庆区	7.9	4.4	55.7	2.4	30.4	1.1	13.9

资料来源：《北京市老龄事业发展报告（2022）》。

（三）北京市及各区常住人口老年抚养比变化情况

少儿抚养比和老年抚养比体现了劳动年龄人口抚养负担。少儿抚养比按 15~59 岁劳动年龄常住人口抚养 14 岁及以下的常住人口计算。老年抚养比按 15~59 岁劳动年龄常住人口抚养 60 岁及以上或 65 岁及以上常住人口计算。2015 年以来，北京市少儿抚养比和老年抚养比均不断上升，总抚养比从 2015 年的 34.7% 上升至 2022 年的 50.1%（见表 4-5）。这一方面体现劳动年龄人口相对数量下降，另一方面说明老龄人口在不断增长、老年人照顾负担加大。

表 4-5　2015~2022 年北京市抚养比情况

单位：%

指标	2015 年	2016 年	2017 年	2018 年	2019 年	2020 年	2021 年	2022 年
少儿抚养比	13.6	14.0	14.3	14.5	14.6	17.4	17.9	18.1
60 岁及以上抚养比	21.1	21.8	22.6	23.3	23.9	28.6	29.8	32.0
65 岁及以上抚养比	13.8	14.4	15.0	15.4	15.8	19.4	21.0	22.7
总抚养比	34.7	35.7	36.9	37.8	38.4	46.0	47.6	50.1

资料来源：笔者根据北京市统计局网站及北京市第七次全国人口普查数据计算。

以 2020 年各区的抚养比为例，北京市各区抚养比有较大差别。65 岁及以上老年抚养比较高的是西城区和东城区，均在 20% 以上，而较低的是昌平区、大兴区、顺义区和通州区（见表 4-6）。

表 4-6　2020 年北京市各区抚养比

单位：%

区域	65 岁及以上抚养比	0~14 岁抚养比	总抚养比
东城区	26.8	20.3	47.1
西城区	26.9	21.2	48.1
朝阳区	19.2	15.4	34.6
丰台区	21.6	14.9	36.5
石景山区	22.7	15.9	38.5

续表

区域	65 岁及以上抚养比	0~14 岁抚养比	总抚养比
海淀区	17.4	15.8	33.2
门头沟区	20.0	15.5	35.5
房山区	17.9	17.4	35.4
通州区	15.1	15.9	31.0
顺义区	14.0	15.1	29.2
昌平区	12.1	13.0	25.2
大兴区	12.4	15.2	27.6
怀柔区	16.8	15.6	32.4
平谷区	23.3	18.6	41.9
密云区	21.0	17.6	38.6
延庆区	21.4	15.9	37.3

资料来源：根据《北京区域统计年鉴 2021》相关数据计算。

二　人口老龄化与北京市养老保险

从我国人口变化的整体情况到北京市人口结构的具体特点都能看出，人口老龄化日趋严峻，家庭结构和代际结构都出现了较大的变化，既影响老年养老保障资源的供需调配，又影响制度发展的可持续性。而在养老保险现收现付的路径依赖之下，少子化逐步使得劳动人口减少和制度赡养率上升，进而导致养老保险收支失衡、财务可持续性遭到严重挑战。具体表现在以下方面。

一方面，家庭养老功能在家庭结构的变迁中逐渐弱化，养老保险制度建设的压力增大。伴随着人口老龄化和低生育率的宏观背景，家庭结构也在不断变迁，体现为核心家庭增多、家庭趋于小型化，纯老年人家庭、空巢老人增多，城镇化下农村人口向城镇迁移，以上种种都弱化了家庭养老的功能。在这种情况下，家庭养老保障需求向外转移的速度逐渐加快，在一定程度上加大了对于我国社会保障制度建设的压力。[1]

---

① 总报告起草组：《国家应对人口老龄化战略研究总报告》，《老龄科学研究》2015 年第 3 期。

另一方面，基本养老保险制度可持续发展的压力在人口老龄化过程中逐渐加大。[①] 随着我国人口年龄结构的转变，现收现付制的养老保障体系逐渐难以支撑。伴随着老龄人口增长，人口老龄化将对制度中缴费人员与受益人员的比例产生一定影响，进而造成资金平衡形势的恶化[②]，即领取待遇的人数不断增加，而劳动人口相对数量和比例下降，缴费人口减少，对现收现付制的基本养老保险基金的收支平衡产生直接影响，不断增加现行养老金体系的制度赡养率[③]，加大其可持续发展的压力。如果不考虑其他因素如覆盖面扩大和养老保险替代率下降等的冲抵作用，则我国城镇基本养老保险的缴费率必须一直保持上升趋势，否则，该制度的财务可持续性将出现问题。但事实上，我国养老保险缴费率已经明显偏高，基本没有进一步上调的空间。现实中，我国各地也在尝试适当降低养老保险缴费率。后续将进一步进行讨论。

从北京市目前养老保险的基本数据来看，在城镇职工基本养老保险方面，2022 年，北京市参加职工基本养老保险单位 83.17 万户，同比增加 5.01 万户，增长 6.41%；参保人员 1867.83 万人，同比增加 41.07 万人，增长 2.25%，其中享受待遇人员 328.2 万人，同比增加 9.19 万人，增长 2.88%。2022 年，北京市继续增加企业退休人员养老金，职工基本养老保险基金收入 3435.80 亿元，同比减少 1.75 亿元，下降 0.05%；基金支出 2705.94 亿元，同比减少 198.11 亿元，下降 6.82%；基金当年结余 729.86 亿元。

在城乡居民基本养老保险方面，截至 2022 年底，北京市参加城乡居民养老保险人数为 187.50 万人，其中城镇户籍 19.12 万人，农村户籍 168.38 万人。截至 2022 年底，北京市享受城乡居民养老保险待遇的人数为 91.37 万人（其中享受老年保障福利养老金的人数为 30.12 万人）。2022 年，城乡居民养老保险基金收入 101.36 亿元，基金支出 106.96 亿元，基金当年收支赤字 5.6 亿元。[④]

---

① 总报告起草组：《国家应对人口老龄化战略研究总报告》，《老龄科学研究》2015 年第 3 期。
② 林宝：《积极应对人口老龄化：内涵、目标和任务》，《中国人口科学》2021 年第 3 期。
③ 董克用、张栋：《高峰还是高原？——中国人口老龄化形态及其对养老金体系影响的再思考》，《人口与经济》2017 年第 4 期。
④ 北京市老龄工作委员会办公室、北京市老龄协会、北京师范大学中国公益研究院：《北京市老龄事业发展报告（2022）》（2023 年 10 月 23 日），https：//wjw.beijing.gov.cn/wjwh/ztzl/lnr/lljkzc/lllnfzbg/202310/P020231023507927451629.pdf，最后访问日期：2024 年 1 月 21 日。

三　人口老龄化与北京市养老服务

（一）人口老龄化趋势助推养老服务供给增量发展

北京市老年人口规模大、增速快，为应对老龄化所带来的医疗、照料等养老压力，"十三五"期间，北京市养老服务加速推进，在养老照料机构数量上，北京市养老照料中心从2015年的56家增长至2020年底的256家，社区养老服务驿站从无到有累计建成运营1005家；在适老化改造上，截至2020年底，北京市累计完成经济困难老年人家庭改造15800余户，累计完成加装1843部电梯；在医疗照护服务上，北京市累计建设老年友善医疗机构253家，确定2家全市安宁疗护中心，遴选8家医疗机构为安宁疗护中心示范基地；在老年人权益保障上，开设"老年人维权绿色通道"，建成市、区、街道、居四级公共法律服务实体平台；在老龄政策措施上，北京市累计出台老龄政策措施100余项，形成相对完备、相互衔接的"四梁八柱"老龄政策制度体系。①

（二）女性老年人占比较高，养老服务需求应重点关注

2020年第七次全国人口普查数据显示，在北京市常住老年人中，60~69岁女性低龄老年人占比为6.1%，男性为5.7%；70~79岁中龄女性老年人占比为2.8%，男性为2.2%；80岁及以上高龄女性老年人占比为1.6%，男性为1.3%。综合来看，女性老年人所占比重要高于男性。同时随着人均预期寿命延长，高龄女性老年人的数量会持续上升。此外，根据《2015年北京市1%人口抽样调查资料》的数据计算，北京市16~49岁女性的劳动参与率为70.01%，男性为82.76%，女性相较而言处于弱势，更易在步入老年后陷入生活困顿的境地。因而在养老服务供需两侧，都需要对女性老年人给予更多的关注，全方位了解其需求，为其提供精准的养老助老服务，从而达到使其安度晚年的目的。

---

① 数据来源于《北京市老龄事业发展报告（2020）》。

以 2015 年第四次中国城乡老年人生活状况抽样调查数据为例①，列举所调查社区养老服务中女性老年人的需求状况（见表 4-7）。其中，上门看病需求占比最高，近四成（39.3%）女性老年人对此服务有需求，上门做家务和康复护理紧随其后，分别占比 12.4% 和 11.7%。总体来看，男性与女性对服务项目的需求占比相差不大，但除去健康教育和辅具租赁需求外，在其余所调查社区养老服务中，女性老年人的需求占比均高于男性，平均差值为 0.8 个百分点，表明女性老年人对养老服务存在更多需求。

表 4-7　按性别分全国老年人对社区老龄服务的需求

单位：%

老龄服务需求	男性	女性
助餐服务	8.4	8.6
助浴服务	4.3	4.7
上门做家务	11.6	12.4
上门看病	37.0	39.3
日间照料	8.9	9.8
康复护理	11.1	11.7
辅具租赁	3.7	3.7
健康教育	10.6	10.4
心理咨询	10.3	11.1

资料来源：2015 年第四次中国城乡老年人生活状况抽样调查、《中国老年人生活质量发展报告（2019）》。

（三）老年人集中于核心区、中心城区②，养老服务设施分布呈现聚集性

从 65 岁及以上老年人口的绝对数量来看，北京市呈现中心城区老龄化程

---

① 由于北京市老年人口现状与全国情况相同，且在养老服务需求调查方面北京市尚缺乏有效可靠数据，故此处以 2015 年第四次中国城乡老年人生活状况抽样调查数据来反映女性老年人的养老服务需求。

② 根据《北京城市总体规划（2016 年—2035 年）》和《首都功能核心区控制性详细规划（街区层面）（2018 年—2035 年）》，首都功能核心区为东城区和西城区；中心城区为朝阳区、海淀区、丰台区、石景山区；城市副中心为通州新城；平原新城区为顺义、昌平、房山、大兴、亦庄 5 个新城；生态涵养区为门头沟区、平谷区、怀柔区、密云区、延庆区以及昌平区和房山区的山区。

度高、近郊区次之、远郊区相对较低的老年人口分布特征，即老年人较多集中于西城区、朝阳区、海淀区等核心区和中心城区。就养老服务设施分布而言，以区域为划分标准，2018 年出版的《北京市居家养老资源普查数据集》显示，养老服务设施数量占据前五的区域分别为海淀区（545 个）、房山区（475 个）、朝阳区（452 个）、西城区（345 个）、丰台区（287 个），其中，除房山区外，其余 4 个为核心区、中心城区。从占比来看，北京市近四成（39.7%）养老服务设施集中在海淀、朝阳、西城、丰台四区。而在 65 岁及以上老年人口较为稀疏的门头沟区、怀柔区和延庆区，其养老服务设施分布较少，平均值仅为 153 个，与北京市养老服务设施平均值 257 个相比具有较大差距（见表 4-8）。可见，养老服务资源数量受该区老年人口总量影响，大体呈现正相关关系，即养老服务设施随老年人口的增多而增加。

表 4-8　北京市按区分的街道乡镇所属和社区所属养老服务设施情况

区域	街道乡镇所属设施数（个）	社区所属设施数（个）	街道乡镇、社区合计所属设施数（个）	合计占比（%）
东城区	34	108	142	3.5
西城区	59	286	345	8.4
朝阳区	94	358	452	11.0
丰台区	48	239	287	7.0
石景山区	13	38	51	1.2
海淀区	41	504	545	13.3
门头沟区	7	177	184	4.5
房山区	49	426	475	11.6
通州区	12	95	107	2.6
顺义区	20	265	285	6.9
昌平区	17	111	128	3.1
大兴区	50	232	282	6.9
怀柔区	9	140	149	3.6
平谷区	15	251	266	6.5
密云区	16	264	280	6.8
延庆区	11	115	126	3.1
合计	495	3609	4104	100.0

资料来源：《北京市居家养老资源普查数据集》（2018 年）。

（四）老年人抚养系数持续上升，养老服务需求增加

随着人口老龄化趋势不断加重，北京市老年抚养比也在逐年增加，劳动年龄人口负担不断加重。在养老服务需求方面，老年人口不断增多使得养老服务整体需求不断增长，且老年人身体情况各异，对服务多样性的追求也有所提高。当期老年人消费需求升级趋势显著，越来越多的老年人渴望更加丰富多彩且富有尊严的晚年生活。[①] 若进一步考虑高龄化和需求升级所带来的结构效应和乘数效应，养老服务需求将会呈现爆发性增长。[②] 而老龄化下劳动年龄人口持续下降，即便通过延迟法定退休年龄大幅提高 50~64 岁人口的劳动参与率，未来中国劳动力供给也将持续下降[③]，这又让养老服务领域面临人力资源缺乏的问题。

分区域来看，东城区和西城区 65 岁及以上老年抚养比最高，均超过 20%，即老年人集中的核心区劳动人口抚养负担最重。同时，根据 2020 年第七次全国人口普查结果，北京市平均家庭户规模为 2.31 人，家庭结构处于小型化。在北京市"9064"养老服务格局和当前"421"家庭模式下，老年抚养系数上升、家庭规模小型化意味着配偶及子女等家庭以外的社会人员来分担老年人的照护压力是十分必要的。可以说，老年抚养比上升和家庭结构小型化从内生性的角度影响了养老服务需求主体人口家庭结构的转变，以及其服务需求的增加。[④]

---

① 董克用、王振振、张栋：《中国人口老龄化与养老体系建设》，《经济社会体制比较》2020 年第 1 期。
② 林宝：《积极应对人口老龄化：内涵、目标和任务》，《中国人口科学》2021 年第 3 期。
③ 林宝：《人口负增长与劳动就业的关系》，《人口研究》2020 年第 3 期。
④ 赵艳华：《河北省需求结构转变下养老服务供给模式创新研究》，《产业与科技论坛》2015 年第 24 期。

第五章 北京市养老保险的供需平衡
与发展完善

一 北京市养老保险待遇水平

（一）北京市养老保险平均水平

北京市养老保险待遇有三类：城乡居民基本养老保险、城镇职工基本养老保险与福利养老金。2013~2020 年，三者中城镇职工人均基本养老保险待遇最高，城乡居民人均基本养老保险待遇次之，人均福利养老金最低，但人均福利养老金与城乡居民人均基本养老保险的差距整体在缩小。三者的增长幅度均未与北京市居民人均可支配收入增长水平保持一致：2014~2020 年城乡居民人均基本养老保险待遇增长水平时高时低；城镇职工人均基本养老保险待遇自2016 年开始增长水平一直低于北京市居民人均可支配收入增长水平，直至2020 年情况才有所改变；而北京市人均福利养老金 2014~2020 年增长水平一直高于北京市居民人均可支配收入增长水平，且 2016~2019 年人均福利养老金调整采取定额增长，每年增加 100 元（见表 5-1 和图 5-1）。

（二）北京市养老保险待遇增长情况

对比 2011~2020 年北京市人均基本养老保险待遇增长水平与 CPI 指数（见

表 5-1 2013~2020 年北京市养老保险待遇水平与人均可支配收入比较情况

单位：元，%

年份	北京市居民人均可支配收入	同比增长率	城乡居民人均基本养老保险（每月）	同比增长率	城镇职工人均基本养老保险（每月）	同比增长率	人均福利养老金（每月）	同比增长率
2013	40830		460		2773		310	
2014	44489	9.0	484	5.2	3050	10.0	350	12.9
2015	48458	8.9	562	16.1	3355	10.0	385	10.0
2016	52530	8.4	566	0.7	3573	6.5	425	10.4
2017	57230	8.9	671	18.6	3770	5.5	525	23.5
2018	62361	9.0	710	5.8	3959	5.0	625	19.0
2019	67756	8.7	810	14.1	4157	5.0	725	16.0
2020	69434	2.5	830	2.5	4365	5.0	745	2.8

资料来源：历年《北京市老龄事业发展报告》。

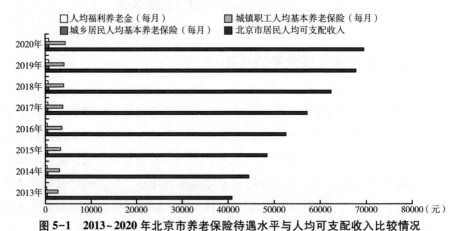

图 5-1 2013~2020 年北京市养老保险待遇水平与人均可支配收入比较情况

资料来源：历年《北京市老龄事业发展报告》。

表 5-2)：北京市城乡居民人均基本养老保险待遇增长水平大部分高于全国与北京市的 CPI；北京市城镇职工人均基本养老保险待遇与人均福利养老金增长水平均高于全国与北京市的 CPI，尤其是人均福利养老金增长水平高出的幅度较大。可见退休人员绝对购买力没有下降。

对比 2011~2020 年北京市人均基本养老保险待遇增长水平与城镇就业人员平均货币工资指数（见表 5-2）：北京市城乡居民和城镇职工人均基本养老

保险待遇增长水平基本低于全国和北京市城镇就业人员平均货币工资指数，而人均福利养老金增长水平基本高于全国和北京市城镇就业人员平均货币工资指数。当养老保险待遇动态调整的幅度低于工资增长幅度时，养老保险的相对水平会出现逐年下降的趋势。[①] 从数据可知，城乡居民人均基本养老保险待遇与城镇职工人均基本养老保险待遇增长水平未能和全国与北京市城镇就业人员平均货币工资指数相适应，导致企业退休人员的相对生活水平有所下降。

企业退休人员退休金的增长率基本上要高于 CPI 的增长率，但显著低于社会平均实际工资的增长率，这种情况表明经济增长的成果未能被退休人员充分分享，其实际生活水平要相对低于在职职工的生活水平。[②]

表 5-2　2011～2020 年北京市养老保险待遇、CPI 与城镇
就业人员平均货币工资指数变化情况

单位：%

年份	北京市人均基本养老保险、福利养老金与前一年相比			CPI（以上一年为基准）		城镇就业人员平均货币工资指数（以上一年为基准）	
	城乡	职工	福利养老金	全国	北京市	全国	北京市
2011	3.25	10.61	25.00	5.4	5.6	14.4	15.8
2012	8.96	9.89	11.00	2.6	3.3	11.9	12.3
2013	2.22	10.48	11.71	2.6	3.3	10.1	9.8
2014	5.22	9.99	12.90	2.0	1.6	9.5	10.0
2015	16.12	10.00	10.00	1.4	1.8	10.1	8.9
2016	0.71	6.50	10.39	2.0	1.4	8.9	7.7
2017	18.55	5.51	23.53	1.6	1.9	10.0	9.8
2018	5.81	5.01	19.05	2.1	2.5	10.9	10.7
2019	14.08	5.00	16.00	2.9	2.3	9.8	14.4
2020	2.50	5.00	2.76	2.5	1.7	7.6	6.8

资料来源：笔者根据国家统计局数据计算。

（三）北京市养老保险替代率

养老保险替代率定义为退休人员的基本养老保险与在职职工的工资之比，

①　穆怀中、范璐璐、陈曦：《人口预期寿命延长、养老金保障风险与政策回应》，《社会科学文摘》2021 年第 4 期。

②　殷俊、陈天红：《从老年人需求结构视角探析养老金待遇调整机制》，《求索》2010 年第 12 期。

反映劳动者退休前后的生活水平差异。随着退休年龄的增长，养老保险替代率有所降低，这体现了养老保险待遇水平调整与经济发展的同步性不强，养老保险调整效果不佳。[①] 郑功成认为基本养老保险水平参照 40% 左右的恩格尔系数较为合理，当基本养老保险水平达到职工平均工资的 53.33% 时，恩格尔系数再持续下降，替代率还有适当降低的空间，未来中国基本养老保险的保障水平应将目标设定为养老金替代率在 50% 左右。[②] 而 2011~2020 年北京市养老保险替代率不高且总体下降，养老保险待遇保障能力不足同时伴随着能力下降；城乡人均基本养老保险与人均福利养老金替代率低，养老保险保障能力不足（见表 5-3）。

表 5-3　2011~2020 年北京市养老保险替代率情况

单位：元，%

年份	北京市人均基本养老保险（每月）			北京市城镇就业人员平均工资（每月）	北京市养老保险替代率（基本养老保险与在职职工的工资之比）		
	城乡	职工	福利养老金		城乡	职工	福利养老金
2011	413	2284	250	6320	6.54	36.14	3.96
2012	450	2510	277.5	7109	6.33	35.31	3.90
2013	460	2773	310	7833	5.87	35.40	3.96
2014	484	3050	350	8617	5.62	35.40	4.06
2015	562	3355	385	9423	5.96	35.61	4.09
2016	566	3573	425	10229	5.53	34.93	4.15
2017	671	3770	525	11250	5.96	33.51	4.67
2018	710	3959	625	12487	5.69	31.71	5.01
2019	810	4157	725	14434	5.61	28.80	5.02
2020	830	4365	745	14848	5.59	29.40	5.02

资料来源：国家统计局网站、历年《北京市老龄事业发展报告》。

二　北京市养老保险当期收支平衡情况

养老保险供需平衡主要表现为收支平衡，短期来看收支平衡为当期收支

---

① 郝勇、周敏、郭丽娜：《养老金调整的适度水平研究》，《预测》2011 年第 5 期。
② 郑功成：《中国养老保险制度的未来发展》，《劳动保障通讯》2003 年第 3 期。

平衡，长期来看要保障制度公平性，即代际平衡。在养老保险供需平衡的当期收支平衡方面，我国是半积累性养老保险，所以当期累计结余由上期累计结余的本息与本期结余加和得来：养老保险基金累计结余＝养老保险基金当期收入-养老保险基金当期支出+往期累计结余的本息。[①] 此处主要选择城镇职工基本养老保险和城乡居民基本养老保险这两种社会养老保险进行研究，补充养老保险与商业养老保险不在研究范围内。

（一）城镇职工基本养老保险

从全国城镇职工基本养老保险收支情况来看，2011～2019 年每年都有结余，但是当年结余有下降趋势，且 2020 年出现较多亏损（见图 5-2）。而 2011～2019 年北京市城镇职工基本养老保险每年收支均有结余，且当年结余稳步增长，当年结余水平均在 30% 以上，按比例来看当年结余水平均高于全国（见表 5-4 和图 5-3）。养老保险结余过少不利于制度稳定运行，而结余过多会影响人们的生活水平，也会影响国民经济发展，北京市城镇职工基本养老保险结余水平是否适度还需根据政策对于养老保险制度的定位来综合考虑。

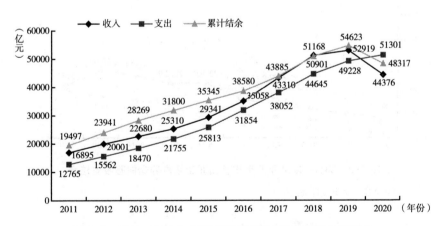

图 5-2　2011～2020 年全国城镇职工基本养老保险收支结余

资料来源：2011～2020 年《人力资源和社会保障事业发展统计公报》。

---

① 路春艳、郎婉婷：《城镇职工养老保险基金收支预测研究》，《统计与咨询》2020 年第 2 期。

表 5-4　2011~2020 年全国范围与北京市城镇职工基本养老保险收支情况

单位：亿元，%

| 年份 | 城镇职工基本养老保险 | | | | | | | | | |
| | 全国 | | | | | 北京市 | | | | |
	收入	支出	当年结余	当年结余占比	累计结余	收入	支出	当年结余	当年结余占比	累计结余
2011	16895	12765	4130	24.5	19497	812.8	560.8	252.0	31.0	869.8
2012	20001	15562	4439	22.2	23941	995.1	640.2	354.9	35.7	1224.8
2013	22680	18470	4210	18.6	28269	1181.3	734.8	446.5	37.8	1671.3
2014	25310	21755	3555	14.0	31800	1331.3	841.7	489.6	36.8	2160.8
2015	29341	25813	3528	12.0	35345	1601.2	965.5	635.7	39.7	2796.6
2016	35058	31854	3204	9.1	38580	2249.0	1479.4	769.6	34.2	3566.2
2017	43310	38052	5258	12.1	43885	2222.9	1394.3	828.6	37.3	4394.9
2018	51168	44645	6523	12.7	50901	2553.9	1519.2	1034.7	40.5	5298.2
2019	52919	49228	3691	7.0	54623	2760.6	1698.3	1062.3	38.5	6018.5
2020	44376	51301	-6925	-15.6	48317	2160.6	1953.3	207.3	9.6	5763.3

资料来源：2011~2020 年《人力资源和社会保障事业发展统计公报》、国家统计局网站。

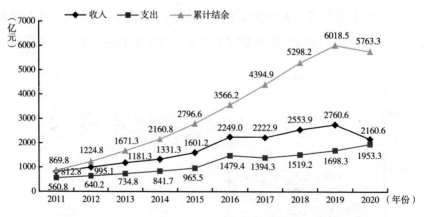

图 5-3　2011~2020 年北京市城镇职工基本养老保险收支结余

资料来源：国家统计局网站。

（二）城乡居民基本养老保险

从全国城乡居民基本养老保险收支情况来看，2012~2020 年每年都有结余，且当年结余占比均在20%以上，保持比较高的水平，可能和我国大量灵活就业人员有关。2012~2020年北京市城乡居民基本养老保险每年收支均有结余，按比例来看当年结余水平在2012~2016年高于全国，在2017~2020年低于全国。全国和北京市的城乡居民基本养老保险累计结余都在逐年增长，但是当年结余比例总体在下降，尤其北京市城乡居民基本养老保险的当年结余占比在2012~2020年下降的幅度比较大，从49.3%下降至6.7%（见图5-4、图5-5、表5-5）。养老保险结余过少不利于制度稳定运行，而结余过多会影响人们的生活水平，也会对国民经济产生影响。

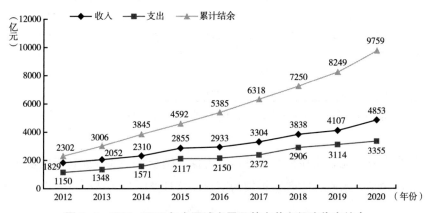

图5-4　2012~2020年全国城乡居民基本养老保险收支结余

资料来源：2012~2020年《人力资源和社会保障事业发展统计公报》。

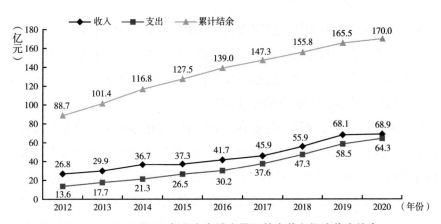

图5-5　2012~2020年北京市城乡居民基本养老保险收支结余

资料来源：国家统计局网站。

表 5-5 2012~2020 年全国范围与北京市城乡居民基本养老保险收支情况

单位：亿元，%

| 年份 | 城乡居民基本养老保险 | | | | | | | | | |
| | 全国 | | | | | 北京市 | | | | |
	收入	支出	当年结余	当年结余占比	累计结余	收入	支出	当年结余	当年结余占比	累计结余
2012	1829	1150	679	37.1	2302	26.8	13.6	13.2	49.3	88.7
2013	2052	1348	704	34.3	3006	29.9	17.7	12.2	40.8	101.4
2014	2310	1571	739	32.0	3845	36.7	21.3	15.4	42.0	116.8
2015	2855	2117	738	25.8	4592	37.3	26.5	10.8	29.0	127.5
2016	2933	2150	783	26.7	5385	41.7	30.2	11.5	27.6	139.0
2017	3304	2372	932	28.2	6318	45.9	37.6	8.3	18.1	147.3
2018	3838	2906	932	24.3	7250	55.9	47.3	8.6	15.4	155.8
2019	4107	3114	993	24.2	8249	68.1	58.5	9.6	14.1	165.5
2020	4853	3355	1498	30.9	9759	68.9	64.3	4.6	6.7	170.0

资料来源：2012~2020 年《人力资源和社会保障事业发展统计公报》、国家统计局网站。

综合来看，北京市城镇职工基本养老保险结余水平要远远高于城乡居民基本养老保险结余水平，二者差距较为明显，这种差距是否适度还需审慎考虑。

三 北京市养老保险长期收支平衡测算

就北京市当前的收支结余情况来看，养老保险制度短期运行状况良好，但考虑到历史债务和人口老龄化问题，长期仍存在发生支付危机的可能，因此有必要对养老保险未来收支情况进行测算分析。考虑到数据的可及性，本节主要对北京市城镇养老保险的收支情况进行测算。

综合来看，在养老保险的筹集和发放标准一定的前提下，养老保险收入可通过缴费人数与其缴费标准的乘积得到，养老保险支出可通过领取人数和其领取标准的乘积得到。所以在对养老保险收支进行测算之前，首先应对北京市2021~2035 年不同年龄、性别的养老保险缴费人口和领取人口的数量进行预测，在此基础上，根据各类养老保险缴纳和发放办法来进一步估算北京市2021~2035 年的养老保险收入和养老保险支出。

（一）北京市人口预测

本书结合《北京人口发展研究报告（2021）》对于"十四五"时期北京市人口的预测、2020 年第七次全国人口普查数据以及《2015 年北京市 1% 人口抽样调查资料》，对北京市 2021~2035 年的人口情况做出预测。

在《北京人口发展研究报告（2021）》对于"十四五"时期北京市人口的预测中，结合北京市人口变动的历史趋势、北京市对劳动力的现实需求以及北京市总体规划设计的调控目标，本书对于人口净流入情况设计了三个情景方案。因此，本书对于北京市养老保险收支平衡的分析也分别基于低、中、高三个人口预测方案来进行。

预测起始年份为 2021 年。在已有数据的基础上，本书结合各个年份人口增长率的平均值分别对低、中、高三种方案下的北京市人口进行预测。由于 2020 年第七次全国人口普查数据及《2015 年北京市 1% 人口抽样调查资料》均未含有北京市各个年龄段的人口数，本书通过把预测得到的 2021~2035 年北京市人口数量，分别乘以 2015 年北京市 1% 人口抽样调查中分性别各年龄段人口所占比重，得到 2021~2035 年北京市分性别各年龄段的人口数量。

北京市人口预测情况如表 5-6 所示，2021~2035 年北京市人口规模持续扩大。截至 2035 年，低、中、高三种方案下北京市人口分别达到了 2380 万人、2408 万人和 2435 万人，相较于 2020 年的人口规模分别提升了 8.74%、10.00% 和 11.25%。

表 5-6　2021~2035 年三种方案下的北京市人口预测

单位：万人

年份	低方案	中方案	高方案
2021	2203	2208	2213
2022	2217	2227	2237
2023	2230	2245	2261
2024	2242	2262	2283
2025	2251	2277	2303
2026	2264	2290	2316
2027	2276	2303	2329

年份	低方案	中方案	高方案
2028	2289	2315	2342
2029	2302	2328	2355
2030	2315	2341	2368
2031	2328	2355	2382
2032	2341	2368	2395
2033	2354	2381	2408
2034	2367	2394	2422
2035	2380	2408	2435

北京市人口年龄结构预测情况如表 5-7 所示，2021~2035 年，三种方案下 0~15 岁人口的数量相差不大，到 2035 年分别为 305 万人、308 万人和 311 万人；三种方案下 65 岁及以上人口的数量也相差不大，到 2035 年分别为 326 万人、328 万人和 330 万人；相较来说，三种方案下 16~64 岁人口的数量有所差距，到 2035 年分别为 1750 万人、1772 万人和 1795 万人。

表 5-7　2021~2035 年三种方案下的北京市人口年龄结构预测

单位：万人

年份	0~15 岁人口			16~64 岁人口			65 岁及以上人口		
	低方案	中方案	高方案	低方案	中方案	高方案	低方案	中方案	高方案
2021	266	266	267	1659	1664	1668	278	278	278
2022	279	279	280	1644	1654	1663	294	294	295
2023	292	293	294	1626	1640	1653	312	313	313
2024	304	306	308	1607	1625	1643	331	331	331
2025	314	317	319	1589	1612	1634	348	349	349
2026	290	293	295	1664	1685	1707	310	312	314
2027	292	294	297	1673	1695	1716	312	314	315
2028	293	296	299	1683	1704	1726	313	315	317
2029	295	298	300	1692	1714	1736	315	317	319
2030	297	299	302	1701	1723	1745	317	319	321
2031	298	301	304	1711	1733	1755	319	321	323
2032	300	303	306	1721	1743	1765	320	322	324
2033	302	304	307	1730	1753	1775	322	324	326
2034	303	306	309	1740	1762	1785	324	326	328
2035	305	308	311	1750	1772	1795	326	328	330

（二）养老保险收入测算①

1. 缴费人数测算模型

养老保险收入可通过缴费人数与平均缴费工资、缴费率、收缴率之积来得到。缴费人数是适龄劳动人口中的一部分，在我国，适龄劳动人口为 16～59 岁的男性和 16～54 岁的女性，以 $(LP)_t$ 表示 t 年的适龄劳动人口数，$P_{t,x}^m$ 和 $P_{t,x}^f$ 分别表示 t 年 x 岁的男性和女性人口数，适龄劳动人口数为：

$$(LP)_t = \sum_{x=16}^{59} P_{t,x}^m + \sum_{x=16}^{54} P_{t,x}^f \qquad (5-1)$$

需要注意的是，并非所有适龄劳动人口都在参加工作，由于失业等原因，仅有部分为在岗人口，分别用 $(RLFP)_t$ 和 $(RUE)_t$ 表示 t 年的劳动参与率和失业率，则 t 年的在岗人口 $(EP)_t$ 为：

$$(EP)_t = (LP)_t \times (RLFP)_t \times [1 - (RUE)_t]$$
$$= \left[(RLFP)_t^m \sum_{x=16}^{59} P_{t,x}^m + (RLFP)_t^f \sum_{x=16}^{54} P_{t,x}^f \right] \times [1 - (RUE)_t] \qquad (5-2)$$

在所有在岗人口中，缴费人群为企业单位职工，以 $(RCLP)_t$ 表示 t 年企业单位职工在在岗人口总数中所占的比重，以 $(RC)_t$ 表示 t 年企业劳动人口参保率，则 t 年养老保险的缴费人数 $(TCL)_t$ 为：

$$(TCL)_t = (EP)_t \times (RCLP)_t \times (RC)_t \qquad (5-3)$$

2. 北京市城镇职工基本养老保险缴费工资测算模型

养老保险的缴费基数以上一年度在岗职工平均工资为基础，利用北京市统计局公布的 1978 年以来的年度在岗职工平均工资建立时间趋势预测模型，借助 SPSS 统计软件，即可得到 2021～2035 年北京市在岗职工平均工资。

3. 北京市城镇职工基本养老保险收入测算模型

养老保险收入可通过缴费人数、平均缴费工资、缴费率和收缴率的乘积得到。以 $(RI)_t$ 表示 t 年养老保险的缴费率，$(AW)_{t-1}$ 表示 $t-1$ 年的平均缴费工

---

① 由于城镇职工和城乡居民二者的养老保险制度设计差异较大，且后者的参保人数较少、缴费金额较低、基金规模较小，故本部分主要针对城镇职工养老保险进行测算。

资，$(REI)_t$ 表示 t 年养老保险的收缴率，则 t 年养老保险的总收入 $(TI)_t$ 为：

$$(TI)_t = (TCL)_t \times (AW)_{t-1} \times (RI)_t \times (REI)_t \qquad (5-4)$$

结合上文所得到的人口预测数据，运用式（5-1）、式（5-2）、式（5-3）、式（5-4）即可测算出每年北京市城镇职工养老保险收入。

4. 北京市城镇职工基本养老保险收入测算假设及测算结果

在测算中，每年的缴费人数 $(TCL)_t$ 和平均缴费工资 $(AW)_{t-1}$ 分别采用预测所得的结果，假设在所测算年份内养老保险的缴费率没有发生变动，企业和个人的合计缴费率 $(RI)_t$ 为28%，收缴率 $(REI)_t$ 为85%，男性和女性的劳动参与率 $(RLFP)_t$ 分别为65%和60%，失业率 $(RUE)_t$ 为2%，城镇企业单位工作率 $(RCLP)_t$ 为80%，城镇企业单位工作人员参保率 $(RC)_t$ 为95%。

结合上文所得到的低、中、高三种方案下的人口预测数据以及测算假设，即可分别测算出三种方案下的养老保险缴费人数，具体测算结果如表5-8所示。截至2035年，低、中、高三种方案下养老保险缴费人数分别达到了708万人、717万人和726万人。

表5-8　2021~2035年三种方案下的养老保险缴费人数

单位：万人

年份	低方案		中方案		高方案	
	在岗人口	缴费人数	在岗人口	缴费人数	在岗人口	缴费人数
2021	883	671	886	673	888	675
2022	875	665	880	669	885	673
2023	865	658	873	663	880	669
2024	855	650	865	657	874	665
2025	846	643	858	652	870	661
2026	886	673	897	682	908	690
2027	891	677	902	686	914	694
2028	896	681	907	689	919	698
2029	901	684	912	693	924	702
2030	906	688	917	697	929	706
2031	911	692	922	701	934	710
2032	916	696	928	705	939	714
2033	921	700	933	709	945	718
2034	926	704	938	713	950	722
2035	931	708	943	717	955	726

　　结合北京市统计局公布的 1978 年以来的年度在岗职工平均工资，借助 SPSS 统计软件，运用指数平滑法来预测 2021~2035 年的城镇职工年度平均工资情况，可以分别得到霍尔特线性趋势、布朗线性趋势和衰减趋势三种在岗职工平均工资预测结果，结合 2020 年北京市统计局发布的北京市在岗职工平均工资数据，最终选择衰减趋势下的在岗职工平均工资预测结果，如表 5-9 所示，各年平均工资可作为下一年养老保险的缴费基数。

　　将上文所测算的北京市养老保险缴费人数和在岗职工平均工资预测结果代入养老保险收入模型，即可分别得到三种方案下 2021~2035 年北京市城镇职工基本养老保险收入情况，结果如表 5-10 所示。可以发现，2021~2035 年，三种方案下的北京市城镇职工基本养老保险收入均保持着上涨趋势。截至 2035 年，低、中、高三种方案下的养老保险收入分别达到了 88179271 万元、89321326 万元和 90453255 万元，但增长率整体呈现下降趋势，养老保险收入增速整体放缓。

表 5-9　2021~2035 年北京市在岗职工平均工资预测结果

单位：元，%

年份	在岗职工平均工资	工资增长率
2021	219906	11.9
2022	243261	10.6
2023	266616	9.6
2024	289970	8.8
2025	313323	8.1
2026	336677	7.5
2027	360030	6.9
2028	383382	6.5
2029	406735	6.1
2030	430087	5.7
2031	453438	5.4
2032	476790	5.1
2033	500141	4.9
2034	523492	4.7
2035	546842	4.5

表 5-10 2021～2035 年北京市城镇职工基本养老保险收入预测结果

年份	低方案			中方案			高方案		
	缴费基数（元）	缴费人数（万人）	缴费额（万元）	缴费基数（元）	缴费人数（万人）	缴费额（万元）	缴费基数（元）	缴费人数（万人）	缴费额（万元）
2021	196551	671	31392842	196551	673	31487456	196551	675	31563147
2022	219906	665	34805499	219906	669	35017211	219906	673	35207752
2023	243261	658	38080390	243261	663	38408265	243261	669	38712721
2024	266616	650	41248618	266616	657	41710644	266616	665	42172670
2025	289970	643	44359270	289970	652	45001349	289970	661	45615511
2026	313323	673	50189697	313323	682	50839729	313323	690	51483998
2027	336677	677	54232673	336677	686	54935069	336677	694	55631236
2028	360030	681	58319317	360030	689	59074641	360030	698	59823267
2029	383382	684	62449990	383382	693	63258812	383382	702	64060462
2030	406735	688	66625059	406735	697	67487954	406735	706	68343198
2031	430087	692	70844889	430087	701	71762437	430087	710	72671850
2032	453438	696	75109850	453438	705	76082636	453438	714	77046797
2033	476790	700	79420317	476790	709	80448931	476790	718	81468423
2034	500141	704	83776665	500141	713	84861700	500141	722	85937113
2035	523492	708	88179271	523492	717	89321326	523492	726	90453255

（三）养老保险支出测算

按照"老人老办法""新人新办法""中人过渡办法"原则，1998 年以前退休的"老人"，仍然按照老办法发放养老保险待遇；1998 年以前加入养老保险，1998 年以后退休的"中人"，在发放社会统筹和个人账户养老保险的基础上再加发过渡性养老保险；1998 年以后加入养老保险的"新人"，退休后只发放社会统筹和个人账户养老保险。在计算养老保险支出时，需要考虑到不同人群养老保险待遇发放的差异。

1. 北京市城镇"老人"养老保险支出测算模型

2021 年，男性"老人"的年龄都在 84 岁以上，女性"老人"的年龄都在 79 岁以上，以（RRP）$_t$ 代表领取养老保险的"老人"在适龄人口中的比例，假设寿命为 100 岁，则每年领取养老保险的"老人"数量（TOP）$_t$ 为：

$$(TOP)_t = (TOP)_t^m + (TOP)_t^f$$
$$= \left[\sum_{x=61+(t-1998)}^{100} P_{t,x}^m + \sum_{x=56+(t-1998)}^{100} P_{t,x}^f \right] \times (RRP)_t \qquad (5-5)$$

其中，（TOP）$_t^m$、（TOP）$_t^f$ 分别表示 t 年的男性和女性"老人"数量。

根据我国政策规定，"老人"养老保险在 1997 年发放标准的基础上每年做适当比例的调整，假设每年的发放标准按照上一年工资增长率 G_t 的一定比例 δ 进行调整，则 t 年的发放标准（ORS）$_t$ 为：

$$(ORS)_t = (ORS)_{t-1} \times (1 + \delta G_{t-1}) = (ORS)_{1997} \times \prod_{t=1997}^{t}(1 + \delta G_t) \qquad (5-6)$$

"老人"养老保险的支出金额为各年领取养老保险"老人"数量与其发放标准的乘积，则"老人"养老保险的支出金额（TOC）$_t$ 为：

$$(TOC)_t = (TOP)_t \times (ORS)_t \qquad (5-7)$$

2. 北京市城镇"中人新人"养老保险支出测算模型

在我国，在养老保险制度改革以后参加工作、缴纳养老保险，在未来退休的人员被称为"新人"。在养老保险制度改革以前参加工作，在改革以后退休的人员被称为"中人"。按照国家政策规定，对"新人"发放基础养老保险和个人账户养老保险，而"中人"在此基础上再发放过渡性养老保险。在进行养老保险支出估测时，假设"中人"和"新人"的养老保险标准基本相同，故合并来计算支出金额。

以 $(RRP)_t$ 代表在适龄劳动人口中"中人新人"的领取比例，则 t 年 x 岁领取养老保险的"中人新人"数量 $(NP)_{t,x}$ 为：

$$(NP)_{t,x} = P_{t,x}^m \times (RRP)_t + P_{t,x}^f \times (RRP)_t \tag{5-8}$$

根据我国政策规定，退休者首年的养老保险数额为上一年工资的一定比例，假设 t 年退休者养老保险的替代率为 $(RS)_t$，则 t 年新退休的不同性别"中人新人"养老保险发放标准 $(FNRS)_t$ 为：

$$(FNRS)_t^m = (AW)_{t-1} \times (RS)_t^m \tag{5-9}$$

$$(FNRS)_t^f = (AW)_{t-1} \times (RS)_t^f \tag{5-10}$$

假设每年的养老保险待遇发放标准按照上一年工资增长率 G_t 的一定比例 δ 进行调整，则 $t-n$ 年退休人员在 t 年的年度养老保险发放标准 $(NRS)_t$ 为：

$$(NRS)_{t,x} = (FNRS)_{t-n} \times \prod_{t-n}^{t} (1 + \delta G_{t-1}) \tag{5-11}$$

已知养老保险的领取人数和发放标准，则每年的养老保险支出金额为二者的乘积，t 年 x 岁男性和女性退休"中人新人"的养老保险数额 $(NC)_{t,x}^m$、$(NC)_{t,x}^f$ 分别为：

$$(NC)_{t,x}^m = (NP)_{t,x}^m \times (NRS)_{t,x}^m = P_{t,x}^m \times (RRP)_t \times (NRS)_{t,x}^m \tag{5-12}$$

$$(NC)_{t,x}^f = (NP)_{t,x}^f \times (NRS)_{t,x}^f = P_{t,x}^f \times (RRP)_t \times (NRS)_{t,x}^f \tag{5-13}$$

"中人新人"养老保险支出总额为各个年龄男性和女性退休人员的养老保险支出之和，以 $(TNC)_t$ 代表 t 年"中人新人"的养老保险支出总额，则：

$$(TNC)_t = \sum_{x=60}^{60+(t-1997)} (NC)_{t,x}^m + \sum_{x=55}^{55+(t-1997)} (NC)_{t,x}^f \tag{5-14}$$

在分别得到"老人"和"中人新人"养老保险支出的基础上，将二者加总即可得到养老保险支出总额，以 $(TC)_t$ 代表 t 年的养老保险支出总额，则：

$$(TC)_t = (TOC)_t + (TNC)_t \qquad (5-15)$$

3. 北京市城镇职工基本养老保险支出测算假设及测算结果

结合相关资料与已有学者的研究，假设养老保险待遇领取人员在适龄人群中的覆盖率（RRP）$_t$ 为 80%，"老人"养老保险发放标准以 1997 年的 7572 元作为基数，以后各年发放标准根据调整办法进行，"中人新人"退休年份的发放标准根据上一年的替代率和平均工资来计算，60 岁退休男性和 55 岁退休女性的养老保险替代率（RS）$_t$ 分别约为 60% 和 47%。① 年度平均缴费工资（AW）$_{t-1}$ 使用北京市统计局公布的在岗职工平均工资数据，根据相应替代率（RS）$_t$ 算出发放标准。在确定首年发放标准后，之后各年养老保险的调整幅度由上一年的在岗职工工资增长率 G_t 和调整系数 δ 决定。由北京市统计局公布的在岗职工平均工资及预测数据可以计算出各年的工资增长率 G_t。根据历史资料将调整系数 δ 假定为 0.55。

根据理论模型、基础数据及相关精算假设，2021~2035 年北京市养老保险待遇领取人数的预测结果如表 5-11 所示。截至 2035 年，低、中、高三种方案下养老保险待遇领取人数分别达到了 534 万人、540 万人和 546 万人。

表 5-11　2021~2035 年北京市养老保险待遇领取人数预测结果

单位：万人

年份	低方案			中方案			高方案		
	"老人"数量	"中人新人"数量	养老保险待遇领取人数合计	"老人"数量	"中人新人"数量	养老保险待遇领取人数合计	"老人"数量	"中人新人"数量	养老保险待遇领取人数合计
2021	41	366	406	41	366	407	41	367	407
2022	36	375	411	36	376	412	36	378	414
2023	31	385	416	31	387	419	31	389	420

---

① 上述测算假设来源于刘黎明、庞洪涛《北京市城镇养老金收支测算及平衡分析》，《社会保障研究》2014 年第 5 期；庞洪涛《北京市城镇养老金收支测算及灵敏度分析》，硕士学位论文，首都经济贸易大学，2009。在适龄工作期间，假设男性和女性的平均工作年限分别为 35 年和 30 年，根据养老金的计发办法，60 岁退休男性和 55 岁退休女性养老金的发放时间分别为 139 个月和 170 个月，可以算得男性和女性退休者首年的养老金替代率分别约为 60% 和 47%。这种养老金（即养老保险）替代率假设与上文中北京城镇职工养老金替代率有一定差距，其可能的原因有二，一是近年来男性和女性的平均工作年限都有所改变；二是此处"中人新人"退休职工与前文的范围有所不同。

年份	低方案			中方案			高方案		
	"老人"数量	"中人新人"数量	养老保险待遇领取人数合计	"老人"数量	"中人新人"数量	养老保险待遇领取人数合计	"老人"数量	"中人新人"数量	养老保险待遇领取人数合计
2024	26	396	423	26	398	425	26	400	426
2025	22	406	428	22	409	431	22	411	433
2026	15	507	522	15	512	528	15	518	534
2027	12	509	522	12	515	528	12	521	534
2028	10	512	522	10	518	528	10	524	534
2029	7	515	522	7	521	528	8	527	534
2030	6	518	524	6	524	530	6	530	536
2031	4	521	525	4	527	531	4	533	537
2032	3	524	527	3	530	533	3	536	539
2033	2	527	529	2	533	535	2	539	541
2034	2	530	532	2	536	538	2	542	544
2035	1	533	534	1	539	540	1	545	546

在此基础上，结合理论模型推算的发放标准即可计算出养老保险待遇的支出金额，具体结果如表5-12所示。截至2035年，低、中、高三种方案下养老保险支出分别达到了149093503万元、150846344万元和152578670万元。

（四）养老保险收支结余情况

在测算养老保险收入额和支出额的基础上，可进一步测算得到养老保险的收支结余情况。如表5-13和图5-6所示，在三种方案下，北京市城镇职工基本养老保险收支结余情况的变化基本相同，虽然养老保险的收入额和支出额都在逐渐增加，但增速有所不同，养老保险支出的增速要高于收入的增速，这种不平衡将在长期影响养老保险政策的可持续性。从收支结余额来看，三种方案预测下的结余额均呈现下降趋势，在2025年北京市城镇职工基本养老保险收不抵支，出现年度结余为负值的情况，此后收支缺口逐年扩大，在2035年结余额出现了急剧下降。

表5-12 2021~2035年北京市城镇职工基本养老保险支出测算结果

单位: 万元

年份	低方案			中方案			高方案		
	"老人"支出	"中人新人"支出	支出合计	"老人"支出	"中人新人"支出	支出合计	"老人"支出	"中人新人"支出	支出合计
2021	1674764	26952613	28627377	1674764	27001062	28675826	1674764	27039822	28714585
2022	1570364	30948016	32518379	1570364	31056418	32626782	1575705	31198629	32774334
2023	1428806	35285612	36714418	1433386	35504481	36937867	1433386	35660944	37094330
2024	1273479	39969187	41242666	1273479	40207958	41481438	1273479	40446729	41720209
2025	1101953	44886093	45968046	1105120	45262268	46367388	1105120	45581219	46686338
2026	801317	56167170	56968488	806494	56811424	57617919	811480	57447643	58259124
2027	669238	62047076	62716314	673562	62758952	63432514	677726	63461955	64139681
2028	539192	68338695	68877887	542676	69123085	69665761	546031	69897710	70443740
2029	431283	74815213	75246496	434070	75674170	76108239	436753	76522438	76959192
2030	340261	81602241	81942502	342459	82539466	82881925	344577	83465039	83809616
2031	259406	88800945	89060351	261081	89821452	90082533	262696	90829292	91091987
2032	207649	96064637	96272286	208991	97169006	97377997	210283	98259680	98469962
2033	160619	104577964	104738583	161657	105781938	105943595	162656	106971036	107133693
2034	124788	112766916	112891704	125594	114066003	114191597	126371	115349065	115475435
2035	89552	149003950	149093503	90131	150756213	150846344	90688	152487981	152578670

表5-13 2021~2035年北京市城镇职工基本养老保险收支结余情况

单位：万元

年份	低方案			中方案			高方案		
	收入额	支出额	结余额	收入额	支出额	结余额	收入额	支出额	结余额
2021	31392842	28627377	2765465	31487456	28675826	2811630	31563147	28714585	2848561
2022	34805499	32518379	2287120	35017211	32626782	2390429	35207752	32774334	2433418
2023	38080390	36714418	1365972	38408265	36937867	1470398	38712721	37094330	1618391
2024	41248618	41242666	5952	41710644	41481438	229206	42172670	41720209	452461
2025	44359270	45968046	-1608776	45001349	46367388	-1366040	45615511	46686338	-1070827
2026	50189697	56968488	-6778791	50839729	57617919	-6778190	51483998	58259124	-6775126
2027	54232673	62716314	-8483640	54935069	63432514	-8497445	55631236	64139681	-8508446
2028	58319317	68877887	-10558570	59074641	69665761	-10591120	59823267	70443740	-10620473
2029	62449990	75246496	-12796506	63258812	76108239	-12849427	64060462	76959192	-12898729
2030	66625059	81942502	-15317444	67487954	82881925	-15393971	68343198	83809616	-15466418
2031	70844889	89060351	-18215462	71762437	90082533	-18320096	72671850	91091987	-18420137
2032	75109850	96272286	-21162436	76082636	97377997	-21295361	77046797	98469962	-21423166
2033	79420317	104738583	-25318266	80448931	105943595	-25494664	81468423	107133693	-25665269
2034	83776665	112891704	-29115039	84861700	114191597	-29329898	85937113	115475435	-29538322
2035	88179271	149093503	-60914232	89321326	150846344	-61525018	90453255	152578670	-62125415

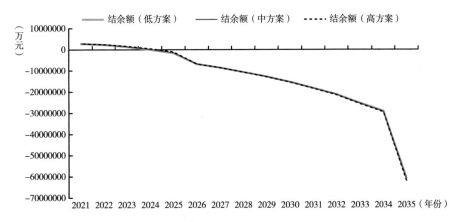

图 5-6　2021～2035 年北京市城镇职工基本养老保险收支结余情况

在各年收支状况的基础上，还可进一步通过基金率来分析北京市养老保险的支付能力。基金率即年初累计养老保险与年度内支出之比，可用以衡量年度支出中可用年初累计养老保险支付的比例。[①]

每年的养老保险累计结余额 $(CDTC)_t$ 为上一年度累计结余额的年末值与本年度养老保险收支差额 $(DTC)_t$ 之和，假设 i 为每年的资产收益率，则：

$$(CDTC)_t = (CDTC)_{t-1} \times (1 + i) + (DTC)_t \qquad (5-16)$$

令 $(TC)_t$ 为 t 年的养老保险支出额，$(RF)_t$ 为 t 年的基金率，则：

$$(RF)_t = \frac{(CDTC)_{t-1}}{(TC)_t} \times 100\% \qquad (5-17)$$

假设每年的资产收益率为 5%，2020 年养老保险的累计结余额为 57633000 万元，将已得到的养老保险收支数据代入式（5-16）和式（5-17），即可分别得到三种方案下 2021～2035 年北京市养老保险的累计结余额与基金率。由表 5-14 可以发现，在低方案下，2021～2028 年北京市的基金率都超过了 100%，意味着年初的养老保险累计结余额可以支付当年的养老保险支出额，养老保险的支付能力较强。但是，基金率呈下降趋势，养老保险的支付能力有

---

① 刘黎明、庞洪涛：《北京市城镇养老金收支测算及平衡分析》，《社会保障研究》2014 年第 5 期。

所减弱，2029 年基金率低于 100%，2033 年养老保险的累计结余额出现负值，有可能出现支付危机，甚至引发一系列社会问题。在中方案和高方案（见表 5-15 和表 5-16）下，情况相同。

表 5-14　低方案下 2021~2035 年北京市养老保险累计结余额与基金率分析

单位：万元，%

年份	支出额	结余额	累计结余额	基金率
2021	28627377	2765465	63280115	201.32
2022	32518379	2287119	68731240	194.60
2023	36714418	1365972	73533774	187.21
2024	41242666	5952	77216414	178.30
2025	45968046	−1608776	79468459	167.98
2026	56968488	−6778791	76663091	139.50
2027	62716314	−8483640	72012606	122.24
2028	68877887	−10558570	65054666	104.55
2029	75246496	−12796506	55510893	86.46
2030	81942502	−15317444	42968994	67.74
2031	89060351	−18215462	26901982	48.25
2032	96272286	−21162436	7084645	27.94
2033	104738583	−25318266	−17879389	6.76
2034	112891704	−29115039	−47888398	−15.84
2035	149093503	−60914232	−111197049	−32.12

表 5-15　中方案下 2021~2035 年北京市养老保险累计结余额与基金率分析

单位：万元，%

年份	支出额	结余额	累计结余额	基金率
2021	28675826	2811630	63326280	200.98
2022	32626782	2390429	68883023	194.09
2023	36937867	1470398	73797572	186.48
2024	41481438	229206	77716657	177.91
2025	46367388	−1366040	80236450	167.61
2026	57617919	−6778190	77470082	139.26
2027	63432514	−8497445	72846141	122.13
2028	69665761	−10591120	65897328	104.57
2029	76108239	−12849427	56342768	86.58

续表

年份	支出额	结余额	累计结余额	基金率
2030	82881925	−15393971	43765935	67.98
2031	90082533	−18320096	27634136	48.58
2032	97377997	−21295361	7720482	28.38
2033	105943595	−25494664	−17388158	7.29
2034	114191597	−29329898	−47587464	−15.23
2035	150846344	−61525018	−111491855	−31.55

表5-16　高方案下2021～2035年北京市养老保险累计结余额与基金率分析

单位：万元，%

年份	支出额	结余额	累计结余额	基金率
2021	28714585	2848561	63363211	200.71
2022	32774334	2433418	68964790	193.33
2023	37094330	1618391	74031420	185.92
2024	41720209	452461	78185452	177.45
2025	46686338	−1070827	81023898	167.47
2026	58259124	−6775126	78299967	139.08
2027	64139681	−8508446	73706519	122.08
2028	70443740	−10620473	66771372	104.63
2029	76959192	−12898729	57211211	86.76
2030	83809616	−15466418	44605354	68.26
2031	91091987	−18420137	28415485	48.97
2032	98469962	−21423166	8413093	28.86
2033	107133693	−25665269	−16831521	7.85
2034	115475435	−29538322	−47211420	−14.58
2035	152578670	−62125415	−111697406	−30.94

　　根据《北京城市总体规划（2016年—2035年）》的要求，北京市常住人口规模到2020年控制在2300万人以内，下一阶段的调控目标是在较长时间内维持这一水平。[①] 按照上述对于人口规模的估算，低方案下人口自2029年超过

[①]　张耀军、王若丞、王小玺：《北京市"十四五"时期人口预测》，载尹德挺、胡玉萍、吴军主编《北京人口发展研究报告（2021）》，社会科学文献出版社，2021，第113～128页。

2300 万人，并保持持续上涨的趋势，在 2035 年达到 2380 万人；中方案下人口自 2027 年超过 2300 万人，在 2035 年达到 2408 万人；高方案下人口自 2025 年超过 2300 万人，在 2035 年达到 2435 万人。三种方案中对于人口规模的预测均尚未充分考虑政策因素的干预，人口增长的趋势与北京市对于常住人口规模控制的理想值均不甚相符，对于劳动年龄人口和老年人口规模的预测均可能偏大，进而对于养老保险收支结余的估测也会产生一定的影响。此外，北京市在未来可能会推行渐进式延迟退休政策，缴费人口会有所增加，养老保险领取年限会有所缩短，进而提高养老保险收入，降低养老保险支出，在一定程度上增加养老保险结余。

第六章　北京市养老服务的供需平衡与协调匹配

一　北京市养老服务体系结构

北京市按照"9064"养老服务模式发展目标，立足让老年人看得见、摸得着、感受得到他们"床边、身边、周边"的养老服务，坚持以居家为重点，统筹推进居家、社区、机构三位一体养老服务协调发展，按照市级组织、区级指导、街乡统筹、社区落实的体系规划要求，制定出台区级养老服务指导中心、街道（乡镇）养老照料中心和社区养老服务驿站建设意见与规划，积极探索超大城市养老服务模式，形成具有北京特色的"三边四级"养老服务体系，提供多种服务满足老年人需求。

首先，老年人能力综合评估体系逐步完善，失能老年人长期照护保障体系逐步建立。北京市发布《北京市老年人能力综合评估工作指引》和《老年人能力综合评估规范》，明确评估与服务分开，对涉及处于医疗诊治过程中的四类老年人评估工作给予具体指导，进一步规范老年人能力综合评估工作。

其次，家庭照护床位广泛试点，就近养老服务体系初具规模。家庭照护床位作为为老年人提供"床边、身边、周边"就近长期照护服务中的"一张床"，与社区养老服务驿站的临时托养床位、养老机构的集中照料床位共同构成北京市养老服务"三张床"，是就近养老服务体系的重要组成部分。北京市在西城、海淀、朝阳等试点地区积极推进养老家庭照护床位建设，取得了良好成效。

再次，社区养老服务设施建设日益完善，社区养老服务网络进一步织密。截至 2020 年底，北京市累计建成"一刻钟社区服务圈"1772 个，覆盖 98%以上的城市社区。[①] 北京市积极完善"居家社区机构相协调、医养康养相结合"的养老服务体系，完成社区养老服务驿站建设规划任务，基本形成就近养老服务格局。

最后，养老机构服务能力得以强化，养老服务标准化建设不断推进。北京市积极开展养老机构服务质量建设专项行动，启动养老服务机构质量提升"三大工程"，推进养老服务机构星级评定，切实提升老年人的生活质量。

2020 年，北京市人民政府办公厅印发《关于加快推进养老服务发展的实施方案》，以"保基本、优体系、通堵点、强管理"为战略目标，构建政策支持体系、服务供给体系、服务标准体系、人才培养体系，通过完善分类保障，构建多层次基本养老服务体系；坚持就近精准，构建完善的居家社区养老服务体系；优化营商环境，构建养老产业发展和服务消费体系；强化多元联动，构建全方位养老服务监管体系；坚持政府主导，构建养老服务综合保障体系等实现路径，积极提供高质量养老服务供给（见图 6-1）。

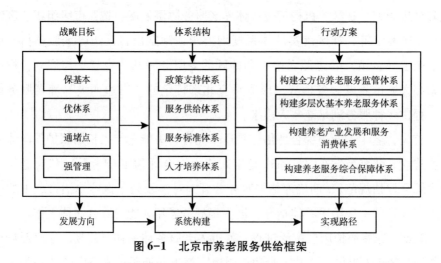

图 6-1　北京市养老服务供给框架

---

① 北京市老龄协会：《北京市老龄事业发展报告（2020）》（2021 年 10 月 14 日），http：//wjw. beijing. gov. cn/xwzx_ 20031/wnxw/202110/t20211014_ 2512063. html，最后访问日期：2022 年 6 月 5 日。

二 北京市养老服务供给框架

（一）政策支持体系

为了积极应对人口老龄化，北京市坚持以人民为中心的发展思想、坚持问题导向的工作方法、坚持"放管服"改革，落实"七有"要求，满足市民"五性"需求，不断增强人民群众的获得感、幸福感、安全感，从北京市养老服务现状出发，保基本、促普惠、强精准，统筹全市养老服务设施建设与规划。从政策文件数量可以看出，2015 年以来北京市越发重视养老服务发展（见表 6-1），在养老服务上发力，积极采取措施应对北京市老龄化带来的问题。政策主要集中在养老服务的专项规划和配套政策两方面。

表 6-1 2000~2022 年北京市养老服务政策文件数量

单位：个

年份	政策文件数量	年份	政策文件数量
2000~2014	15	2019	14
2015	11	2020	25
2016	39	2021	16
2017	22	2022	22
2018	12		

注：政策文件为北京市政府及市级部门发布的通知、意见等，包括失效的文件，颁布的服务标准未算入。

资料来源：北京市政府官网政策文件统计。

一是养老服务的专项规划。养老服务的专项规划对统筹城乡养老、服务资源供给，明确养老具体的行动方案有重要的意义。除了"十二五""十三五"等每五年的老龄事业规划，2021 年北京市政府出台了《北京市养老服务专项规划（2021 年—2035 年）》，将养老服务业发展规划分为中期至 2025 年、长期至2035 年两个阶段，明确了规划目标、原则、范围等基本内容，从建设老年友好型社会、完善就近精准养老服务体系、创新养老服务体系结构、织密养老服务供给网络、培育发展养老服务产业五方面进行细致规划。在其他专项规划中,养老服务也被视为重要内容纳入规划,如《北京市"十三五"时期信息化发展规划》《"健康北京2030"规划纲要》《北京市"十四五"时期乡村振兴战略实施规划》等,都从各自规划角度对养老服务发展列出举措、给予有力保障。

二是养老服务相应的配套政策。北京市各相关部门加强沟通,密切配合,加快推进养老服务业发展,制定了关于老年人优待、鼓励和规范社会力量参与、满足老年人医疗康复需求、促进养老服务信息化建设等具体配套政策(见表6-2)。

表6-2 北京市养老服务相关政策汇总

类别	年份	政策文件	主要内容
养老服务专项规划	2021	《北京市养老服务专项规划(2021年—2035年)》	从建设老年友好型社会、完善就近精准养老服务体系等方面进行细致规划
老年人优待	2008	《关于加强老年人优待工作的办法》	从老年人日常生活、养老服务、医疗、维权等方面做出优待规定
	2015	《关于进一步加强北京市老年人优待工作的意见》	细化了优待内容,适时增加了如住房、商业优待、卫生服务方面的内容
鼓励和规范社会力量参与	2013	《北京市人民政府关于加快推进养老服务业发展的意见》	明确强化政府主导和引领作用,并大力支持社会力量进入养老服务领域
	2017	《关于全面放开养老服务市场进一步促进养老服务业发展的实施意见》	加快推进养老服务供给侧结构性改革,繁荣养老市场,提升服务质量
	2017	《关于加快推进养老服务业放管服改革的通知》	在社会领域推进养老服务业简政放权、放管结合、优化服务改革
	2018	《关于推进养老服务业诚信体系建设的指导意见》	加快北京市养老服务业诚信体系建设,有助于推进养老服务业"放管服"改革,促进养老服务市场健康发展
	2022	《关于支持开展"物业服务+养老服务"试点工作的通知》	按照"企业自愿参与、政府适度支持"的原则,引导物业服务企业发挥常驻社区、贴近居民、响应快速等优势,有针对性地提供多元化、个性化的社区居家养老服务
	2023	《北京市农村邻里互助养老服务点建设管理办法(试行)》	农村邻里互助养老服务点可委托基层老龄协会、志愿服务团队或养老服务机构等承接日常服务管理,建立分片包户制度,按照"一户一策"思路,协商约定具体服务内容

续表

类别	年份	政策文件	主要内容
满足老年人医疗康复需求	2014	《北京市人民政府关于促进健康服务业发展的实施意见》	积极推进医养结合，统筹和整合医疗卫生与养老服务资源，加快建设形成多元化健康养老服务网络
	2016	《关于推进医疗卫生与养老服务相结合的实施意见》	从养老需求综合评估、提高基层医疗卫生机构服务能力等方面促进医养结合，提升老年人健康养老服务可及性
	2016	《关于加强北京市康复医疗服务体系建设的指导意见》	加强北京市康复医疗服务体系建设，推进分级诊疗制度建设，促进预防、治疗、康复有机结合
	2017	《北京市推进家庭医生签约服务实施意见》	推进医疗卫生与养老服务相结合，加强基层医疗卫生机构与老年人家庭、养老机构内老年人建立签约服务关系
	2019	《关于印发北京市促进护理服务业改革与发展实施方案的通知》	统筹整合医疗、护理、康复和养老服务资源，逐步形成有序共享、功能合理的健康养老服务网络
	2021	《北京市深入推进医养结合发展的实施方案》	从服务供给、服务能力、人才队伍等方面深入推进北京市医养结合发展
	2023	《关于加强失能失智老年人照护服务支持的意见》	加强失能失智老年人评估与信息归集，提升居家社区失能失智老年人照护服务能力，提升养老机构失能失智老年人照护服务能力，加强失能失智老年人照护服务保障
促进养老服务信息化建设	2016	《北京市人民政府关于积极推进"互联网+"行动的实施意见》	在养老服务信息化、智能化上提出诸多举措
	2017	《关于加强养老服务设施规范化管理工作的通知》	北京市养老服务设施应依法依规设置、安全规范、有效发挥作用
	2018	《北京通—养老助残卡管理办法》	规范北京通—养老助残卡的发行、使用和管理，提高养老服务科学化、信息化、精准化水平
	2023	《北京市综合为老服务平台建设工作方案》	按照"统筹集约、统分结合、数据联动、业务协同、便捷高效、无感无扰"的建设原则，优化升级养老服务门户网站和养老服务管理信息系统
完善养老服务体系	2017	《关于加强农村养老服务工作的意见》	形成具有首都特色的农村养老服务体系，实现农村老年人老有所养、病有所医，促进北京市养老服务行业质量的整体提升

续表

类别	年份	政策文件	主要内容
完善养老服务体系	2018	《关于加强老年人照顾服务完善养老体系的实施意见》	从老年人社会福利等八方面提出具体任务,为进一步完善北京市养老体系提出具体可行的建议
	2020	《关于加快推进养老服务发展的实施方案》	从构建多层次基本养老服务体系、构建完善的居家社区养老服务体系等多个方面发展养老服务
	2023	《北京市居家养老服务网络建设工作方案》	积极构建以区级养老服务指导中心为统筹,以街道(乡镇)区域养老服务中心为主体,以社区养老服务驿站为延伸的居家养老服务网络
满足老年人精神需求	2019	《北京市关于加快发展老年教育的实施意见》	加快发展老年教育事业,扩大老年教育供给,提升老年教育服务能力,培养养老服务人才,完善终身教育体系
刺激养老服务需求侧	2019	《北京市促进养老领域消费工作方案》	通过增收减支、引导消费意愿等提高社会资本进入养老服务业的积极性,全面提升老年人消费能力
	2019	《北京市整治养老行业"保健"市场乱象保护老年人合法权益工作方案》	加强养老服务行业"保健"市场监管,严厉打击各类损害老年人权益的行为

资料来源:笔者根据各项政策文件整理。

在老年人优待方面,2008 年,《关于加强老年人优待工作的办法》从老年人日常生活、养老服务、医疗、维权等方面做出优待规定;2015 年,《关于进一步加强北京市老年人优待工作的意见》细化了优待内容,适时增加了如住房、商业优待、卫生服务方面的内容,让老年人享受到更多的利好。

在鼓励和规范社会力量参与方面,2013 年,《北京市人民政府关于加快推进养老服务业发展的意见》明确强化政府主导和引领作用,并大力支持社会力量进入养老服务领域;2017 年,《关于全面放开养老服务市场进一步促进养老服务业发展的实施意见》以满足市民养老需求为出发点和落脚点,加快推进养老服务供给侧结构性改革,繁荣养老市场,提升服务质量,让广大老年群体享受优质养老服务;2017 年,《关于加快推进养老服务业放管服改革的通知》在社会领域推进养老服务业简政放权、放管结合、优化服务改革,为破除养老服务业发展瓶颈、激发市场活力和民间资本潜力、促进社会力量参与发展养老服务业提供有力支持；2018 年，《关于推进养老服务业诚信体系建设的指导意见》指出，加快北京市养老服务业诚信体系建设，有助于推进养老服务业"放管服"改革，提升养老服务质量和效益，整顿和规范市场秩序，促进养老服务市场健康发展；2022 年，《关于支持开展"物业服务+养老服务"试点工作的通知》按照"企业自愿参与、政府适度支持"的原则，引导物业服务企业发挥常驻社区、贴近居民、响应快速等优势，根据不同区域人口结构、老年人服务需求，有针对性地提供多元化、个性化的社区居家养老服务；2023 年，《北京市农村邻里互助养老服务点建设管理办法（试行）》指出，农村邻里互助养老服务点可委托基层老龄协会、志愿服务团队或养老服务机构等承接日常服务管理，建立分片包户制度，邻里互助员在村委会的安排下，根据服务对象身体状况等因素，按照"一户一策"思路，协商约定具体服务内容，上门提供互助服务时，应如实记录服务时间、服务内容、服务对象需求等服务情况。

在满足老年人医疗康复需求方面，2014 年，《北京市人民政府关于促进健康服务业发展的实施意见》重点强调了要积极推进医养结合，统筹和整合医疗卫生与养老服务资源，加快建设形成多元化健康养老服务网络；2016 年，《关于推进医疗卫生与养老服务相结合的实施意见》从养老需求综合评估、提高基层医疗卫生机构服务能力、加强养老机构内设医疗机构建设、增强养老照料中心和社区养老服务驿站助医服务能力等十一个方面促进医养结合，并明确了保障措施和责任分工，提升了老年人健康养老服务可及性；2016 年，《关于加强北京市康复医疗服务体系建设的指导意见》指出，应进一步加强北京市康复医疗服务体系建设，推进分级诊疗制度建设，促进预防、治疗、康复有机结合，能更好满足老年人日益增长的健康服务需求；2017 年，《北京市推进家庭医生签约服务实施意见》指出，应推进医疗卫生与养老服务相结合，加强基层医疗卫生机构与老年人家庭、养老机构内老年人建立签约服务关系，为老年人提供健康管理服务；2019 年，《关于印发北京市促进护理服务业改革与发展实施方案的通知》指出，要统筹整合医疗、护理、康复和养老服务资源，逐步形成有序共享、功能合理的健康养老服务网络；2021 年，《北京市深入推进医养结合发展的实施方案》从服务供给、服务能力、人才队伍等方面深入推进北京市医养结合发展，并明确了各部门的分工，更有利于形成合力推动方案落实；2023 年，《关于加强失能失智老年人照护服务支持的意见》主要从以下四个方面提出要求，即加强失能失智老年人评估与信息归集，提升居家社区失能失智老年人照护服务能力，提升养老机构失能失智老年人照护服务能力，加强失能失智老年人照护服务保障。

在促进养老服务信息化建设方面，2016 年，《北京市人民政府关于积极推进"互联网+"行动的实施意见》提出"优化公共服务供给和资源配置，为服务改善民生提供新方式"，在养老服务信息化、智能化上提出诸多举措；2017年，《关于加强养老服务设施规范化管理工作的通知》强调了北京市养老服务设施应依法依规设置、安全规范、有效发挥作用，要不断提高市社会福利综合管理平台系统使用效率，推动监管方式科学化、高效化、智能化发展；2018年，《北京通—养老助残卡管理办法》出台，规范北京通—养老助残卡的发行、使用和管理，提高养老服务科学化、信息化、精准化水平；2023 年，《北京市综合为老服务平台建设工作方案》按照"统筹集约、统分结合、数据联动、业务协同、便捷高效、无感无扰"的建设原则，优化升级养老服务门户网站和养老服务管理信息系统，提升线上线下综合服务能力，打造具有传播力的养老服务数字平台，为推进北京市智慧养老工作提供有力支撑。

在完善养老服务体系方面，2017 年，《关于加强农村养老服务工作的意见》强调要形成具有首都特色的农村养老服务体系，实现农村老年人老有所养、病有所医，促进北京市养老服务行业质量的整体提升；2018 年，《关于加强老年人照顾服务完善养老体系的实施意见》从老年人社会福利、养老服务供给等八方面提出具体任务，为进一步完善北京市养老体系，增进老年人福祉，营造养老、孝老、敬老社会环境提出具体可行的建议；2020 年，《关于加快推进养老服务发展的实施方案》从构建多层次基本养老服务体系、构建完善的居家社区养老服务体系、构建养老产业发展和服务消费体系等多个方面发展养老服务，满足老年人需求；2023 年，《北京市居家养老服务网络建设工作方案》提出，应坚持与常住人口、服务半径挂钩，坚持有为政府和有效市场相结合，坚持城乡协同、全面覆盖，强化市级指导作用，积极构建以区级养老服务指导中心为统筹，以街道（乡镇）区域养老服务中心为主体，以社区养老服务驿站为延伸的居家养老服务网络，更好满足本市老年人居家养老服务需求，不断提升老年人的获得感和满意度。

在满足老年人精神需求方面，2019 年，《北京市关于加快发展老年教育的实施意见》提出加快发展老年教育事业，扩大老年教育供给，提升老年教育服务能力，培养养老服务人才，完善终身教育体系，以积极应对北京市人口老龄化快速发展的新形势。

在刺激养老服务需求侧方面，2019 年，《北京市促进养老领域消费工作方案》指出，应通过增收减支、引导消费意愿等提高社会资本进入养老服务业的积极性，全面提升老年人消费能力，有效促进养老领域消费；2019 年，《北京市整治养老行业"保健"市场乱象保护老年人合法权益工作方案》指出要加强养老服务行业"保健"市场监管，严厉打击各类损害老年人权益的行为，为老年人营造安全放心的养老服务市场消费环境。

（二）服务供给体系

1. 供给主体

随着在社会福利提供中政府职能的弱化，推动多元福利主义或社会保障社会化理念已成为进一步促进社会保障事业发展的先决条件。[1] 而养老服务作为社会保障服务重要内容也应如此。根据《北京市养老服务专项规划（2021年—2035 年）》，应对家庭、社会、市场和政府四个养老服务主体的分工和责任进行明确划分。

家庭是社会的基本组成单位，是不可或缺的重要力量。鼓励成年子女与老年父母就近居住或共同生活，履行赡养义务、承担照料责任。家庭的主要责任体现在经济支持、日常照顾和精神慰藉方面。老年人不仅是养老服务的接受者，也是养老服务重要的提供者，鼓励老年人自愿开展多种形式的互助式养老。

---

[1]　林闽钢：《福利多元主义的兴起及其政策实践》，《社会》2002 年第 7 期。

社会在养老服务体系中是重要的参与者，与政府和市场一起参与并解决公共养老服务问题。社会与政府和市场是一种平等合作的关系，利用社会组织的灵活性，为老年人提供专业、精准的养老服务，充分发挥其在养老服务中不可或缺的作用。

市场在养老服务体系中提供养老服务及产品，满足老年人多样化、个性化的养老服务需求。北京市全面放开养老服务市场，支持境内外资本投资举办养老服务机构，落实同等优惠政策。允许养老服务机构依法依规设立多个服务网点，支持连锁化、综合化、品牌化运营模式。将政府购买养老服务制度与老年人能力评估及养老服务质量评估等紧密结合，采用政府购买、服务外包、特许经营、政策优惠等方式，鼓励、支持和引导社会力量提供基本养老服务。

政府在养老服务体系中承担兜底线和保基本的职责。政府的责任重点在于做好基本养老服务，构建人人享有的基本养老服务体系，精准实施老年人福利补贴，实现财政补贴全面覆盖北京市户籍人口。承担兜底线职责，完善老年人分类保障体系，将保障重点聚焦城乡特困、经济困难和失能、失智、高龄、重度残疾、计划生育特殊家庭老年人群体。突出养老服务公益性，扩大普惠养老服务供给，实现老年人就近养老服务需求可预期。

2. 供给内容

根据民政部发布的《养老机构管理办法》和北京市发布的《北京市社区养老服务驿站管理办法（试行）》《关于支持养老照料中心和养老机构完善社区居家养老服务功能的通知》《关于开展社区养老服务驿站建设的意见》《北京市居家养老服务条例》等相关政策文件，对居家养老服务、社区养老服务、机构养老服务及三者互动关系下的相关服务内容整理如下。

（1）居家养老服务

为老年人提供社区老年餐桌、定点餐饮、自助型餐饮配送、开放单位食堂等用餐服务；为老年人提供体检、医疗、护理、康复等医疗卫生服务；为失能老年人提供家庭护理服务；为失能、高龄、独居老年人提供紧急救援服务；利用社区托老所等设施为老年人提供日间照料服务；为老年人提供家庭保洁、助浴、辅助出行等家政服务；为独居、高龄老年人提供关怀访视、生活陪伴、心理咨询、不良情绪干预等精神慰藉服务；开展有益于老年人身心健康的文化娱乐、体育活动。

（2）社区养老服务

日间照料：利用驿站现有设施和资源，重点为社区内空巢或有需求的老年人提供日间托养，实施专业照护，针对有特殊服务需求的老年人开展短期全托，推介和转送需长期托养的老年人到附近的养老机构接受全托服务。呼叫服务：响应老年人通过网络手段或电话、可视网络等电子设备终端提出的养老服务需求，整合、联系社会专业服务机构、服务资源和社区志愿者，为居家老年人提供专业化养老服务。助餐服务：依托专业餐饮服务机构或街道（乡镇）养老照料中心，为托养老年人和居家老年人开展助餐服务。具备条件的，可直接开展供餐服务。健康指导：可在驿站内同步设置社区护理站，配备相应医务人员，为老年人提供医疗卫生服务，或者依托周边社区卫生服务机构开展健康服务，将驿站内从事护理等服务的人员纳入社区卫生家庭保健员和养老护理员培训范围。文化娱乐：为居家社区老年人提供活动场所，搭建活动平台，开展老年人喜闻乐见的文化活动，丰富老年人精神文化生活。心理慰藉：通过开展以陪同聊天、情绪安抚为主要内容的关爱活动，满足老年人情感慰藉和心灵交流需求。在此基础上可以拓展康复护理、心理咨询、法律咨询等延伸性功能。提倡社会慈善组织、社工、社区志愿者和低龄健康老年人到社区养老服务驿站提供志愿服务、老年人互助服务。

（3）机构养老服务

养老机构应当提供满足老年人日常生活需求的吃饭、穿衣、如厕、洗澡、室内外活动等服务。养老机构应当提供符合老年人居住条件的住房，并配备适合老年人安全保护要求的设施、设备及用具，定期对老年人活动场所和物品进行消毒和清洗。养老机构提供的饮食应当符合卫生要求、有利于老年人营养均衡、符合民族风俗习惯。养老机构应当建立入院评估制度，做好老年人健康状况评估工作，并根据服务协议和老年人的生活自理能力，实施分级分类服务。养老机构应当为老年人建立健康档案，组织定期体检，做好疾病预防工作。养老机构应当根据需要为老年人提供情绪疏导、心理咨询、危机干预等精神慰藉服务。养老机构应当开展适合老年人的文化、体育、娱乐活动，丰富老年人的精神文化生活。养老机构开展文化、体育、娱乐活动时，应当为老年人提供必要的安全防护措施。

（4）北京市开展养老机构和养老照料中心辐射社区、居家养老服务，充

分利用机构资源，也能有效弥补居家养老服务供给缺口

短期照料服务要求：为辐射区域内失能、高龄独居以及其他需要临时短期托养的老年人提供就近全托服务；制定喘息服务措施，为卧床超过半年，家属专职陪伴超过半年的老年人，提供一周以上短期托管服务；倡导与辐射区域已有托老所签订协议，作为其分支机构，统筹管理和服务。助餐服务要求：养老照料中心和养老机构的老年餐服务工作按照北京市民政局相关意见执行。助洁服务要求：养老照料中心或合作单位、养老机构可以根据服务需要配备家庭保洁、洗衣服务人员和有关设备，制定助洁服务流程，根据老年人需求，准时提供上门助洁服务。助浴服务要求：配备适老公共洗浴设备，设置专人管理，也可积极为居家生活老年人提供上门助浴服务。助医服务要求：与周边医院、社区卫生服务中心、康复护理等机构签订合作协议，建立有效紧密的合作关系。精神关怀服务要求：可以与心理咨询等专业社会组织合作，设立精神关怀服务工作站；为辐射区域内老年人提供心理健康评估筛查、情绪管理指导和健康知识讲座，促进老年人心理健康，组织开展适合老年人的文化、体育、手工、娱乐等活动。教育培训服务要求：设立老年课堂，对老年人家属、家政服务人员、社区居民、志愿者进行生活照料和护理技能实训；对高龄、失能老年人家庭提供护理、康复、照顾服务技术指导和帮助；指导老年人开展家庭安全隐患排查。志愿服务要求：建立老年人志愿服务团队，开展实地走访，掌握老年人志愿服务需求。信息管理服务要求：开展辐射区域老年人基本情况调查，摸清需求情况；借助市里提供的养老照料管理信息系统，建立本区域老年人动态需求数据库。拓展服务要求：为行动不便老年人，提供助行服务，如提供辅助上下楼梯设备器材服务；设置居家智能养老和老年用品体验中心，对家庭养老服务开展实训；设立养老辅助器具租赁、维修服务专门区域等。

由上述四部分内容可知，政策规定内容或详细或概括，但都是围绕老年人需求，从生活幸福、生理健康、心理健康、精神富足四方面开展，为的是保障老年人幸福的晚年生活。

3. 供给层次

北京市养老服务供给层次多样化，体现在供给主体多层次和服务内容多层次上。

在养老服务供给主体的层次上，从救助兜底保障的养老服务供给到高端养

老服务供给。如《北京市困境家庭服务对象入住养老机构补助实施办法》就规定了如何保障困境家庭服务对象基本养老服务需求，兜底民生。北京市还制定了地方标准《养老机构服务质量星级划分与评定》，在做好与民政部养老机构等级评定有效衔接的基础上，开展养老服务机构服务质量星级评定工作，通过对服务、环境、设备设施、运营管理、机构入住率、老年人满意度等多重指标评出的一至五星级养老机构，更可满足不同需求、不同消费能力的老年人对养老服务的需要。截至 2020 年 12 月 31 日，北京市共有星级养老机构 430 家，其中五星级 9 家、四星级 35 家、三星级 46 家、二星级 283 家、一星级 57 家；北京市共有星级社区养老服务驿站 101 家，其中三星级 4 家、二星级 36 家、一星级 61 家（见表 6-3）。根据《北京市民政局关于开展养老服务机构星级评定以奖代补工作的通知》，北京市对不同级别养老机构给予不同奖励，调动养老服务机构参与服务质量星级评定的积极性，提高养老服务机构的服务质量。

表 6-3　截至 2020 年 12 月 31 日北京市养老机构与社区养老服务驿站级别分布情况

单位：家

区域	养老机构					社区养老服务驿站		
	一星级	二星级	三星级	四星级	五星级	一星级	二星级	三星级
东城区	3	12	0	1	0	7	3	0
西城区	12	17	3	2	0	5	2	0
朝阳区	6	30	12	6	4	31	11	2
丰台区	3	14	8	3	0	1	5	0
石景山区	3	7	1	2	1	1	10	2
海淀区	1	33	10	6	2	4	2	0
顺义区	5	6	1	1	0	0	0	0
通州区	1	19	0	2	0	0	2	0
大兴区	4	13	4	5	2	8	0	0
房山区	3	23	5	0	0	2	1	0
门头沟区	0	10	0	1	0	0	0	0
昌平区	1	19	0	2	0	2	0	0
平谷区	9	21	2	1	0	0	0	0
密云区	0	31	0	2	0	0	0	0
怀柔区	0	16	0	1	0	0	0	0
延庆区	6	12	0	0	0	0	0	0

资料来源：笔者根据北京市民政局官网数据整理。

从前面所述的服务内容可知，服务内容也是多样化的。按照马斯洛需求理论分级，北京市养老服务从老年人的生存需求如吃饭穿衣，到最高自我实现的需求都有对应的养老服务来满足。如生存需求上提供老年人餐饮，在社交需求上成立了老年人协会等，在自我实现需求上提供老年人志愿服务和再就业的机会。多样化服务满足老年人不同的需要，保障老年人晚年生活。

4. 供给模式

北京市以居家、机构、社区养老三种模式为基础，结合地方实际需求发展医养结合、互助养老、智慧养老等新的养老服务方式。

（1）居家养老

居家养老服务指的是以家庭为基础，在政府主导下，以城乡社区为依托，以社会保障制度为支撑，由政府提供基本公共服务，企业、社会组织提供专业化服务，基层群众性自治组织和志愿者提供公益互助服务，满足居住在家老年人社会化服务需求的养老服务模式。① 居家养老服务组织包括提供居家养老服务的社区（村）养老服务驿站、街道（乡镇）养老照料中心和养老机构。近年来北京市居家养老服务供给不断变化发展，整体情况如表6-4所示。

表6-4 2015~2020年北京市居家养老服务供给情况

类别		2015年	2016年	2017年	2018年	2019年	2020年
老年活动设施	活动站(中心)数(个)	6756	6613	6298	6403	3049	—
	老年人参与人数(人)	813260	824498	909698	930935	553714	—
	年末参与活动人次数(人次)	5863121	5237467	5831241	5129642	10821892	—
老年福利	高龄补贴老人数(人)	322463	371015	316939	433517	571389	590545
	护理补贴老人数(人)	1880	11468	31357	14	98218	177728
	养老服务补贴老人数(人)	128046	244698	259449	183611	27204	43642
老年人协会	数量(个)	5664	5612	5208	—	—	—
	参加人数(人)	409084	367419	320219	—	—	—
老年学校	数量(个)	2410	2203	1817	—	—	—
	在校人数(人)	237009	209456	177755	—	—	—

资料来源：2016~2021年《中国民政统计年鉴》。

---

① 北京市人民代表大会常务委员会：《北京市居家养老服务条例》（2015年2月25日），http://www.beijing.gov.cn/zhengce/zhengcefagui/201905/t20190522_58195.html，最后访问日期：2022年5月7日。

由于数据统计和政策变化等原因，数据部分缺失或变化明显，但是通过政策措施力度可知，北京市通过多种政策措施，促使居家养老服务整体向好发展。2009 年出台《北京市市民居家养老（助残）服务（"九养"）办法》，建立万名"孝星"评选表彰制度、居家养老（助残）券服务制度和百岁老人补助医疗制度、城乡社区（村）养老（助残）餐桌等九条帮扶措施，为解决北京市养老与助残问题、构建北京市城乡一体化的社会化养老助残服务体系起到积极作用，也能促进老年人、残疾人共享经济社会发展的成果，并同年配套发布《关于贯彻落实〈北京市市民居家养老（助残）服务（"九养"）办法〉的意见》，提出具体工作要求，更好贯彻落实"九养"办法。2015 年出台《北京市居家养老服务条例》，标志着北京市居家养老服务体系的成型，其中规定了服务内容、主体责任、政府部门分工、政策优惠等关于发展居家养老服务的内容。2016 年出台《关于贯彻落实〈北京市居家养老服务条例〉的实施意见》，从设施设备、人才队伍、主体责任等方面加强居家养老服务工作，提高老年人居家生活质量。同年出台《北京市支持居家养老服务发展十条政策》，提出建设社区养老服务驿站、健全基本养老服务制度、实施经济困难老年人家庭适老化改造、构建居家养老助餐服务体系等十条实际可行的政策，有助于增进老年群众福祉，提高老年人生活品质，构建具有首都特色的居家养老服务体系。

为了改善老年人居家养老设施和环境，北京市 2016 年印发《北京市老年人家庭适老化改造需求评估与改造实施管理办法（试行）》，通过施工改造、设施配备、辅具适配等方式，改善老年人的居家生活环境，对老年人缺失的生活能力进行补偿或代偿，缓解老年人因生理机能变化导致的生活不适应，提升其居家生活品质；2021 年出台《北京市养老家庭照护床位建设管理办法（试行）》，依托就近的养老服务机构，通过家庭适老化改造、信息化管理、专业化服务等方式，将养老服务机构的床位搬到老年人家中，将专业的照护服务送到老年人的床边。

居家养老服务监督方面也有优化之举。2016 年印发《北京市居家养老服务补贴停发、追回管理办法》，进一步规范北京市居家养老服务补贴的管理，有利于维护老年人合法权益、保障财政资金安全。2017 年出台《关于建立居家养老巡视探访服务制度的指导意见》，发挥党委和政府在统筹规划、监督管理等方面的作用，建立健全巡视探访服务制度，通过政府购买服务、以奖代补等方式，引导、支持社会力量开展专业化、多元化的巡视探访服务。2023 年出台《北京市居家养老服务网络建设工作方案》，强调将居家养老服务设施建设纳入"七有""五性"监测评价体系。各区要采取有效手段，对居家养老服务网络建设工作进行评价考核，推动居家养老服务网络进一步完善，有效保障老年人居家养老服务需求。此外，在 2023 年 9 月新出台的《北京市养老服务质量和安全社会监督员管理办法》中指出，应充分发挥社会力量的监督作用，通过招募"养老服务质量和安全社会监督员"进一步提升养老服务质量和安全。

（2）机构养老

机构养老是指有专门场地和人员为老人安排食宿并提供生活照料、医疗护理等服务且被服务老人需按月或按年缴纳规定费用的养老服务模式。[①] 它能减轻年轻人照顾老人的压力，缓解家务劳动所带来的各种矛盾，使老人得到较为集中的照顾和有秩序的生活，而且老人在院舍中有同辈群体的交流，从心理上来说建立了另一种社会支持网络，对老人维持良好的身体状况等方面极有帮助。

在促进养老机构发展上，2013 年北京市出台《关于加快本市养老机构建设实施办法的通知》，设立阶段性目标，设计扶持政策和保障措施，促进北京市养老机构规模扩大、功能完善。2014 年出台《社会力量兴办非营利性社会福利机构运营资助办法》，对非营利性社会福利机构收住老年人、残疾人的实际运行床位按月给予资助支持，进一步加大对社会力量投资社会福利领域的引导和扶持力度。2015 年，为了解决公办养老机构存在的问题，健全公办养老机构运行机制，进一步明确公办养老机构职能定位、提高公办养老机构利用效能、更好地履行基本养老服务职能，北京市出台了《关于深化公办养老机构管理体制改革的意见》，有利于充分发挥公办养老机构示范引领作用、提升养老服务行业整体质量。2015 年，《北京市养老机构公建民营实施办法》进一步深化公办养老机构管理体制改革，提升公办养老机构保障效能，加快推进养老服务社会化，有利于实现养老服务资源优化配置。2017 年，《北京市基层公办

---

① 吴雨浓、蒋爱群：《城镇养老模式及影响因素研究》，《黑河学刊》2006 年第 1 期。

养老机构建设资助工作实施办法》对基层公办养老机构建设资助工作进行安排，着力改善基层公办养老机构的硬件设施、服务环境和管理水平，着力提高基层公办养老机构服务质量和利用效能，充分发挥其示范引领作用、辐射周边服务功能，从而提高特困人员集中供养条件、提升养老服务行业整体质量。2018 年发布《北京市养老机构运营补贴管理办法》，进一步加大对社会力量兴办养老机构扶持力度，有力提升养老服务质量。2020 年，为贯彻落实《北京市养老机构运营补贴管理办法》，进一步规范养老机构运营补贴发放工作，配套出台了《关于进一步做好养老机构运营补贴工作的通知》，强调了厘清养老机构运营补贴对象范围、把握养老机构运营补贴发放标准、规范养老机构老年人能力评估工作、严格执行运营补贴申请拨付程序等七方面工作。

在完善养老机构服务供给上，2015 年，《特殊家庭老年人通过代理服务入住养老机构实施办法》帮助解决北京市特殊家庭老年人在入住养老机构、接受紧急医疗救助等服务时遇到的相关手续办理困难等问题，政府兜底保障措施更加细致和人性化。2020 年，《北京市困境家庭服务对象入住养老机构补助实施办法》通过"补人头"方式保障困境家庭服务对象基本养老服务需求。据北京市民政局数据，该办法实施后，预计有 75 万多名经济困难老年人、失能老年人、高龄老年人直接受益，全市每年发放养老服务补贴津贴约20 亿元。

在养老机构监督管理上，在综合管理方面，早在 2000 年北京市就颁布了《北京市养老服务机构管理办法》，对北京市养老服务机构的设置、服务与监督管理做出了相关规定。2012 年，《关于进一步推进养老服务机构星级评定工作的通知》在养老服务机构星级评定试点的基础上，在全市范围内推广养老服务机构星级评定工作，使北京市养老服务机构服务质量再上新台阶。2014年，《北京市养老助残服务单位管理办法（试行）》加强了北京市养老助残服务单位的准入与管理工作。到 2018 年出台《北京市养老服务机构监管办法（试行）》，进一步规范北京市养老服务机构监管工作，强化属地监管责任，加大正向激励，推进养老服务业健康有序发展。在机构入住管理方面，《北京市公办养老机构入住及评估管理办法》明确了入住对象和相关评估内容，体现公办养老机构的公益性、公平性，能更好承担基本养老服务保障职能。2017

年，为了解决北京市公办养老机构改革推进过程中暴露的一些问题，特别是在服务对象入住机构管理方面的问题，北京市出台了《关于进一步规范公办养老机构入住管理工作的通知》。在服务质量管理方面，2017年《关于加强养老机构服务质量整治工作的指导意见》出台，养老机构服务质量整治工作促使北京市养老机构安全隐患大幅降低，养老机构管理制度基本完善，安全设施设备进一步齐备，养老机构服务质量明显改善，老年人养老服务获得感和满意度进一步提升。在机构财务管理监督方面，2015年《北京市公办养老机构收费管理暂行办法》明确了管理定价和收费项目，规范北京市公办养老机构收费行为，有助于维护养老机构和入住老年人合法权益。2021年，《北京市民办非营利养老服务机构财务管理办法》规范了北京市民办非营利养老服务机构财务行为，加强民办非营利养老服务机构财务管理，更好促进民办非营利养老服务机构健康有序发展。

北京市在机构养老服务监督管理方面卓有成效，以2020年北京市养老领域疫情防控实现"零感染"为例。全市1500多家养老服务机构的近5万名入住服务对象、近2万名工作人员"零感染"。疫情防控期间，北京市连续制定20多项政策措施，动态调整养老服务机构疫情防控措施，指导全市养老机构与社区卫生服务中心（站）建立紧密合作关系，主动送药上门，减少院内人员不必要外出。关爱老年人心理健康，开通"北京市老年人健康关爱平台"，访问量20余万人次，开通老年心理健康热线，累计接听老年心理健康热线3000余个。[1]

上述内容从不同方面阐述北京市机构养老服务变化，通过表6-5中的数据亦能对北京市机构养老服务发展有宏观了解。养老机构总数虽然有波动，但是自2018年以来在逐步增加，同期机构建筑面积也逐步扩大，床位数增加，服务的老年人人数增加，在养老服务体系中发挥重要作用。同时养老服务机构注重发挥社会力量作用，动员越来越多的志愿者关心老年人、参与老年人服务供给。

---

[1] 北京社会建设和民政：《北京市构建完善养老服务"五大体系"，持续增强群众获得感、幸福感和安全感》（2021年5月11日），https：//www.yihebeiyang.com/article/1/1512.html，最后访问日期：2022年6月17日。

表 6-5　2015~2020 年北京市机构养老服务发展情况

类别		2015 年	2016 年	2017 年	2018 年	2019 年	2020 年
养老机构总数（个）		597	607	656	533	560	584
志愿服务	人次数（人次）	14291	7985	14885	10916	36269	—
	服务时间（时）	28873	19898	45118	32088	120353	—
年末床位数（张）		132574	135692	148765	105145	108563	112848
年末在院人数	总数（人）	75538	77275	87699	44744	46653	46817
	女性（人）	15513	15565	21153	23022	23839	24990
自理程度	自理（人）	11556	11749	13196	12556	11532	11529
	介助（人）	10636	10766	14078	15912	17567	18066
	介护（人）	13130	13205	14903	16276	17554	17222
机构建筑面积（平方米）		2224343	1881333	3016162	3098866	3326499	3405892

资料来源：2016~2021 年《中国民政统计年鉴》。

（3）社区养老

社区养老是指以社区为服务开展平台，使居家老人可以在熟悉的社区环境中，享受到由社会组织、志愿者、家庭成员等提供的多方面照料服务的一种养老模式。[1] 社区养老模式综合了家庭养老与机构养老两种模式的优点，老年人离家近又能享受到养老服务，是二者的较好结合。北京市社区养老服务供给主体机构之一是养老服务驿站，它指的是由法人主体或具有法人资质的专业团队运营的，充分利用各类资源，为有需求的居家老年人提供生活照料、陪伴护理、心理支持、社会交流等服务的机构。[2]

在社区养老服务驿站建设上，2016 年出台《关于开展社区养老服务驿站建设的意见》，提出在北京市社区层面开展社区养老服务驿站建设，进一步完善养老服务体系、加快养老服务业发展、更好满足群众多样化养老服务需求；2016 年出台《社区养老服务驿站设施设计和服务标准（试行）》，明确了养老服务驿站资质、设计标准、服务管理标准等内容，规范了社区养老服务驿站建设和服务管理；2017 年出台《关于做好农村幸福晚年驿站建设工作的通知》，明确了关于农村幸福晚年驿站的功能定位、规划建设和建设扶持等相关内容，确保农村幸福晚年驿站建设稳

---

① 徐聪：《社区养老：城市养老模式的新选择》，《长白学刊》2011 年第 6 期。

② 北京市质量技术监督局发布的《养老服务驿站设施设备配置规范》（DB 11/T 1515—2018）。

步推进，有利于就近满足农村老年人的养老服务需求；2017 年还出台了《北京市街道（乡镇）养老照料中心建设资助和运营管理办法》，从整体上进一步规范了北京市街道（乡镇）养老照料中心的建设资助和运营管理工作；2018 年出台《北京市社区养老服务驿站运营扶持办法》，进一步鼓励和引导社会力量投资兴办城乡社区养老服务驿站，促进社区养老服务驿站可持续运营；2020 年出台《北京市社区养老服务驿站管理办法（试行）》，明确驿站运营主体、驿站责任片区、驿站运营管理等内容，进一步规范社区养老服务驿站建设运营管理。与此同时，北京市通过实施驿站准入退出机制，极大改善了街道（乡镇）随意选择驿站运营方的状况，2021 年新进入行业的运营方多数为具备三年以上养老工作经验的连锁运营养老服务机构，驿站专业运营能力得到明显提高。2021 年以来，新备案驿站 109 家，变更运营商驿站 40 家，撤销驿站 22 家。通过加强驿站检查和监管、引入驿站支持平台，驿站服务内容更加丰富，老年人生活便利性得到了提高。[①] 为了更好地发挥驿站作用，北京市划分驿站责任片区并建立清单制，明确将经济困难、失能、失智、失独、重度残疾老年人等基本养老服务对象落实到所在区域的驿站。全市共建成运营 1092 家社区养老服务驿站，基本形成了市级指导、区级统筹、镇街落实、社区实施为责任主体的独具北京特色的"三边四级"精准居家社区养老服务体系，受到了老年人的普遍欢迎。截至 2021 年，已划分服务责任片区 1087 家（含部分养老照料中心），覆盖全市 24 万多基本养老服务对象，形成数据准确、信息有效的驿站服务"三个清单"，即驿站主体清单、责任清单、服务清单，确保责任片区内每位基本养老服务对象有人管、服务需求能快速响应。[②] 为让养老服务更加精准，2021 年北京市社区养老服务驿站以"服务承诺书"等形式将"三个清单"发放到每个基本养老服务对象家庭，主动送上联系电话，形成一个"闭环"，确保责任片区内每位基本养老服务对象有人管、服务需求能快速响应。到 2022 年底，北京市将建成不少于 1200 家社区养老服务驿站，并持续提升使用效率。农村地区，建成不少于 1000 个农村邻里互助养老服务点。[③]

---

① 王茗辉：《养老助餐服务　探索形成"北京样板"》，《北京日报》2021 年 10 月 29 日。
② 王茗辉：《养老助餐服务　探索形成"北京样板"》，《北京日报》2021 年 10 月 29 日。
③ 金可：《推进养老服务发展　北京将探索"物业服务+养老服务"模式》，《北京日报》2020 年 5 月 22 日。

另一供给主体是养老照料中心，其作为社区养老服务设施的重要组成部分，主要开展机构养老、社区托老、居家助老、信息管理、专业支撑、技能实训等六大服务，让老人及其家属都可以得到最大程度的便利，多样、个性化的帮助。截至 2021 年 1 月 14 日，全市已建成并运营的养老照料中心共计 262 家。截至 2020 年 12 月底，全市尚有 51 个街道（乡镇）由于选址困难等原因未能启动建设工作。①

在社区养老基础设施建设上，2016 年出台《关于加强本市新建住宅小区配建养老设施建设、移交与管理工作的通知》，规定北京市内新建居住项目在土地储备整理阶段的规划条件或土地公开交易条件中明确由建设单位进行配套养老设施的建设、移交和管理工作，确保社区内配建养老设施能够为老年人提供优质方便的服务；2021 年出台《关于老旧小区综合整治实施适老化改造和无障碍环境建设的指导意见》，对实施综合整治的老旧小区进行适老化改造和无障碍环境建设，包括通行无障碍改造、公共空间适老化改造、完善适老化公共服务设施、增加居家养老服务有效供给等方面，创建安全便利、老年宜居的生活环境。

通过表 6-6 中数据可以对北京市社区养老服务和设施发展情况有总体了解。2019 年之前社区养老服务发展缓慢，之后规模迅速扩展，为老年人提供了更好的服务。同时，2019 年社区养老服务的志愿服务人次数和时间增长迅速。

表 6-6　2015~2020 年北京市社区养老服务和设施发展情况

类别		2015 年	2016 年	2017 年	2018 年	2019 年	2020 年
机构设施数量	总数（个）	23	22	21	23	898	1197
	农村（个）	14	14	16	18	322	417
志愿服务	人次数（人次）	748	1522	1933	1857	26510	—
	志愿服务时间（时）	1680	3555	4514	4355	56765	—

① 蒋梦惟、杨卉：《北京尚有 51 街道未覆盖养老照料中心　亟待社会力量"补位"》，《北京商报》2021 年 1 月 27 日，https://www.bbtnews.com.cn/2021/0127/384935.shtml，最后访问日期：2024 年 1 月 17 日。

续表

类别		2015 年	2016 年	2017 年	2018 年	2019 年	2020 年
社区日间照料床位数	总数（张）	2	2	2	70	7939	10479
	农村（张）	—	—	—	68	4486	4650
社区留宿收养床位	总数（张）	1695	1948	680	745	2820	6842
	农村（张）	443	688	566	627	1350	3064
	护理型床位（张）	—	—	—	—	87	—
社区日间照料人数	总数（人）	—	—	—	19	1952	—
	农村（人）	—	—	—	19	1289	—
社区留宿收养人数	总数（人）	407	431	324	319	957	2799
	农村（人）	200	272	222	233	381	1137
机构建筑面积	总数（平方米）	19402	25830	11212	19862	311802	384062
	农村（平方米）	—	—	—	—	—	197222
社区养老服务人次	总数（人次）	—	—	—	—	183274	1454432
	农村（人次）	—	—	—	—	—	717716

资料来源：2016~2021 年《中国民政统计年鉴》。

三种模式不是相互独立的，而是处于一种联动关系之中，主要为机构养老辐射社区、居家养老，机构养老和养老服务驿站辐射居家养老。2015 年，《关于支持养老照料中心和养老机构完善社区居家养老服务功能的通知》规定，市级通过一次性项目补助方式，对全市养老照料中心和养老机构完善社区居家养老服务功能给予支持，完善北京市社会化养老服务体系，引导推进已建成养老照料中心切实发挥综合辐射功能，鼓励养老机构利用自身资源优势开展社区居家服务。2016 年，《关于做好 2016 年养老机构辐射社区居家养老服务工作的通知》出台，为了完善北京市社会化养老服务体系，引导养老照料中心率先发挥综合辐射功能，鼓励全市养老机构利用自身资源优势开展社区居家养老服务，北京市决定通过一次性项目补助方式，对全市养老机构完善社区居家养老服务功能给予支持，具体规定了辐射内容和项目实施的方案。在此基础上，北京市积极发展如医养结合、互助养老、智慧养老等新兴养老模式。

（4）医养结合

医养结合即将养老机构与医疗保障广泛结合。医养结合主要有医疗机构与养老机构签约合作、养老机构内设医疗机构、医疗机构开展养老服务、医疗卫生服务延伸至社区家庭等服务模式。2015 年以来北京市重视发展医养结合，发展情况大致如下。

在促进医养结合整体发展方面，2015 年，《北京市社区卫生服务机构支持居家养老服务的指导意见》出台，从完善网络、建档立册、健康宣教等方面着手，保障老年人在居家养老的同时得到安全、有效、便捷、连续的社区卫生服务，实现医养结合。2017 年，《关于推进医疗卫生与养老服务相结合的实施意见》明确部门分工，将开展养老需求综合评估、提高基层医疗卫生机构服务能力、增强养老照料中心与社区养老服务驿站助医服务能力、发挥中医药在医养结合中的作用等列为重点任务，积极推进医疗卫生与养老服务相结合，加快发展北京市养老服务业和健康服务业。2019 年，《关于印发北京市促进护理服务业改革与发展实施方案的通知》提出"护理院、护理中心、康复医疗中心、安宁疗护机构等接续性医疗机构数量增加，康复护理、老年护理、残疾人护理、母婴护理、安宁疗护等服务供给不断扩大，社区和居家护理进一步发展"，"建立全面连续的老年健康服务体系"等老年医疗护理相关目标和内容。2019 年，《医疗和养老领域开放改革三年行动计划》出台，在推进医疗和养老领域改革开放发展之时，提出多项举措深入发展医养结合服务。2021 年，《北京市深入推进医养结合发展的实施方案》从扩大医养结合服务供给、提升医养结合服务能力、深化医养结合机构"放管服"改革等五方面推进医养结合，优化医养资源配置，提升多方参与医养结合建设积极性，更好满足老年人医、养、护等需要。北京市卫健委多年来布置老年人基本公共卫生服务项目工作，2021 年，《关于做好北京市 2021 年老年人基本公共卫生服务项目工作的通知》指出，继续为老年人提供医养结合服务、健康评估与健康服务，并明确了服务流程和工作指标。

在医养结合监督管理方面，2018 年，《关于做好养老机构内部设置医疗机构取消行政审批实行备案管理工作的通知》明确，北京市内的养老机构内部设置诊所、卫生室（所）、医务室、护理站，为其内部服务对象提供有关诊疗服务的养老机构，取消医疗机构行政审批，实行备案管理，有利于加快推进医疗领域"放管服"改革，进一步促进医养结合发展。2021 年，《关于开展

2021 年医养结合机构医疗卫生服务质量提升行动的通知》部署在北京市开展医养结合机构医疗卫生服务质量检查，做好医养结合监测工作，提高监测质量。

根据北京市《关于推进医疗卫生与养老服务相结合的实施意见》《北京市深入推进医养结合发展的实施方案》等相关政策文件整理，医养结合模式主要内容如下。

开展养老需求综合评估。建立养老需求综合评估体系，完善评估标准和流程，对老年人自理能力和养老需求进行综合评估。充分利用现有卫生、养老等服务资源设立养老需求综合评估站，加强评估队伍建设，鼓励社会力量参与评估工作。

提升居家医养结合服务能力，推进家庭照护床位建设。提高家庭医生签约服务质量，巩固提高老年人家庭医生签约服务率。鼓励二级医院医务人员参与家庭医生服务团队。基层医疗卫生机构推进康复、护理及安宁疗护服务，对辖区居家养老老年人提供医养结合支持服务。通过医联体、"互联网+医疗健康"、远程医疗等将医疗机构内的医疗服务延伸至居家。开展居家服务的医疗机构应购买医责险，为提供居家服务的医务人员购买医疗意外险、人身意外险。制定北京市养老家庭照护床位建设管理办法，依托养老服务机构为居家重度失能老年人提供专业、规范、优质的机构式照护服务，医疗机构为诊断明确、病情稳定、符合条件的老年人提供巡诊及设立家庭病床，提供必要的查床、转诊等服务。

提高基层医疗卫生机构服务能力。鼓励基层医疗卫生机构转变服务方式，通过开展家庭医生签约服务，为居家高龄、重病、失能及部分失能老年人提供定期体检、上门巡诊、家庭病床、社区护理等连续性的健康管理服务和医疗服务。"北京通—养老助残卡""北京通—残疾人服务一卡通"可用于支付医疗服务费用。探索护士多点执业，鼓励社会办护理站开展居家护理服务。规范居家医疗护理服务项目、服务内容和价格标准。加强养老护理员队伍建设，提高综合服务能力。

增强养老照料中心、社区养老服务驿站助医服务能力。社区养老服务设施应与社区卫生、助残等公共服务设施统筹布局、互补共享。鼓励养老机构特别是养老照料中心与周边医疗机构签订合作协议，开展助医服务。根据老年人口分布情况，将社区养老服务驿站建设与护理站建设有机结合，为周边居家老年人提供服务。加强养老机构内设医疗机构建设。养老机构可根据服务需求和自身能力，按照相关规定申请开办医疗机构，也可内设医务室或护理站，提高基本医疗服务能力。

挖掘为老服务医疗卫生资源。统筹医疗卫生与养老服务资源布局，重点加强老年病医院、康复医院、护理院、临终关怀机构建设。盘活现有为老服务医疗资源，对资源利用率较低，转型为康复医院、护理院、临终关怀机构的医疗机构，市、区财政予以资金支持。加强综合医院康复医学科建设，三级医院全部设置康复医学科。提高基层医疗卫生机构康复、护理床位比例，有条件的医疗机构可根据服务需求增设老年养护、临终关怀病床。公立医疗机构可开展临终关怀服务。完善老年康复、护理、临终关怀服务的基本标准和规范，完善康复患者转诊标准，优化规范转诊流程。

发挥中医药在医养结合中的作用。针对老年人慢病防治、养生保健、饮食起居、临床诊疗、康复护理等需求，在中医医疗机构、社区卫生服务机构（乡镇卫生院）和养老机构试点设立中医药健康养老服务专区。组建中医药健康养老联合体，加强中医药适宜技术、服务产品推广和中医药人才培养。实施"北京中医药健康养老"品牌战略，开展一批中医药健康养老示范项目，打造一批中医药健康养老示范社区，培育一批中医药健康养老示范家庭，促进中医药健康养老服务产业发展。

建立健全养老机构与医疗机构合作机制。鼓励养老机构与周边医疗机构开展多种形式的合作，建立健全协作机制。医疗机构为养老机构开通预约就诊绿色通道，为入住老年人提供医疗巡诊、健康管理、预约就诊、急诊急救、中医养生保健等服务。养老机构内设的具备条件的医疗机构可作为医院收治老年人的后期康复护理场所。医疗机构与养老机构内设医疗机构开展对口支援、合作共建。通过建设医疗养老联合体等多种方式，整合医疗、康复、养老和护理资源，为老年人提供治疗期住院、康复期护理、稳定期生活照料以及临终关怀一体化的健康和养老服务。创造条件引导执业医师到养老机构设置的医疗机构开展多点执业。

加强老年康复辅助器具推广应用。围绕老年人预防保健、医疗卫生、康复护理、生活照料等方面需求，加大对适合老年人日常使用的生活辅具和康复辅助器具的研发力度。建立集体验、销售、租赁、适配和康复训练功能于一体的康复辅助器具综合服务中心，为老年人提供安全有效的用品用具。引导养老机构加强与康复辅助器具相关企业的合作。

医养结合的发展惠及众多老年人，养老机构护理型床位数增长迅速，近年总体变化情况如表6-7、表6-8所示。其中，2021年12月的护理型床位数较上年同期增长130%，增长迅速。

表6-7   2015~2020年北京市医养结合发展情况

类别		2015年	2016年	2017年	2018年	2019年	2020年
机构养老	康复和医疗门诊人次数（人次）	332368	228279	710551	764992	724334	711847
居家养老	老年医院数（个）	19	17	18	—	—	—
	医院床位数（张）	2711	2407	2995	—	—	—
	老年临终关怀医院数（个）	3	4	5	—	—	—
	床位数（张）	152	307	224	—	—	—
	年底在院人数（人）	42	173	148	—	—	—

资料来源：2016~2021年《中国民政统计年鉴》。

表6-8   北京市养老机构护理型床位数变化

单位：张

指标	2020年	2021年
养老机构护理型床位数	53790	71311

资料来源：北京市民政局。

（5）互助养老

从互助养老整体来看，2015年，《北京市居家养老服务条例》提出"组织开展互助养老、志愿服务和低龄老年人扶助高龄老年人的活动"。2017年，《关于加强农村养老服务工作的意见》提出探索创新农村养老服务模式，大力发展农村互助养老，提倡村民以自家居住地为中心开展邻里互助，结合农村"熟人社会"特点，进一步深化"农民组织起来"要求，遵循"助人者有组织、受助者有人管"思路，把农民老人组织起来，通过支持组织，实现助人自助；把乡亲志愿者组织起来，通过让组织对接或绑定专业平台，让其成为具有专业素养和技能的志愿者。为促进互助养老发展，2020 年，《关于加快推进养老服务发展的实施方案》提出制定农村邻里互助养老服务点建设规范，到 2022 年底建成不少于1000 个服务点。同时，改革财政支持方式，农村养老服务补贴可直接补贴提供邻里互助或志愿养老服务的工作人员。2020 年，北京市新建了 100 个农村邻里互助养老服务点。①

互助养老的重要组织基础就是基层老年协会。2014 年，为解决基层老年协会建设存在的问题，北京市出台了《北京市民政局关于加强基层老年协会建设的意见》，让基层老年协会在维护老年人权益、参与社会公益事务、相关服务供给、组织老年群众参与经济社会建设及开展文体活动等方面发挥更积极的作用。其中居（村）级老年协会在本辖区内为老年人直接组织各种为老服务，了解老年人生活状况和服务需求，如鼓励开展低龄老年人帮扶高龄老年人"抱团取暖"式志愿服务，参与组织助餐、助洁、助急、助行、助医、互助关怀等居家养老服务。

在互助养老发展目标和规划上，《北京市 2021 年办好重要民生实事项目分工方案》中提出，2021 年底在农村地区示范建设 200 个农村邻里互助养老服务点。《北京市"十四五"时期乡村振兴战略实施规划》中提出，到 2025 年建成不少于 1000 个农村邻里互助养老服务点。例如，北京市昌平区香屯村探索实施了"农村互助型居家养老"模式，以村委会为平台，以"小"老人、专业社工和志愿者为主体，协同社区多种资源。村中较为活跃且年轻健康的"小"老人作为志愿者为"老"老人的日常生活提供诸如聊天、做家务、代买等帮助和服务。除此以外，香屯村还根据老人的实际需求，以"协同"参与的模式，充分发挥志愿者、专业社会组织的作用，开展形式多样的活动和心理健康服务，提升农村老年人的生活质量。此外，在密云区和延庆区也展开了许多关于互助养老的有益

---

① 北京市发展和改革委员会：《关于北京市 2020 年国民经济和社会发展计划执行情况与 2021 年国民经济和社会发展计划的报告》（2021 年 2 月 7 日），http://www.beijing.gov.cn/zhengce/zhengcefagui/202102/t20210207_2278352.html，最后访问日期：2022 年 5 月 29 日。

探索。近年来，密云区根据农村老年人的实际需求，创新开展邻里互助居家养老服务。截至 2021 年 7 月，已为 1000 名独居老年人、与重残子女共同居住老年人等提供入户探视服务 12 万次，电话问候 15 万次，打扫卫生 1.04 万次，代买代缴 1.13 万次，精神慰藉 2.23 万次，陪护服务 5306 次，家电、手机操作使用 606 次，洗衣、缝纫 519 次，临时做饭 628 次，应急救助 4 次，转介服务 200 余次，有效解决了高龄独居老年人、与重残子女居住的老年人等重点服务保障对象的居家养老服务需求，确保老年人日常生活有人照看，突发事件有人帮扶，真正把养老服务送到老年人的周边、身边、床边。① 而在延庆区，2021 年共试点建设邻里互助点 50 个，其中八达岭镇 16 个、康庄镇 22 个、旧县镇 12 个。以村为单位，以农村党组织为领导核心，依托老年幸福餐桌、村委会、邻里互助服务队等服务力量，精准确定服务对象，原则上每个邻里互助点服务对象不少于 10 名老人，每个邻里互助点确定 3 名邻里互助服务人员。50 个邻里互助点对接 500 余名老人。根据邻里互助养老服务点服务标准，开展巡视探访服务、养老顾问服务、生命体征监测、基础居家服务、转介服务等。②

（6）智慧养老

智慧养老属于近年来新兴的养老模式，还在不断探索发展之中。2014 年，北京市出台《关于促进智慧城市健康发展的指导意见》。2016 年，《北京市"十三五"时期老龄事业发展规划》中指出要创新发展"互联网+"养老服务，主要包括建立养老服务信息管理平台、开展智慧型养老社区建设和推进智能养老产业发展三部分内容。2017 年，《京津冀协同推进北斗导航与位置服务产业发展行动方案》提出北斗应用在养老服务领域，研制推广可穿戴型设备，为老年群体提供定位、健康监测、预警、监护等服务；搭建智慧养老服务平台，建设以"医养结合"为特色的京津冀北斗养老服务片区。2017 年，《关于全面放开养老服务市场进一步促进养老服务业发展的实施意见》指出，"积极运用

---

① 北京社会建设和民政：《农村养老调查｜密云区：邻里互助养老　探索农村养老新模式》（2021 年 7 月 14 日），https：//baijiahao.baidu.com/s？id=1705249583404751671，最后访问日期：2022 年 6 月 17 日。

② 北京社会建设和民政：《农村养老调查④｜延庆区：邻里互助点，给老人"稳稳的幸福"》（2021 年 7 月 26 日），https：//baijiahao.baidu.com/s？id=1706312863124747610，最后访问日期：2022 年 6 月 17 日。

新技术，培育发展新业态，促进老年产品用品丰富多样"，鼓励"开发和推广养老智能穿戴产品，利用移动信息技术为老年人提供远程购物、远程医疗、健康监测、居家护理等服务"，"推进'互联网+'养老服务创新，充分利用移动互联网、云计算、物联网、大数据等新技术，发展智慧养老服务新业态"。2018 年，《关于加强老年人照顾服务完善养老体系的实施意见》提出推动老年产品用品研发应用，主要体现在鼓励、支持市场主体根据老年人特点，研发生产日常辅助、康复辅具、智能终端、保健器材、服装饰品、营养膳食、保健食品等安全、便利、适用性强的老年产品用品，丰富市场供给。2020 年，《关于加快培育壮大新业态新模式促进北京经济高质量发展的若干意见》中也将智慧养老作为建设智慧应用基础设施的一部分提及。2020 年，为了促进优秀智慧健康养老产品和服务的推广及给人们提供参考，北京市组织开展了《智慧健康养老产品及服务推广目录（2020 年版）》申报工作。2021 年，《2021 年市政府工作报告重点任务清单》提出全面推进智慧城市建设，其中也包含了关于智慧养老的内容。

北京也在积极建设智慧社区，智慧社区在文化教育、卫生计生、养老助残、生活服务等多方面为老年人提供了不少便利。例如，北京市西城区探索尝试了数字化老年助餐线上服务，目前已完成了餐饮供应商线上化、供应商设置与配餐、驿站入驻配置与用户数据导入、驿站与有权限用户订餐消费、平台以及驿站餐饮供应商间的对账与结算五大项试点工作，并初步形成了"外卖点餐""团餐预订""到店打餐" 3 种便捷助餐服务模式。截至 2016 年底，全市共认定 1672 个星级智慧社区，覆盖 366 万户 969 万居民。① 在智慧养老设备设施上，目前北京市已经开展四批智慧健康养老应用试点示范，支持建设多批企业、街道和示范基地，推动智慧健康医疗产业的发展和推广。例如，北京市石景山区八角街道为辖区内 60 岁以上孤寡、高龄独居、失能失智、残疾人等弱势群体发放智能手环，安装居家安防设备。街道以"智慧安全养老社区应急服务中心"为监测服务平台，针对室内出现烟雾火灾报警、燃气泄漏、跑水、老人突发疾病等事故进行预防监控，并提供 24 小时

① 新闻宣传处：《北京市信息消费迈上新台阶》（2017 年 10 月 10 日），https://jxj.beijing.gov.cn/jxdt/gzdt/201911/t20191113_504349.html，最后访问日期：2022 年 6 月 9 日。

的紧急救助服务。2022 年，北京市将开展服务民生领域示范应用，如继续推动骨科手术机器人应用中心建设，推广医疗健康机器人在医院、养老机构等领域的应用，拓展 5G 远程操控手术机器人实时手术的应用场景。支持企业积极参与国家先进医疗装备应用示范、智慧健康养老应用试点示范等项目。[①] 此外，通州区和平谷区也展开了许多关于智慧养老的有益探索。通州区作为第三批国家级居家和社区养老服务改革试点地区之一，发起了"一键呼"服务项目，为享受巡视探访服务的高龄独居老年人及计划生育特殊家庭老年人配备"一键呼"服务设备。截至 2021 年 4 月，通州区已有 1733 户老年人家庭安装了"一键呼"终端，使老人们享受到了及时的医疗、就餐、家政、政策咨询等服务。[②] 而平谷区在智慧养老服务发展上，则采取了"365 天+24 小时"居家养老服务的方式，即为每位服务对象安装 1 台"智身宝"一键通设备，教老人学会使用，实现困难老人 24 小时"您有所呼，我有所应"。24 小时居家服务使老人得到了日常的助老服务和心理关爱，降低了内心的孤独感，提高了日常生活质量，让空巢老人不再空巢，让外出务工的子女更加踏实、安心工作。截至 2021 年 8 月，通过"智身宝"一键通设备，"即刻到家"先后为老年人提供看病买药、购物购货、卫生保洁、家电水电维修、法律服务、心理慰藉等各类生活服务 54 万余次，其中 80%为免费上门服务。[③]

（三）服务标准体系

养老服务的高质量发展是化解养老服务供需矛盾的必然选择。养老服务体系建设的关键就是打造规范化的养老服务标准体系，通过设置合理的养老服务准入标准、价格标准、服务标准等促进养老服务高质量发展。因此，北京市规

[①] 北京市经济和信息化局编《北京工业年鉴 2020》（2021 年 7 月 16 日），http：//jxj. beijing. gov. cn/jxsj/bjgynj/202107/P020220803540316016214. pdf，最后访问日期：2022 年 6 月 9 日。

[②] 郭彦：《城市副中心居家养老服务"一键呼"：话机一部，从"救急"到"必需"》，《北京社区报》2021 年 4 月 26 日。

[③] 任可馨：《农村养老调查 | 平谷区：老人"一键"呼 救助人员"即刻到家"》，《北京社区报》2021 年 8 月 19 日。

划研制地方标准，规范养老服务操作，保障养老服务的质量。

在养老服务设施标准方面，2014 年《北京市养老服务设施规划设计技术要点（试行）》从整体上对养老机构、社区养老设施等在规划设计要求、建筑设计要求等方面进行规范性规则制定，从而适应北京市养老服务设施的需求。

在居家养老服务标准方面，在通则的指导下，制定了助餐、助洁、助浴、助医、助急、康复服务、呼叫服务、精神慰藉、信息采集和档案管理共 10 部分内容，具体规定了居家养老服务的总体要求、服务项目、服务要求操作规范和服务评价与改进等。在总则的规定下，各类服务标准有了详细划分。例如，助餐服务上，对老年人吞咽等生理情况进行分级并给出对应适合的营养评估和供餐类型；助浴服务上，会对擦浴和洗浴等内容做出进一步的规定，还对无障碍浴池的标准做出了规定等；呼叫服务上，对服务中心设置、服务人员能力要求、呼叫流程等都有针对性规定。还有对审核过程当中的标准等，这些都有助于居家养老服务的规范和完善。

在社区养老服务标准方面，《社区养老服务设施设计标准》《养老服务驿站设施设备配置规范》对社区养老服务设施场地等提出统一标准规范。

在机构养老服务方面也有细致的标准。例如，《养老机构服务标准体系建设指南》规定了养老机构在制定自身服务标准体系方面的要求、结构、编写及评价与改进内容。还有针对专门服务的标准规范，如关于老年人健康档案技术规范、老年人健康评估规范、服务质量规范、康复辅助器具配置基本要求、生活照料操作规范、心理咨询服务规范、医务室服务规范、院内感染控制规范、养老机构社会工作服务规范等，这些规范都强调了养老机构设备设施的便捷性、标准化，以及服务操作的规范性和服务人员的专业性。还有监督性的标准，如养老服务星级划分与评定、养老机构评价指标的计算方法。从规定到落实和监督都有完备的标准体系，为北京市机构养老服务向好发展提供了充足标准规范支持。

（四）人才培养体系

养老服务人才队伍建设是推动养老模式发展的重要力量，是当前有效应对老年护理人才短缺、提升养老服务质量的重点所在。发展养老服务要求建立起结构完善、服务优质的养老服务队伍，全面提升养老服务队伍的专业素质、业务能力和服务质量。2017 年，《关于加强养老服务人才队伍建设的意见》对北京市养老服务人才队伍发展做出总体设计规划。2020 年出台《北京市养老服务人才培养培训实施办法》，提出要建设职业培训和职业教育并重的养老服务人才培养体系，提高养老服务队伍整体能力和素质。2021 年，《关于实施北京市康养职业技能培训计划的通知》指出，组织北京市康养服务从业人员参加职业技能培训，提高能力和素质，提升服务质量，能更好满足广大老年人对康养服务的需求。根据政策文件整理，北京市养老服务人才培养体系如下。

首先，打造梯次分明、结构合理的养老服务人才队伍。人才队伍主要分为护理人才、专业技术人才和管理型人才，分别对应不同功能。护理人才为老年人提供日常健康监测、基础护理、心理疏导、康复训练、精神慰藉等养老服务，专业技术人才提供养老服务管理、医疗保健、康复护理、营养调配、心理咨询、技术培训、能力评估、服务规划等服务，管理型人才则需要熟知养老行业法律法规、熟悉养老机构管理模式、了解养老运营业务流程、懂得养老服务质量控制。

其次，建立健全养老服务人才职业体系。一是要在稳定现有养老服务人员队伍的基础上，拓宽养老服务人才来源渠道；二是要完善职业发展体系，打通养老服务人才晋级渠道，通过开展多岗位锻炼培养高级复合型养老服务人才；三是要建立登记制度，对养老服务从业人员实行全市统一登记管理；四是要培育职业道德，将"德"和"孝"作为养老服务从业人员的德行追求，并用多种方式落实。

再次，提高养老服务人才队伍的综合素质。先宏观建立养老服务人才培养体系，接着加大养老服务人才教育培训力度、加强养老服务专业建设和课程开发、推进养老服务专业学校和养老服务人才培训基地建设，多措并举提高养老服务队伍人才素质。

从次，为了吸引人才，应进一步提升养老服务人才的社会地位。一是依法保障劳动者权益，如加强劳动保护和职业保护，落实带薪休假、轮休制度，优化工作环境等方面。二是提高薪酬待遇水平，根据经济社会发展状况，稳步提高养老服务从业人员薪酬水平，并适当发放补贴补助。三是完善激励评价机制，如实施非京籍养老服务人才积分落实优待政策，年老后优先入住养老机构、优先给予深造学习机会、优先推荐评奖、优先聘请作为实训基地教师等。

最后，还可充分利用家庭人力资源，探索建立照料津贴制度，激励晚辈切实承担起赡养照料老年人的责任。同时，探索建立老年志愿服务体制，以"小老"帮"老老"，鼓励健康、低龄老年人共同参与到养老服务之中，推动互助养老模式发展。[①] 探索发展智能机器人，以技术替代人力，弥补养老照护人员空缺，推动智能养老不断发展。

三　北京市养老服务需求情况

（一）养老服务需求主体及其分类

北京市老年人口规模大、高龄人口占比相对较多。在"十三五"时期，北京市60岁及以上的常住人口总量从378.8万人上升到429.9万人，增长51.1万人，占比从17.25%上升到19.64%；65岁及以上的常住人口总量从252.6万人上升到291.2万人，增长38.6万人，占比从11.51%上升到13.30%。截至2022年底，北京市60岁及以上的常住人口达到465.1万人，占比21.3%；65岁及以上的常住人口达到330.1万人，占比15.1%。同时，高龄老年人占比稳定，百岁老年人数量持续上升。截至2022年底，北京市户籍人口中百岁老年人共计1629人，每十万户籍人口中百岁老年人数量为11.4人。2022年，北京市户籍居民平均期望寿命为82.47岁。[②]此外，北京市老年人口受教育水平较高，2020年第七次全国人口普查数据显示，北京市拥有大

---

① 李志明：《中国养老服务"供给侧"改革思路——构建"立足社区、服务居家"的综合养老服务体系》，《学术研究》2016年第7期。

② 北京市老龄工作委员会办公室、北京市老龄协会、北京师范大学中国公益研究院：《北京市老龄事业发展报告（2022）》（2023年10月23日），https://wjw.beijing.gov.cn/wjwh/ztzl/lnr/lljkzc/lllnfzbg/202310/P020231023507927451629.pdf，最后访问日期：2024年5月17日。

学专科及以上文化程度的老年人共计88.7万人，占60岁及以上老年人口的比重为20.60%。① 北京市老年人口的这些特点对养老服务提出了独特的要求。

此外，不同类型老年人对于养老服务的需求往往与其自身特点相适应。民政部2001年发布的《老年人社会福利机构基本规范》按照生活自理能力程度，将老年人划分为自理老人、介助老人和介护老人。其中，自理老人为日常生活行为完全自理、不依赖他人护理的老年人；介助老人为日常生活能自理，但需要依赖拐杖、扶手、轮椅和升降等设施帮助的老年人；介护老人为日常生活行为需要依赖他人护理帮忙的老年人，从功能上看也就是失去了生活自理能力的失能老人。② 此外，还有一部分老年人对于养老服务的需求较为特殊，具体包括高龄老人（年满80周岁的老年人）、孤寡老人（无配偶、无子女、无人照顾、年满60周岁、丧失劳动能力的老年人）、空巢老人（未与其法定赡养人共同生活或无法确定赡养人、抚养关系的老年人，包括夫妻共同居住或单身居住）、失独老人（独生子女离世的老年人）及特困老年人（无劳动能力，无生活来源，无法定赡养、抚养、扶养义务人或者其法定义务人无履行义务能力的60周岁以上老年人）等，这些老年人在基本生活照料、精神关怀、心理慰藉等方面的需求偏好有所不同，应结合实际情况给予其不同程度的关照服务。由此观之，老年人自身特点的多样性决定了其对于养老服务的需求具有多元性。

（二）养老服务需求的三个维度

本书在参考借鉴安德森卫生服务利用行为模型的基础上，充分结合老年人的需求特点，构建了如图6-2所示的养老服务需求测量模型。本书将影响

---

① 北京市老龄协会：《北京市老龄事业发展报告（2020）》（2021年10月14日），http://wjw.beijing.gov.cn/xwzx_20031/wnxw/202110/t20211014_2512063.html，最后访问日期：2022年6月9日。

② 党俊武、李晶、张秋霞、罗晓晖：《中国老年人生活质量发展报告（2019）》，社会科学文献出版社，2019。

老年人养老服务需求的因素分为三个维度：前倾因素、使能因素以及需求因素。[①]

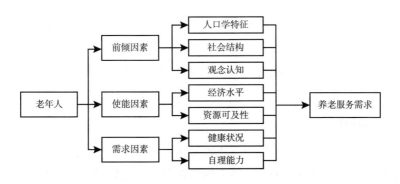

图 6-2　养老服务需求的三个维度

1. 前倾因素

前倾因素是指老年人在接受养老服务前的社会文化特征，主要包括人口学特征、社会结构及观念认知。

人口学特征主要包含老年人的年龄、性别等基本情况，不同人口学特征的老年人对于养老服务的需求会有所不同。比如高龄老年人在生活照料、医疗护理等方面的需求会更高一些，而相较来说低龄老年人对于社会交流、文化娱乐等方面的需求可能会更为强烈。

社会结构主要指的是老年人的受教育程度、退休前职业类型、社会交往和社会网络等情况，这些因素也会对养老服务需求产生一定影响。比如社会交往较为局限、社交网络较为单一的老年人可能更需要心理慰藉和精神关怀服务，而社会网络较为广泛、社会资本比较丰富的老年人可能在社会参与方面会有更高的要求，这种情况下就应为其及时提供所需的养老服务。

观念认知即老年人自身的价值观及对于养老服务的态度与认知，这类因素会对养老服务需求产生一定影响。比如部分老年人对于机构养老服务存有偏

① 高传胜：《新时代实现"老有所养"的战略路径与政策重点》，《天津行政学院学报》2018 年第 4 期。

见，这种态度可能会在某种程度上影响其对于机构养老服务的需求偏好。同时随着社会主义市场经济的繁荣发展以及人民生活水平的日益提高，与过去相比，老年人的消费观念也发生了较大的变化。① 由马斯洛需求层次理论可知，在如生活照料和医疗护理等需求得到满足后，老年人更加注重高层次的需求，需求面有所拓展，在精神服务、临终关怀等方面的消费倾向可能会有所提升。与之相对应，养老服务供给的复杂性也会提高，模式亦会随之发生一定的改变。

2. 使能因素

使能因素是指老年人获得养老服务的能力，主要包括经济水平和养老服务资源可及性。对于老年人来说，养老保险是老年人退休以后的重要生活保障来源之一。北京有城镇职工基本养老保险和城乡居民基本养老保险两种社会养老保险，同时还会给不享受社会养老保障待遇的人员每月发放福利养老金。为了保障老年人的基本生活水平，北京一直坚持落实城乡居民基本养老保险正常调整机制。2020 年，北京市城镇职工基本养老保险待遇标准提高到每人月均4365 元，城镇职工月人均基本养老保险待遇水平同比增长 5.0%，这也是第 28次连续增加企业退休人员养老保险；城乡居民基本养老保险提高至每人每月830 元；福利养老金提高至每人月均 745 元（见图 6-3）。养老待遇的提升让老年人有能力消费多种养老服务，增加了老年人的有效需求。2019 年，《北京市促进养老领域消费工作方案》发布，通过增收减支、引导消费意愿、保障权益等方式进一步引领养老服务增加市场供给，提升养老服务供给水平，补足养老消费短板，促进养老消费结构优化，提高老年人消费能力，实现更高水平的供需平衡。

同时，养老服务的资源可及性也会对养老服务需求产生一定影响。近年来，北京市大力发展家庭照护床位，为老年人提供就近长期照护服务；同时积极推进"一刻钟社区服务圈"建设，进一步织密社区养老服务网络，逐步完善"居家社区机构相协调、医养康养相结合"的养老服务体系，提升了养老服务资源在社区与家庭中的可及性，进而提高了老年人的生活质量。

---

① 李丽君：《以供给侧结构性改革实现养老服务精准发展》，《中国社会工作》2017 年第 5 期。

图 6-3　2015~2020 年北京市养老保险待遇标准

资料来源：北京市人社局、北京市民政局网站。

3. 需求因素

需求因素是指老年人根据自身健康状况和自理能力程度等产生的养老服务需求，其主要可分为老年人主观认知需要和医疗机构客观评估需要两部分。[1] 相较而言，老年人需求是影响养老服务需求最为直接的因素，老年人根据自身健康状况和自理能力而去选择最相适宜的养老服务类型。

综合来看，前倾因素依次通过使能因素和需求因素来影响老年人对于养老服务的需求。

（三）养老服务需求内容

2012 年修订通过的《中华人民共和国老年人权益保障法》，明确了老有所养、老有所医、老有所乐、老有所学、老有所为这"五个老有"目标，集中反映了老年人对物质生活和精神文化生活的需求，是老年人各项权益的体现，也是老龄工作的奋斗方向。本书在"五个老有"目标的基础上，结合马斯洛需求层次理论、生命周期理论以及我国积极老龄化的政策框架，对养老服务需求展开分析。

---

[1]　陈鸣声：《安德森卫生服务利用行为模型演变及其应用》，《南京医科大学学报》（社会科学版）2018 年第 1 期。

1. 老有所养：满足老年人生理需求

老有所养是"五个老有"目标的核心，也是其他目标的前提和基础。老有所养着眼于满足老年人衣、食、住、行的基本需要及生活照料等特殊需要。随着我国人口老龄化趋势的不断加重，老年人对于社会化养老保险及养老服务的需求日益提升。党的十七大报告提出了以基本养老为重点，实现老有所养的战略决策。基本养老包含基本生活保障、照护及日常照料和护理、精神慰藉等内容，是一个完整的系统。"老有所养"和"基本养老"是相互联系、相互衔接的重大社会政策，是着眼应对老龄化社会发展的制度安排。将阶段性目标"基本养老"作为重点，实现"老有所养"的长远目标，二者相结合，共同体现出我国老龄化社会发展的趋势。①

养老服务是老有所养的有效实现方式，但在实践中就养老服务体系而言，仍存在包括供给总量不足、长期照护服务发展滞后、供需结构性失衡等在内的一系列问题。因此为能够充分且高质量满足老年人基本养老需求从而达到真正的老有所养，就应坚持包容开放的养老服务发展理念，提供多元畅通的养老服务供给渠道，构建有利于调动各方积极性的制度框架。②

2. 老有所医：满足老年人安全需求

老有所医旨在满足老年人看病治病的需要，是老年人生活中最关心的问题，是养老服务需求的重点和基础保障。随着我国人口老龄化进程不断加快，稀缺医疗服务资源与老年人医疗护理方面旺盛需求间的矛盾日益凸显。在经济发展新常态下，"医养结合"养老服务模式成为帮助老年人实现老有所医的有效方式。"医养结合"即以老年人群体为中心，充分有效利用社会资源，在养老行业中有效结合医疗服务，使医疗与养老达到一体化，在保障老年人健康的基础上提高老年人群的生活质量。

2013 年，国务院印发《关于加快发展养老服务业的若干意见》，提出要加快发展养老服务业，通过医疗与养老结合，促进医疗资源进入养老机构。其

---

① 董红亚：《构建以照护为重心的基本养老体系　努力实现老有所养》，《西北人口》2009 年第 3 期。

② 高传胜：《新时代实现"老有所养"的战略路径与政策重点》，《天津行政学院学报》2018 年第 4 期。

中，"医"指的是医疗康复保健服务，包括医疗服务、健康咨询服务、健康检查服务、疾病诊治和护理服务、大病康复服务以及临终关怀服务等；而"养"包括生活照护、精神心理、文化活动和养生理疗服务等。当前我国的医养结合发展主要包括医疗机构自主建立疗养院、养老单位自主设立医疗科室以及融合社会资源搭建医疗支持体系三种基本模式。①

3. 老有所乐：满足老年人社交需求和尊重需求

伴随着城镇化与现代化发展进程的不断深入，老年人在适应社会发展的过程中可能会出现的身心健康问题日益复杂化，在生活照料和医疗护理需求得到满足后，老年人的精神生活应得到更多关注。在 2015 年第四次中国城乡老年人生活状况抽样调查中，老年人心理精神状态统计数据显示，孤独感成为老年人最主要的心理问题之一，近四成老年人处于情感孤独的状态。同时，有研究显示，老年抑郁症发病率逐年上升，已成为老年人生命健康的第二大杀手。北京城乡老年人调查数据显示，老年抑郁症检出率为 13.9%。② 关注老年群体日益增长的心理健康需要，促进老年人身心健康，满足其社交需求和尊重需求，已成为近年来社会广泛关注的焦点。

老年人在退休之后，生活环境与生活重心发生了一系列改变，甚至可能在原有社交圈中逐渐被边缘化，老年人极易因为找不到存在的价值而感到悲观和寂寞，孤寡老人、空巢老人及失独老人等特殊群体尤甚。在这种情况下，应广泛开展各种各样适合老年人特点的文体活动，为老年人增添欢乐，助其幸福安度晚年，实现老有所乐。通过积极参与文化娱乐活动，老年人得以排解孤独感，满足多样的精神文化需求，提高生活质量与幸福感。"老有所乐"是老年人极为重要的养老服务需求之一，是当前养老服务体系构建中的重要组成部分。社会应积极开展相关服务设施建设工作，开发并挖掘老龄文化产业，大力推进养老文化服务，通过一系列文化娱乐服务供给帮助老年群体陶冶情操，提高晚年生活质量。

---

① 尤蕾：《探路"老有所医"》，《小康》2018 年第 10 期。
② 傅双喜：《老年心理关爱创新研究的思考》，第四届全国老年心理关爱研讨会论文，银川，2011。

4. 老有所学与老有所为：满足老年人自我实现需求

老有所学即老年人根据自己的爱好，学习掌握一些新知识和新技能，积极开发老年人力资源，在陶冶情操的同时，丰富生活。老有所为是指老年人运用自己掌握的知识和技能，继续为我国现代化建设做出新的贡献。老有所学与老有所为是老年人满足自我实现需求的有效途径。

在我国社会经济发展水平不断提高，人民生活质量日益提升的背景下，积极老龄化成为应对人口老龄化程度不断加深的有效途径。积极老龄化强调老年人保持健康、参与社会和获得保障三方面的统一，更加关注老年人的社会参与。在个人层面，强调老年人在生命的不同阶段中要保持身心健康状态，积极参与社会，获得相应的保障。在家庭与社会层面，强调家庭和社会等不同主体应尽可能促进老年人身体健康，推动老年人参与社会，并向老年人提供应有的保障。

我国对于老年人实现积极老龄化给予了充分重视，提供了丰富的政策支持。2016 年，习近平总书记在中共中央政治局第三十二次集体学习时强调要着力发挥老年人的积极作用，健全老龄工作体制机制；同年，国务院印发《国家人口发展规划（2016—2030 年）》，明确我国应"积极借鉴国际有益经验，通过教育培训、健康服务、就业促进等方式鼓励大龄失业人员回归劳动力市场"。要创造有利于发展的人口总量势能、结构红利和素质资本的叠加优势，提出积极开发老年和大龄劳动力人力资本。2017 年，国务院印发《"十三五"国家老龄事业发展和养老体系建设规划》，指出要扩大老年人社会参与，鼓励专业技术领域人才延长工作年限，促进老年人口就业，发展老年志愿服务，应"加强老年人力资源开发"，同时"鼓励各地制定老年人才开发利用专项规划"。2019 年，国务院印发《国家积极应对人口老龄化中长期规划》，强调要"构建老有所学的终身学习体系，提高我国人力资源整体素质。推进人力资源开发利用，实现更高质量和更加充分就业，确保积极应对人口老龄化的人力资源总量足、素质高"[1]。2020 年，《中共中央关于制定国民经济和社会发展第十四个五年规划和二〇三五年远景目标的建议》提出要实施积极应对人

---

[1] 新华社：《中共中央 国务院印发〈国家积极应对人口老龄化中长期规划〉》（2019 年 11 月 21 日），http://www.gov.cn/zhengce/2019-11/21/content_5454347.htm? from = groupmessage& isappinstalled=0，最后访问日期：2022 年 8 月 4 日。

口老龄化国家战略，要"积极开发老龄人力资源，发展银发经济"①。除了政策支持之外，社区、家庭等其他养老服务供给主体也应该及时回应老年人在自我实现方面的养老服务需求，推动优化老有所学和老有所为的实现路径。

（四）养老服务质量的评价指标体系

老有所养、老有所医、老有所乐、老有所学和老有所为这"五个老有"养老目标涵盖了老年人在生活照料、医疗护理、精神慰藉及自我发展等方面的基本需求。对老年人各类需求满足情况进行科学合理的评估，对于客观评价养老服务供给水平，提高公共服务资源的配置效率，及时发现供给短板，进而完善养老服务供给侧结构性改革具有重要意义。

服务质量模型是 Parasuraman 等基于服务质量差距模型提出的，用以测量顾客对服务质量的感知。② 它有五个服务质量评价维度，分别为有形性、可靠性、响应性、保证性和移情性，其后被广泛运用于养老服务质量的评价。③ 这五个维度为服务质量测量提供了基本框架，也同样适用于老年人对于养老服务的感知。具体而言，有形性维度主要指老年人对于养老服务设施和服务人员的外在的感受；可靠性维度主要指养老服务供给方具备基本服务的能力；响应性维度主要指养老服务供给方解决问题的能力；保证性维度主要指养老服务供给方具有良好的服务态度；移情性维度主要指养老服务供给方关心老年人并为其提供个性化的服务。通过在这五个维度构建养老服务评价指标体系，充分考量老年人需求满足状况，对养老服务质量进行合理评估，有利于保证老年人的养老生活质量，完善养老服务管理，推进养老服务高质量发展。

---

① 新华社：《中共中央关于制定国民经济和社会发展第十四个五年规划和二〇三五年远景目标的建议》（2020 年 11 月 3 日），http://www.gov.cn/zhengce/2020-11/03/content_5556991.htm，最后访问日期：2022 年 7 月 29 日。

② Anantharanthan Parasuraman, Valarie A. Zeithaml, Leonard L. Berry, "A Conceptual Model of Service Quality and Its Implication for Future Research," *Journal of Marketing*. 49（1985）：41-50.

③ 王立剑、凤言、王程：《养老机构服务质量评价研究》，《人口与发展》2017 年第 6 期；赵娜、方卫华：《供给侧改革背景下城市机构养老服务评价及优化——基于服务质量差距模型的视角》，《河南师范大学学报》（哲学社会科学版）2017 年第 6 期；章晓懿、刘帮成：《社区居家养老服务质量模型研究——以上海市为例》，《中国人口科学》2011 年第 3 期。

四　北京市养老服务供需之困

习近平总书记强调，"新时代新征程上，政治工作要以人民的诉求为中心和出发点，把汇聚民智民力、赢得民心民意作为重要着力点，打造共建共治共享的社会治理格局，使人民群众获得感、幸福感、安全感更加充实、更有保障、更可持续"①。社会治理现代化应始终坚持人民的主体地位，不断增进民生福祉。由此来看，社会治理现代化与养老服务系统优化两者相辅相成。一方面，社会治理现代化体现在养老服务的高质量发展上；另一方面，养老服务的高质量发展也离不开社会治理现代化的有力支撑。② 当前由于养老服务系统内部在资源、供给、需求等方面分别具有分散性、多元性、复杂性等特点，其在实践发展过程中还存在供需失衡、效率低下等问题，亟待运用系统优化的思想，通过社会治理现代化共建共治共享的工作方法，以服务的高质量发展为抓手，充分发挥社会的力量，完善养老服务体系结构，使养老服务能够做到可持续发展。同时，创新的社会治理方式也为养老服务带来了新的驱动力，物联网、人工智能、大数据等为我国智慧养老模式提供了有力的技术支撑，为养老服务发展注入了科技动力。

随着中国社会治理实践的不断创新发展，多元主体共同参与的养老服务福利治理成为供给侧改革的新路径，同时为更好地实现其福利目标，权力形式的转型和机制的融合也越来越得到重视。③ 然而，北京市当前的养老服务福利治理转型还存在诸多局限性，各福利供给主体承担角色及互动实践尚不成熟，由此导致了养老服务尚存在一些问题。

---

① 新华网：《新华网评：以人民为中心推进社会治理现代化》（2019 年 1 月 18 日），http：// www. xinhuanet. com/politics/xxjxs/2019-01/18/c_1124011527. htm，最后访问日期：2022 年 6 月 15 日。

② 陈功、赵新阳、索浩宇：《"十四五"时期养老服务高质量发展的机遇和挑战》，《行政管理改革》2021 年第 3 期。

③ 姜玉贞、宋全成：《社会养老服务福利治理的局限性及其成因分析——基于 RHLJ 社区养老服务中心案例的分析》，《山东社会科学》2019 年第 11 期。

(一) 体制机制尚不健全，服务定位不清晰

北京市养老服务发展的体制机制尚不健全。具体来说，一是政府针对养老服务的监督检查机制和激励机制尚未有效建立。一方面，接受服务的老年人缺少反馈意见的渠道，对服务供给者难以有效评价和监督；另一方面，在扶持政策上重补贴而轻激励，未能有效发挥市场的作用和充分调动企业与社会组织的积极性。二是对养老服务的认识存在误区，各类服务定位不准确。首先，过于强调机构建设，将社会化养老简单等同于机构养老，这在一定程度上导致了机构养老服务短缺与过剩并存。其次，对于社区养老存在误解，一些地区将社区养老视为一种独立的养老形式，期待在社区大规模建设准养老机构，而忽视了其作为养老服务平台的作用，对于社区的角色定位不准确。最后，对居家养老服务认识不清，长期以来居家养老服务被一些地区简单地理解为家庭责任，而忽略了其社会化的特性，导致一些专业服务难以高效对接到有需求的居家老人。①

(二) 整体统筹不足，政社互动与基层落实有待强化

北京市养老服务的整体统筹不足主要体现在两个方面。一是协调不足，政府职能分工尚未明确。从责任分工的角度来看，公共服务供给侧改革旨在促进政府明确自身责任定位，管好该管的事情，其余则交还给市场和社会。② 我国的养老服务具有一定的准公共性，就其实践和发展而言，政府角色应当从养老服务的直接提供者中转换出来向筹资者和监管者转变，借助社会力量，通过协商合作等方式实现养老服务的资源互补，但在目前的实践中，各级政府的职能发挥仍存在诸多不适宜之处。③ 二是落实不足，基层执行存在欠缺。一方面，

① 李志明：《中国养老服务"供给侧"改革思路——构建"立足社区、服务居家"的综合养老务体系》，《学术研究》2016 年第 7 期。
② 杨宜勇、邢伟：《公共服务体系的供给侧改革研究》，《人民论坛·学术前沿》2016 年第 5 期。
③ 姜玉贞、宋全成：《社会养老服务福利治理的局限性及其成因分析——基于 RHLJ 社区养老服务中心案例的分析》，《山东社会科学》2019 年第 11 期。

从养老服务项目来看，根据《北京市居家养老服务条例》内容，当前北京市虽然已提出了包括老年餐桌、医疗卫生、家庭护理、紧急救援、日间照料、家政服务、精神慰藉、文体活动在内的八项社区居家养老服务项目，但并非所有社区都能够按要求完整提供这八项服务，一些街道和社区只提供了少部分的服务项目。同时，由于场地受限等原因，部分社区存在休闲娱乐设施、运动器材等不完善的情况，对于多数老年人而言，休闲娱乐和社会参与难以得到满足。另一方面，从养老服务实践过程中的执行评估来看，虽然在《北京市居家养老服务条例》《北京市老年人家庭适老化改造需求评估与改造实施管理办法（试行）》《北京市养老服务需求评估表》《北京市老年人能力综合评估实施办法（试行）》等多项政策中都明确提出，要对老年人身体、生活等状况进行调查登记，了解老年人需求，但是由于此项职责缺乏相对应的评估机制而多数流于形式，不健全、不完善的老年人需求评估机制使得养老服务供给方往往无法真实准确地获取老年人的切实需求，导致服务供给缺乏个性与针对性。

（三）社会参与存在障碍，自身能力有待提高

在北京市的养老服务实践中，社会参与仍有许多不完善之处，主要表现为社会力量的自身能力仍有待提高。在养老服务领域，社会力量的资源动员能力、资源整合能力、自我造血能力及提供专业化服务的能力都还需进一步提升[1]，以扩大其在养老服务中的参与程度和参与范围。

另外，社会组织中提供养老服务的人员主要包括两类，一类是有工资报酬的专业服务人员，另一类是没有任何报酬的志愿者。从专业服务人员来看，根据《中国民政统计年鉴2020》数据，北京市拥有养老服务专业技能人员15946人，与2019年北京市户籍老年人口367.7万人相比，每千名老年人约拥有专业护理人员4人，人才缺口巨大，专业照护开展困难；而从没有任何报酬的志愿者来看，其最主要的缺陷在于流动性较大，难以形成持续有效的服务力量。因此在规模、素质和稳定性三个方面，养老服务人员还存在着较大缺陷，这不

---

[1] 姜玉贞、宋全成：《社会养老服务福利治理的局限性及其成因分析——基于 RHLJ 社区养老服务中心案例的分析》，《山东社会科学》2019 年第 11 期。

仅偏离了老年人对养老服务的预期，无法满足老年人对高质量服务的需求，更阻碍了养老服务的进一步发展。[①]

（四）老年人自身特点影响

一是老年人养老观念相对固化。由于长期受到传统家庭照料思想的影响，我国老年人依旧以子女、配偶等家庭成员为主要的养老依靠，部分老年人缺乏主动寻求社会提供的养老服务的意识和意愿。二是老年人消费理念难以转变。相较于年青一代，目前已经进入老年阶段的群体多勤俭节约、生活俭朴，对服务费用较为敏感，购买服务的意识并不浓厚，通常很难会积极主动花钱购买养老服务，甚至将政府发的养老服务券积攒起来，这样的消费理念在一定程度上也限制了其需求的形成。三是老年人信息收集和接受能力有限。养老服务的宣传力度不足和数字鸿沟所带来的信息差距，使得部分有相关需求的老年人无法及时知晓可参与的养老服务项目以及其可使用的渠道。四是老年人整体收入低，且收入构成单一。根据 2018 年中国家庭收入调查（CHIP）数据，当前我国老年人年均可支配收入约为 2.4 万元，其中 65.4% 的老年人收入主要来源于家庭其他成员供养，29.3% 的老年人收入来源于退休金；同时，政府补贴力度有限，尚难以满足其基本生活需要，《北京市老年人养老服务补贴津贴管理实施办法》明确，对于低保老年人补贴标准为每人每月 300 元，对于失能老年人补贴最高每人每月 600 元，较低的补贴水平对于部分老年人来说仍然是杯水车薪，如果财产净收入和转移净收入没能为老年人提供足够的生活保障，就会使得老年人群体容易陷入收入既低且分配又不平等的困境之中，无法形成有效需求，进而对养老服务的发展产生一定的阻碍。

---

① 张晓杰：《医养结合养老创新的逻辑、瓶颈与政策选择》，《西北人口》2016 年第 1 期。

第三篇

制约与挑战

第七章　影响养老保险和养老服务的因素

我国的养老保险和养老服务受众广泛，影响深远，任何细微的政策调整和制度变化都会牵一发而动全身，比如从 2005 年至 2022 年，我国的企业职工养老保险经历了"十八连涨"，每年的上调都被各方密切关注。从供给和需求的角度出发，多种因素的改变会直接或间接作用于养老保险和养老服务的供求平衡，因而本章对这些主要因素进行梳理和剖析。具体包括人口结构变化和相关政策调整、传统文化根植和家庭结构变迁、平均预期寿命延长、平均工资增长率变化、宏观经济形势和财政收入变化、产业结构转型升级六个方面。

一　人口结构变化和相关政策调整

2020 年第七次全国人口普查数据显示，2020 年我国 65 岁及以上老年人口已达到 1.91 亿人，占总人口的比重为 13.5%。预计到 2025 年，我国老龄人口将突破 3 亿人。与此同时，我国 0～14 岁人口占比降至 17.95% 的较低水平，达到了严重少子化的程度。与 2010 年第六次全国人口普查数据相比，劳动年龄人口减少了 4000 多万人。①

---

① 中新社：《国务院第七次全国人口普查领导小组办公室负责人接受中新社专访》（2021 年 5 月 13 日），https：//www.stats.gov.cn/sj/zxfb/202302/t20230203_1901094.html，最后访问日期：2022 年 6 月 9 日。

（一）对养老保险的影响

在老龄化和少子化的共同作用下，人口结构的变化必然会导致养老保险体系的负担加重，最直接的影响就是养老保险缴费人口相对减少，而领取养老保险待遇的退休人口相对增多，养老保险当期的收不抵支会逐步消耗养老保险基金的结余，削弱养老保险的长期支付能力。以北京市城镇职工基本养老保险为例，2013 年参保人员 1311.3 万人、比上年增长 8.7%，离退休人员 220 万人、比上年增长 4.4%[①]；2021 年参保人员 1826.8 万人、比上年增长 2.7%，享受待遇人员 319 万人、比上年增长 2.4%，并且 2021 年北京市职工基本养老保险基金收入 3437.5 亿元，基金支出 2904.1 亿元，基金当年结余 533.4 亿元[②]。加之我国养老保险个人账户是名义账户，个人账户资金存在耗尽与空账运行的风险[③]，导致半积累制的养老保险实际上成了现收现付制的养老保险，应对老龄化风险能力较弱。《中国养老金精算报告 2019—2050》显示，养老金入不敷出、两极分化的问题渐趋严重并预测全国城镇企业职工基本养老保险基金持续增长至 2027 年，随后开始下降，到 2035 年耗尽累计结余。

为了应对老龄化和少子化，国家也采取了一系列措施，包括提出渐进式延迟退休年龄、讨论提高养老保险的最低缴费年限、调整计划生育政策等，这些措施都会对养老保险制度供需平衡产生深远影响，引导未来养老保险制度改革和发展方向。

渐进式延迟退休年龄政策会对养老保险供需平衡产生较大的影响，主要体现在基金的收入端能够通过延长养老保险的缴费时长，提高养老金累计金额，在基金的支付端能够推迟养老保险领取人员的领取时间，同时减少政府和社会

---

① 北京市人力资源和社会保障局：《2013 年度北京市社会保险事业发展情况报告》（2014 年 5 月 24 日），https：//rsj. beijing. gov. cn/xxgk/tzgg/201912/t20191207_955876. html，最后访问日期：2022 年 6 月 9 日。

② 北京市人力资源和社会保障局：《2021 年度北京市养老保险、失业保险、工伤保险事业发展情况报告》（2022 年 5 月 20 日），https：//rsj. beijing. gov. cn/xxgk/sjfbsj/fzqkbg/202205/t2022052 0_2 818968. html，最后访问日期：2022 年 6 月 9 日。

③ 祁峰：《人口老龄化对我国经济社会发展的影响及对策》，《生产力研究》2010 年第 7 期。

统筹资金的支出，从而减轻养老金支付的压力。研究表明，如果实行延迟退休年龄政策，养老金总额将会有较大幅度的增加，能够在较大程度上缓解养老金账户的可持续性问题。[①] 同时，制度设计也需要根据延迟退休年龄政策调整，如在领取年龄、领取水平、支付年限等方面。

为促进人口均衡发展，积极应对人口老龄化，2013 年我国决定实施"单独二孩"政策，继 2016 年放开二孩政策后，2021 年我国又公布实施三孩生育政策。生育政策的调整主要通过改善人口结构以及人口规模从而优化基本养老保险基金的收支情况。自二孩政策实施以来，我国人口出生率得以提高，2022 年全国出生人口 956 万人，比 2021 年增加了近 20 万人，二孩占比为 38.9%，三孩及以上占比为 15.0%。[②] 研究表明，二孩生育率的提高能够推迟基本养老保险基金出现缺口的时间[③]，并且我国基本养老保险最优替代率会随着生育率的提高而递增，从而为保证养老保险待遇充足性起到积极作用[④]。延迟退休年龄政策的推行与计划生育政策的调整将优化我国人口结构，缓解人口老龄化带来的养老保险待遇下降、基本养老保险基金出现缺口等问题。

（二）对养老服务的影响

我国人口结构变化对养老服务最显著的影响是未来劳动年龄人口的减少将使得急剧增加的养老服务需求更难得到满足。具体来说，一方面，伴随着人口老龄化程度的不断提高且老龄化将呈现"高原化"的发展势态，我国正逐步进入老年人口机会窗口期[⑤]，这使得对于养老服务需求上的数量和质量都有了

① 杨钒：《延迟退休对养老金可持续性影响研究》，《宏观经济研究》2020 年第 5 期。
② 国家卫生健康委网站：《2022 年卫生健康事业发展统计公报发布》（2023 年 10 月 12 日），https://www.gov.cn/lianbo/bumen/202310/content_6908686.htm，最后访问日期：2023 年 12 月 21 日。
③ 张鹏飞、陶纪坤：《全面二孩政策对城镇职工基本养老保险收支的影响》，《人口与经济》2017 年第 1 期。
④ 方先明、赵泽君、孙瑾瑜：《生育政策对养老保险待遇充足性的影响研究》，《中国经济问题》2018 年第 5 期。
⑤ 董克用、张栋：《高峰还是高原？——中国人口老龄化形态及其对养老金体系影响的再思考》，《人口与经济》2017 年第 4 期；陈功、赵新阳、索浩宇：《"十四五"时期养老服务高质量发展的机遇和挑战》，《行政管理改革》2021 年第 3 期。

更多更高的要求。另一方面，高龄化的特征使失能半失能风险水平大幅提高，这给老年照护体系带来了较大压力。与老年人日益增长的多元化、专业化养老需求相比，我国养老服务的供给还有待提高。养老行业面临从机构到居家，从管理者到护理人员全线的"用人荒"。

从现实情况来看，我国养老服务起步较晚，养老服务队伍有"三低三高"的普遍特征，即社会地位低、收入待遇低、学历低，流动性高、劳动强度高、平均年龄高。《中国老龄产业发展报告（2021~2022）》显示，截至2022年末，我国60岁及以上老年人达到2.8亿人，其中失能、半失能老年人大约4400万人。按照我国失能老人与护理员4∶1的配置标准推算，我国至少需要200多万名护理员。然而，截至2021年底，全国现有养老护理从业人员仅50万人。究其原因，养老人才普遍处于上升通道不畅、职业认同度偏低、自我认同感较弱的境况之中，大部分年轻人也不愿意进入养老护理的队伍中。

近年来，国家高度重视这一问题，《"十四五"国家老龄事业发展和养老服务体系规划》提出，"鼓励聘用取得职业技能等级证书的养老护理员，推动行业专业化发展。完善养老护理员薪酬待遇和社会保险政策……强化技能价值激励导向，促进养老护理员工资合理增长……支持地方探索将行业紧缺、高技能的养老服务从业者纳入人才目录、积分落户、市民待遇等政策范围加以优待"。《全国护理事业发展规划（2021—2025年）》也提出"推动医疗机构建立完善护理岗位管理制度"，"探索建立和发展医疗护理员职业队伍"。

上一部分提及的延迟退休年龄政策和调整计划生育政策也会产生相应的效果。从短期来看，通过实施延迟退休年龄政策将会提升我国劳动力人口数量，通过政策引导能够缓解养老等行业优质劳动力短缺问题。而计划生育政策调整将在一定程度上加重部分家庭的抚养负担，这也导致负担较重的家庭会较多地选择或是依赖社区居家养老或是社会机构养老，从而扩大社会养老的市场需求。从长期来看，延迟退休能够提升老年群体的收入与养老金领取金额，收入的增加将会促进养老产业和养老服务的发展，如康养社区、旅居养老、健身管理、养老保险产品等。而计划生育政策调整能够缓解我国老龄化程度，改善目前"4-2-1"式的核心家庭模式（四位老人、两位父母和一个子女），子女数量的增加将会减轻赡养老年人的经济压力与时间压力，使家庭养老的功能有所改善。

二 传统文化根植和家庭结构变迁

养老最初是亲人和氏族家庭内部的事情，后来民间互助合作制度和商业人寿保险完成组织和技术构建，最后由政府建立社会养老保险制度惠及广大国民。在我国数千年的文化积淀下，"养儿防老"的观念根植于许多老年人的思想中，送家中老人去养老院也可能被亲戚朋友指责为"不孝"。与此同时，家庭结构的核心化、小型化和原子化却使得家庭养老的能力不断弱化，老年人和年轻人都面临养老选择的难题。2020 年第七次全国人口普查数据显示，2020 年我国育龄妇女总和生育率为 1.3。低生育率导致家庭规模不断缩小，传统家庭养老模式会大幅度增加独生子女的生活压力。《2022 年度国家老龄事业发展公报》显示，全国 65 周岁及以上老年人口抚养比已从 2012 年的 12.7%上升至 2022 年的 21.8%。

（一）对养老保险的影响

传统文化是养老观念形成的重要影响因素，养老观念不仅影响着人们对养老模式的选择[1]，同时也会对人们的生育意愿和生育行为等产生影响[2]。

从传统观念层面出发，我国自古便有"养儿防老"的传统观念，认为养育子女是为了保障老年生活所"买"的一种人格化保险[3]，是社会成员代际取予的中国传统模式[4]。通常来说，个体"养儿防老""多子多福"的传统观念越强，其养老模式多选择依靠子女，导致其参加社会养老保险的积极性越低。[5] 子女数量越多，农民对家庭养老方式的依赖性越强。[6]

---

① 崔丽娟、徐硕、王小慧：《老年人的养老观念与养老模式》，《中国老年学杂志》2000 年第 1 期。
② 郭俊霞：《当前农村代际关系与"养儿防老"》，硕士学位论文，华中科技大学，2010。
③ 陈志武：《对儒家文化的金融学反思》，《制度经济学研究》2007 年第 1 期。
④ 费孝通：《家庭结构变动中的老年赡养问题——再论中国家庭结构的变动》，《北京大学学报》（哲学社会科学版）1983 年第 3 期。
⑤ 于长永：《农民对"养儿防老"观念的态度的影响因素分析——基于全国 10 个省份 1000 余位农民的调查数据》，《中国农村观察》2011 年第 3 期。
⑥ 王芹尊：《我国农村社会养老保险影响因素分析》，《湘潭师范学院学报》（社会科学版）2009 年第 5 期。

从家族观念层面出发，我国自古便提倡"国有国法，家有家规"，宗族制度建立的最初目的之一就是尽可能获取资源，保障个体的成长和发展。因此家庭观念、宗族观念越强，建立在血缘关系上的家族对其内部成员孝悌品行的要求就会越高与教育能力就会越强，个体便越倾向于依靠家族成员居家养老，其参保意愿也就越弱。

从社会价值观层面出发，价值观是个体衡量事物好坏、优劣、美丑等的观念系统，而社会价值观则是个体面对社会关系、社会道德、社会制度等的内心评价标准。当前在一定地区习惯将养老服务场景描绘为是孤独、受虐和凄凉的，甚至认为"养老院就是送老人去死的地方"。[1] 已有研究发现，部分人的行为取向与爱面子有关，面子的意识越强，其则越重视外界对自身的评价。在一些社会价值观的影响下，部分农民将参保行为和居家养老看作"有面子"的体现，进而导致参保意愿较强。[2]

对传统文化产生形成挑战的是现实中家庭结构的巨大改变。对于多数"50后"和"60后"而言，家中通常有数位兄弟姊妹，在父母年老后可以分担赡养老人的压力；而"80后"和"90后"多为独生子女，在计划生育政策推行数十年后，我国家庭结构呈现规模小型化、结构简单化的发展趋势，"4-2-1"式的核心家庭模式成为社会主流，意味着一对中年劳动力夫妻需要抚养双方父母和一个子女，在降低了家庭抵御风险能力、弱化了家庭养老功能的同时，也增大了养老保险制度建设的压力，迫使养老责任由家庭向社会转移。因此家庭中人口年龄结构的老龄化程度越高，为降低风险保障养老水平，其家庭成员越依赖社会养老保障体系，参加养老保险的比例越高。[3] 因此亟待结合发展变迁特点，进一步发展和完善养老保险制度，如在完善养老保险制度时充分考虑代际家庭因素，减轻子代负担，提升代际经济支持力。[4]

---

① 孙永健、陈友华：《人口老龄化背景下养老服务市场化与孝道文化变迁》，《江苏社会科学》2023 年第 5 期。

② 林晓：《传统文化影响农民参加城乡居民基本养老保险意愿的实证研究》，硕士学位论文，江西农业大学，2016。

③ 卢亚娟、张雯涵：《家庭结构对家庭参与保险市场的影响研究》，《现代经济探讨》2020 年第 5 期。

④ 贾玉娇、范家绪：《从断裂到弥合：时空视角下家庭养老保障功能的变迁与重塑》，《社会科学战线》2019 年第 7 期。

（二）对养老服务的影响

首先，随着社会分工的持续深入以及社会经济的发展，现代家庭结构不断趋于小型化和核心化。"4-2-1"式的核心家庭模式成为当前社会家庭结构的主流，家庭养老的压力逐步凸显，传统家庭照护需求逐步转向市场，尽管我国传统文化对养老服务机构存在排斥现象，但抚养比上升使传统"养儿防老"模式难以为继。历次人口普查数据显示，2000年我国家庭户平均人数为3.46人，2010年下降到3.09人，而2020年则为2.62人，独生子女家庭数量不断提升。这种趋势反映了现代社会中核心家庭不断增加以及独身主义的崛起，极大地挑战了原有的家庭观念[1]，同时也导致独生子女家庭养老负担大幅增加，单纯依靠子女在身旁尽孝的责任过于沉重[2]。

其次，在我国社会经济快速发展的过程中，劳动力流动与长期分离的代际居住方式动摇了传统家庭养老的基础，家庭代际的照料关系逐渐削弱。2020年，我国人户分离人口达4.93亿人，其中流动人口3.76亿人，约占总人口的35%，十年间增长近70%。[3] 与此同时，传统家庭照护中所必需的人力基础也随着计划生育政策实施所带来的家户规模的小型化而被削弱[4]，家庭服务供给能力下降，可利用的情感、经济和工具支持等家庭养老资源日益减少，家庭养老保障越发不足以应对人口老龄化压力。一方面，家庭养老功能逐渐向社会转移，养老服务供给主体日趋多元化，养老服务供需格局发生较大转变。另一方面，在传统文化的影响下，子女在满足老年人经济供养的同时，开始重视老年人的生活水平与关爱程度，人们对养老服务模式的创新需求与服务质量要求不断提升。

---

① 林晓珊：《改革开放四十年来的中国家庭变迁：轨迹、逻辑与趋势》，《妇女研究论丛》2018年第5期。

② 孙永健、陈友华：《人口老龄化背景下养老服务市场化与孝道文化变迁》，《江苏社会科学》2023年第5期。

③ 人民日报：《我国仍是世界第一人口大国，约占全球总人口18%》（2021年5月12日），https://www.gov.cn/xinwen/2021-05/12/content_5605914.htm，最后访问日期：2022年5月21日。

④ 黄健元、常亚轻：《家庭养老功能弱化了吗？——基于经济与服务的双重考察》，《社会保障评论》2020年第2期。

最后，由于我国家庭普遍呈现流动化、分离化、结构单一化、规模小型化等特征，隔代家庭、独居老人家庭、纯老人家庭等大量出现①，空巢、失独、迁移等老年人群体不断增多。截至 2021 年底，我国老年人口中空巢老人占比已超过一半，部分大城市和农村地区空巢老人比例甚至超过 70%②，北京市 60 岁及以上常住老年人口中空巢独居老年人已超过 30 万人③。这在一定程度上推动了养老服务需求从基本生活照料转向生活照料、精神关怀、紧急求助等方面。

在这种情况下，亟待从社区层面打造邻里互助平台，通过社区互助服务，丰富老年人的精神生活，同时借助互联网信息技术打造智慧养老系统，积极整合资源，实现各类养老服务与老年人需求的有效对接。比如北京市政府出台养老服务"时间银行"、"物业服务+养老服务"试点、养老机构服务质量星级评定等一系列新规，鼓励老年人入住康养社区"抱团养老"。从 2012 年至 2021 年，北京市运营的养老机构数量从 400 家增长至 571 家；运营养老床位从 7.6 万张增长至 11.2 万张，新增养老床位 3.6 万张，以满足老年群体的养老需求。④

三　平均预期寿命延长

（一）对养老保险的影响

随着饮食条件、医疗卫生条件、生活环境等的改善，我国平均预期寿命也在不断提升。以北京市为例，2010 年第六次全国人口普查数据显示，北京市常住人口平均预期寿命为 80.18 岁；北京市疾控中心发布的《2020 年度健康

---

① 周福林：《我国家庭结构变迁的社会影响与政策建议》，《中州学刊》2014 年第 9 期。
② 新京报：《预计"十四五"时期，我国 60 岁及以上老年人总量将突破 3 亿》（2022 年 10 月 26 日），https：//baijiahao. baidu. com/s？ id = 1747729852850972563&wfr = spider&for = pc，最后访问日期：2023 年 12 月 30 日。
③ 北京青年报客户端：《北青快评丨打造独居老人志愿服务队，让关爱更有温度更见实效》（2024 年 1 月 21 日），http：//news. ynet. com/2024/01/21/3720485t2518. html，最后访问日期：2024 年 1 月 23 日。
④ 北京日报：《锚定养老"国之大者"织就老年人幸福生活》（2022 年 11 月 1 日），https：//www. beijing. gov. cn/ywdt/gzdt/202211/t20221101_2849072. html，最后访问日期：2023 年 12 月 30 日。

北京行动监测评估报告》指出，北京市居民人均期望寿命达 82.43 岁。随着平均预期寿命的延长，老年人的退休期也逐渐延长，整个生命周期下养老保险基金人均支付时间比以往的时间有所延长。同时随着我国教育水平的提升，人们参与工作的平均年龄普遍提升，即开始进行养老保险缴费的时间逐步延后。如此，人们养老保险缴费时间缩短而领取养老保险的时间延长，养老保险基金收支平衡压力增加。当社会平均工资增长率高于养老保险待遇调整指数时，养老金的购买能力会有所下降，老年人陷入老年贫困风险的可能性加大。[1]

（二）对养老服务的影响

随着社会经济的发展与医疗卫生等科学技术水平的不断提高，人口预期寿命的延长已成为社会发展过程中不可逆转的必然趋势。从世界范围来看，自 1840 年起，人类平均寿命呈现稳定延长的发展状态，其平均寿命每年的延长速度基本维持在较上年增加 3 个月上下的水平。而仅就中国而言，在 20 世纪四五十年代，人口的平均预期寿命只有 35~40 岁；而到 2021 年，根据国家卫健委发布的《2022 年我国卫生健康事业发展统计公报》，我国居民人均预期寿命已提高至 77 岁。两者相比，我国人口的平均预期寿命大约增长了一倍。这体现在养老服务上，一方面，老年人平均预期寿命的延长将导致家庭的年龄结构逐步老化，参与家庭养老服务的人力资源将会逐步削弱。[2] 另一方面，平均预期寿命的延长意味着健康寿命与非健康寿命的同步增长，而随着医疗水平的提升，非健康寿命的增长甚至出现扩张现象[3]，失能半失能的老年人逐步增多。因此随着预期寿命的增加，老年群体对于医疗、照护等养老服务的需求正在不断加大。在养老服务上，更应积极推动"以居家为基础、社区为依托、机构为补充、医养相结合"的服务体系建设与完善，着力培育和发展包括老年餐饮、老年用品、心理疏导等在内的养老服务相关产业，在解决"一老一小"的问题上，

---

① 穆怀中、范璐璐、陈曦：《人口预期寿命延长、养老金保障风险与政策回应》，《社会科学文摘》2021 年第 4 期。

② 常亚轻、黄健元：《农村"养儿防老"模式何以陷入窘境?》，《理论月刊》2019 年第 3 期。

③ 曾毅、冯秋石、Therese Hesketh、Kaare Christensen、James W. Vaupel：《中国高龄老人健康状况和死亡率变动趋势》，《人口研究》2017 年第 4 期。

确保全体人民"老有所养、老有所医、老有所为、老有所学、老有所乐",削减人口平均寿命延长、老龄化所给经济社会发展带来的不利影响。

四 平均工资增长率变化

(一) 对养老保险的影响

平均工资增长水平是我国基本养老金正常调整机制中的重要影响因素,《中华人民共和国社会保险法》规定国家要根据职工平均工资增长、物价上涨情况,适时提高基本养老保险待遇水平。近些年,我国城镇非私营单位就业人员年平均工资稳步提高,由 2012 年的 46769 元[1]增长至 2022 年的 114029 元[2]。与此同时,随着《关于 2022 年调整退休人员基本养老金的通知》的下发,将退休人员的月人均基本养老金上调 4%,我国退休人员养老金也迎来 18 年连续增长。国家建立养老金调整机制参照平均工资增长率等因素不断提高退休人员养老金领取金额的主要目的是防止通货膨胀,保障领取养老金的购买力。[3] 具体而言,平均工资增长水平会影响养老保险的相对保障水平。一种情况是养老保险待遇每年的调整幅度低于平均工资增长水平,那么养老保险金的相对购买力就会逐年下降。如此有可能会显化养老保险给付的潜在风险,尤其是缴费年限短、初始替代率低的参保人口的养老保险金保障风险会更高。[4] 另一种情况则是养老保险待遇每年的调整幅度高于平均工资增长水平,这则有悖于养老金"多缴多得、长缴多得"的基本原则,从而影响人们的劳动积极性。从实践层

---

① 国家统计局:《2012 年城镇非私营单位就业人员年平均工资 46769 元》(2013 年 5 月 17 日),https://www.stats.gov.cn/sj/zxfb/202302/t20230203_1898302.html,最后访问日期:2023 年 6 月 9 日。

② 国家统计局:《2022 年城镇非私营单位就业人员年平均工资 114029 元》(2023 年 5 月 9 日),https://www.stats.gov.cn/sj/zxfb/202305/t20230509_1939290.html,最后访问日期:2023 年 6 月 9 日。

③ 阳义南、申曙光:《通货膨胀与工资增长:调整我国基本养老金的新思路与系统方案》,《保险研究》2012 年第 8 期。

④ 穆怀中、范璐璐、陈曦:《人口预期寿命延长、养老金保障风险与政策回应》,《社会科学文摘》2021 年第 4 期。

面来说，尽管我国2005~2015年的基本养老金上调比例均为10%左右，但是随着经济增速的下滑，与工资增长速度挂钩的"调待"政策正在形成之中。①

（二）对养老服务的影响

平均工资增长率对养老服务可能会产生多重影响。一方面，平均工资增长率将会直接影响人们的收入水平，平均工资增长率越高，老年群体曾经的积累可能越充裕，年老后有越多的资金来支付养老服务，进而推动越多的人选择使用养老服务，包括独立居住的老年人、养老院和护理机构等。另一方面，平均工资增长率的高低将可能直接影响养老服务的质量和标准，更高的工资水平有助于养老服务与研发机构的发展，提供更好的医疗护理、康复服务、精神支持、智能设备、个性化护理选择等。

五　宏观经济形势和财政收入变化

（一）对养老保险的影响

经济持续繁荣和财政收入增加有助于确保养老保险制度的稳定和可持续发展。从就业和工资水平的层面出发，宏观经济形势的改变会直接影响就业状况和工资水平。经济繁荣时，就业机会增加，工资水平提高，财政收入充裕，有助于为养老保险提供有力保障。相反，在经济衰退时，可能导致财政收入对养老保险的支持减少。从财政收入变化层面，当财政收入增加时，政府推动养老事业发展的资金更加充足，有利于提高养老金水平或改善养老保险制度。

从我国基本养老保险基金的可持续性层面出发，宏观经济形势和财政收入变化会对养老保险制度的可持续性产生影响。如果经济增长迅速，财政收入增加，养老保险制度能够更好地满足养老人口的需求。相反，如果经济增长缓慢

---

① 房连泉：《建立可持续的基本养老保险待遇指数化调整机制研究——来自国际案例的经验启示》，《人口学刊》2018年第5期。

或财政收入减少,养老保险制度可能面临资金不足的挑战,如调整养老金水
平、延迟退休年龄或改革养老保险制度。而结合我国基本养老保险历年收支、
财政收入与 GDP 情况可以看出（见表 7-1），第一，2017~2022 年，我国基本
养老保险总收入相当于同期财政收入的 26.92%~33.84%，基本养老保险总收
入与财政收入之比相对平稳；第二，基本养老保险累计结存与 GDP 之比稳定
保持在 5.27%~6.35%；第三，受疫情影响，2020 年我国 GDP 增速相比往年
有所减缓、财政收入出现负增长，这也导致我国基本养老保险总收入首次出现
负增长。此外，从 2014 年起职工基本养老保险征缴收入不抵同期职工基本养
老保险支出，资金缺口由国家财政对职工基本养老保险补助①，也表明财政收
入的增加能够确保养老保险制度的稳定和可持续发展。

表 7-1　2013~2022 年我国基本养老保险历年收支、财政收入与 GDP 情况

单位：亿元，%

年份	基本养老保险总收入	基本养老保险总支出	基本养老保险累计结存	财政收入	GDP	GDP 同比增长率	基本养老保险总收入/财政收入	基本养老保险累计结存/GDP
2013	24733	19819	31275	129209	592963	7.7	19.14	5.27
2014	27620	23326	35645	140370	643563	7.4	19.68	5.54
2015	32195	27929	39937	152269	688858	6.9	21.14	5.80
2016	37991	34004	43965	159604	746395	6.7	23.80	5.89
2017	46614	40424	50202	172592	832035	6.9	27.01	6.03
2018	55005	47550	58152	183359	919281	6.6	30.00	6.33
2019	57026	52342	62873	190390	990865	6.1	29.95	6.35
2020	49229	54656	58075	182895	1013567	2.3	26.92	5.73
2021	65793	60197	63970	202539	1149237	8.1	32.48	5.57
2022	68933	63079	69851	203703	1210207	3.0	33.84	5.77

资料来源：2013~2022 年《人力资源和社会保障事业发展统计公报》；2014~2023 年《中国统计年鉴》；2013~2022 年《国民经济和社会发展统计公报》；GDP 同比增长率数据为历年《国民经济和社会发展统计公报》官方数据，均为当年初步核算结果。

---

① 2023 年，中央财政安排基本养老保险补助资金约 1 万亿元，重点向基金收支困难的中西部地区和老工业基地倾斜；地方各级财政也积极落实相关支出责任，确保及时足额发放基本养老金。参见国务院新闻办网站《国务院新闻办就 2023 年全年财政收支情况举行发布会》（2024 年 2 月 1 日），https://www.gov.cn/lianbo/fabu/202402/content_6929627.htm，最后访问日期：2024 年 2 月 23 日。

（二）对养老服务的影响

宏观经济形势和财政收入相对较好时，人们的收入水平相对较高，消费能力得以提升，从而更有能力支付养老服务费用，促进养老服务行业的发展。《2023 年中国养老产业发展研究报告》显示，在分地区养老组织总数与每万人组织数量上华东地区均居于首位，主要是由于其拥有较为完善的基础设施和发达的制造业与服务业，从而促进了该地区的养老产业发展。同时财政收入的高低会对由政府提供或资助的养老服务产生影响，例如，财政收入良好的北京市曾在疫情防控期间对养老机构按照每实际收住 1 名老年人每月增加 500 元的标准，给予最高 6 个月的运营补贴。[①]

六　产业结构转型升级

（一）对养老保险的影响

近年来，在我国转方式、调结构、促增长的经济转型升级过程中，产业结构也在由传统的劳动密集型产业向技术、资本、知识密集型产业转变。研究表明，就业结构和产业结构相互影响，在相互制约的同时，也在相互促进[②]，产业结构变迁会带来就业结构的变化，进而可能对养老保险的供需平衡产生一定影响。

一方面，产业结构的升级会推动市场对于高素质、高技能和创新型人才的需求，而中低技能劳动力由于可替代性较强，其就业可能会因产业迭代升级而受到冲击，失业断保的可能性增大，养老保险收支平衡也会受到一定影

[①] 北京市人民政府网站：《北京市民政局 北京市财政局 北京市人民政府国有资产监督管理委员会关于应对疫情影响促进养老服务机构持续健康发展的通知》（2022 年 7 月 12 日），https：//www.beijing.gov.cn/zhengce/zhengcefagui/202208/t20220831_2804698.html，最后访问日期：2023 年 5 月 21 日。

[②] 徐波、汪波、朱琳：《我国产业结构与就业结构演进及动态测度》，《统计与决策》2019 年第 18 期。

响。在这种情况下，未来我国灵活就业的情况可能会越来越多，如近年来广泛兴起的平台经济就业模式为低端劳动者提供了大量就业岗位，在"稳就业"方面发挥了重要作用，但同时也存在着平台经济劳动者参保率低、缴费中断后保费规则不完善、保险权利无法充分落实等问题。[①] 如何进一步完善我国养老保险制度，与灵活就业趋势相适宜，与新型劳动关系相匹配，仍值得进一步探讨。

另一方面，我国各地区社会经济发展具有一定的不平衡性，产业结构优化升级的程度也并不一致。比如北京市作为我国的首都与超大城市，产业更新迭代快，在广泛吸引投资的同时，也吸引着大量高素质人才流入，劳动人口比重在未来可能会进一步提高，进而增加养老保险征缴收入，提升支付能力。与此同时，人才广泛合理流动对于保障养老保险便携性、转移接续顺畅性提出了更高的要求，需要及时做出制度性的调整与改变。

（二）对养老服务的影响

首先，我国产业结构逐渐由传统的劳动密集型产业向技术、资本、知识密集型产业转变，养老服务市场的产业结构也在逐步优化。与过去以大型养老机构为主的劳动密集型服务供给不同，近年来小型连锁化的专业老龄服务企业和轻资产老龄服务运营管理公司开始出现且发展良好[②]，养老服务供给的产业结构正在不断丰富。

其次，随着我国产业结构不断优化升级，互联网信息技术日益更新，智能化技术与服务业不断融合，智慧养老正在成为养老服务领域的新业态。通过转变管理思维，运用"互联网+养老服务"理念，将养老服务与互联网、物联网、大数据、人工智能等信息化手段相结合，借助智能设备、云平台和大数据等精准掌握老人多元服务需求，在为养老服务供给提质增效的同时，也将促进养老服务产业的转型升级。[③]

---

① 汤闳淼：《平台劳动者参加社会养老保险的规范建构》，《法学》2021 年第 9 期。
② 王莉莉：《新时期我国老龄服务产业发展现状、问题与趋势》，《兰州学刊》2020 年第 10 期。
③ 王莉莉：《新时期我国老龄服务产业发展现状、问题与趋势》，《兰州学刊》2020 年第 10 期。

最后，养老服务产业的融合发展趋势日渐明显。养老服务领域广泛，涵盖老龄金融产业、老龄用品产业、老龄宜居产业等众多相关产业，养老服务产业的发展将会进一步刺激产业内与产业间的分工与合作，促进资源整合，带动相关产业链的发展，进一步提升养老服务供给质量。

第八章 养老保险和养老服务的现实短板

一 养老保险制度设计存在的问题

养老保险供需不平衡除了上文所述的基金收支不平衡外，还表现为当前制度存在一些问题，以致不能满足个人和社会的需求。比如养老保险制度顶层设计有待完善、多层次养老保险体系尚不成熟、养老保险精算平衡机制尚不健全等问题。

（一）养老保险制度顶层设计有待完善

首先，不同养老保险制度间的关系有待理顺。我国现行基本养老保险制度有城镇职工基本养老保险和城乡居民基本养老保险，分别适用于以城镇单位就业人员为主体的社会成员和以城乡居民、灵活就业者等为主体的其他社会成员，但是二者之间参保人数、基金收支的差距较大。例如，截至 2022 年末，北京市城镇职工基本养老保险参保缴费单位 83.2 万户，参保人员 1867.8 万人，增幅为 2.2%，其中享受待遇人员 328.2 万人，增幅为 2.9%。而参加城乡居民养老保障 187.5 万人，增幅为-2.5%，91.4 万人享受城乡居民养老保障待遇（其中享受老年保障福利养老金人员为 30.1 万人），增幅为-0.7%。2022年，城镇职工基本养老保险基金收入 3435.8 亿元，基金支出 2705.9 亿元（其中含中央调剂资金支出 364.2 亿元），基金当年结余 729.9 亿元。2022 年，城乡居民养老保障基金收入 101.4 亿元，基金支出 107 亿元，基金当年缺口 5.6 亿元，由历年滚存结余弥补。① 同时，我国对于城乡居民养老保险的定位还较为模糊，存在冲击城镇职工基本养老保险，甚至复杂化整个养老保险制度体系的风险。② 为了减轻自身负担，一些地方的企业充分利用参保人可自由选择象征性缴费的规则，选择让职工参加城镇居民养老保险，如此一来，不仅劳动者的养老保险权益受到了损害，职工基本养老保险制度也受到了直接的冲击。整个养老保险制度体系因此而变得愈加复杂化，亟待重新考量、整合与完善。

其次，我国的养老保险制度缺乏激励功能。2013 年，北京市城乡居民养老保险基础养老金每月 390 元，月人均养老金为 460 元，累计 31.9 万人领取城乡居民养老保险金；2014 年，北京市城乡居民养老保险基础养老金每月 430 元，月人均养老金为 484 元，累计 37.8 万人领取城乡居民养老保险金；2015 年，北京市城乡居民养老保险基础养老金每月 470 元，月人均养老金为 526 元，累计 43.1 万人领取城乡居民养老保险金。③ 不难发现 2013～2015 年北京市城乡居民月均养老保险待遇增长大部分依赖其基础养老金的增长，而根据城乡居民养老保险计划规则进行反推，可以知晓大部分人缴费档次低，人们缴费的积极性不高，制度应有的激励功能没有发挥出来。这与居民养老保险制度的建立初心有所背离。若居民和地方政府仅仅把希望寄托于持续提高由中央政府负责的基础养老金，这一制度可能将陷入两难境地，一方面不得不持续提高养老保险待遇水平，另一方面又无法调动居民参保缴费的积极性，故而亟待通过优化制度安排来扭转这一局势。④

再次，目前我国养老保险制度权责关系尚不清晰。相关主体清晰的职责及权利与义务关系是任何一项制度和政策成功实施的必要条件。但是，在我国现行的养老保险体系中许多关系还模糊不清，尚缺乏清晰且可操作的机制。比如，基本养老金的职责有哪些，老年人可能的医疗和照护服务费用是否应该包

---

① 北京市社会保险基金管理中心：《2022 年度北京市养老保险 失业保险 工伤保险 事业发展情况报告》（2023 年 5 月 19 日），https://rsj.beijing.gov.cn/xxgk/sjfbsj/fzqkbg/202305/t2023051 9_3 107619.html，最后访问日期：2024 年 1 月 11 日。
② 郑功成：《深化中国养老保险制度改革顶层设计》，《教学与研究》2013 年第 12 期。
③ 北京市人力资源和社会保障局发布的历年《北京市社会保险事业发展情况报告》。
④ 郑功成：《深化中国养老保险制度改革顶层设计》，《教学与研究》2013 年第 12 期。

含在其中；政府、用人单位和参保者个人应如何分配基本养老保险的筹资责任；应如何计算与落实基本养老保险制度改革中的转制成本；等等。①

最后，经济结构的调整给灵活就业人员的养老保障带来挑战。新经济、新业态下就业形式日趋多样化，如网络约车、网络送餐等就业形式层出不穷。但新业态的灵活性、多样性、流动性强等特点使得稳定的雇佣关系难以形成，且易受户籍身份限制而难以异地参保。总体来说，灵活就业人员参保比例不高，保障不足。② 此外，灵活就业人员参加养老保险的负担也很重，截至 2021 年，北京市城镇职工基本养老保险缴费比例单位为 16%、个人为 8%，而灵活就业人员参加城乡居民保险每年最低缴费 1000 元、最高缴费 9000 元。灵活就业人员大多数缺乏稳定的生活来源，容易中断缴费。因此在养老保险制度的顶层设计中应当充分考虑到灵活就业人群的特点，细化异地参保转移接续程序，实现从制度全覆盖到人群全覆盖。

（二）多层次养老保险体系尚不成熟

自 20 世纪 90 年代以来，多层次养老保险体系建设的基本思路在我国确立及发展，但总体进展存在一些波折，综合来看，政府和社会对于第一支柱基本养老保险投以较多的关注和资源。③ 在这样的背景下，第二支柱补充养老保险发展一直较慢（相对于企业年金，机关事业单位的职业年金发展更快）。2015年，北京市政府和人社部相继公布了《北京市机关事业单位工作人员养老保险制度改革实施办法》和《在京中央国家机关事业单位工作人员养老保险制度改革实施办法》，这两类机关事业单位工作人员都被纳入了职工养老保险，同时为他们建立职业年金制度。2022 年，北京市机关事业单位职业年金基金收入 114.4 亿元，当年支出 9.7 亿元，当年结余 104.7 亿元。④

---

① 何文炯：《改革开放 40 年：中国养老保险回顾与展望》，《教学与研究》2018 年第 11 期。
② 杨香军：《灵活就业人员社会保障制度研究》，《合作经济与科技》2022 年第 4 期。
③ 何文炯：《改革开放 40 年：中国养老保险回顾与展望》，《教学与研究》2018 年第 11 期。
④ 北京市社会保险基金管理中心：《2022 年度北京市养老保险 失业保险 工伤保险 事业发展情况报告》（2023 年 5 月 19 日），https://rsj.beijing.gov.cn/xxgk/sjfbsj/fzqkbg/202305/t2023051 9_3 107619.html，最后访问日期：2024 年 1 月 11 日。

北京市已有不少企业建立了企业年金，但大多还是经济实力比较强的国有大中型企业，如石油、电力、烟草类垄断性企业等，民营及其他企业建立企业年金的比较少。根据《北京市基本养老保险规定》，对企业建立企业年金还处在"鼓励企业在参加基本养老保险的基础上建立企业年金"阶段，因此应当采取必要的措施鼓励和扶持更多的企业广泛建立企业年金。

至于社会成员个人购买商业性养老保险，我国第三支柱个人税收递延型商业养老保险自 2007 年开始启动，但直到 2018 年 5 月才开始试点工作，截至 2021 年 11 月已超期试点两年多，但只有几万人投保，保费收入仅仅 4 亿元，规模太小，可忽略不计[①]，具体到北京则更少了[②]。《北京市基本养老保险规定》也只是提出"提倡被保险人参加个人储蓄性养老保险"。近年来北京市逐渐重视促进商业养老保险发展，陆续出台了《关于加快发展商业养老保险的实施意见》《关于加快推进养老服务发展的实施方案》《北京市人民政府关于加快发展现代保险服务业的实施意见》等政策，在制度管理、资金运营、环境优化等方面促进商业养老保险发展、鼓励大众参加商业养老保险。由于补充性养老保险主要是市场行为，从供求两个方面来分析其存在的结构性矛盾：有购买能力者少需求，有需求者缺购买能力。[③] 从供给角度来看，虽然保险公司和其他金融机构的积极性很高，但经验相对缺乏，保险产品吸引力不足，所筹集资金的投资绩效也不够理想。从需求角度来看，如农民等非工薪社会成员的基本养老保险待遇水平较低，且自身缴费能力不足，有效需求难以形成。公职人员基本养老保险待遇水平较高，且有职业年金补充，其对于更多养老保险的需求不足。而非公共部门的工薪劳动者的基本养老保险可以保障其基本生活，但大多不够宽裕，尚有提升空间，他们有补充养老保险的需求，但筹资能力也相对不足。

---

① 郑秉文：《第二支柱养老保险"双金"要均衡发展》，《中国银行保险报》2021 年 11 月 11 日。
② 自 2022 年 11 月起，北京、上海、广州等 36 个城市及地区已先行实施个人养老金制度，成为新的第三支柱。但从试点半年的统计数据来看，个人养老金的参保率已超 20%，参保人开户积极性较高，但开户后进行缴费和投资的人数比例较低。参见吴静草《个人养老金制度或将推至全国"开户热 缴存冷"难题待解》（2024 年 2 月 2 日），https://finance.stockstar.com/IG2024020200014254.shtml，最后访问日期：2024 年 2 月 2 日。
③ 何文炯：《改革开放 40 年：中国养老保险回顾与展望》，《教学与研究》2018 年第 11 期。

（三）养老保险精算平衡机制尚不健全

在供给侧结构性改革下，"降成本"方面促使养老保险降费，缴费收入减少，养老保险的收支缺口进一步扩大，对养老保险的可持续性产生威胁，因此养老保险精算平衡机制的作用尤为重要。而该制度中养老保险待遇领取初始年龄、基础养老金计发基数、最低缴费年限、个人账户养老金计发月数、个人账户余额继承规则等多个参数仍存在不合理之处。随着我国人口红利的逐渐消失与人口老龄化的不断加剧，年青一代所承担的供款职责日益沉重，代际矛盾逐渐积累，亟待构建有效的适应机制，早日实现代际均衡。[①]

第一，养老保险待遇调整方式尚不明确。北京市养老保险待遇调整是多种方式综合的。根据北京市人力资源和社会保障局、北京市财政局发布的《关于2021年调整本市退休人员基本养老金的通知》可知，一是定额调整，每人增加50元；二是挂钩调整，如与缴费年限、养老金绝对额、年龄挂钩；三是倾斜调整，如对一些群体养老金单独规定调整方式。多维方案有利于养老保险制度发挥作用，但是同时该调整方案存在一些问题。首先，养老保险待遇调整幅度未能很好地反映工资增长率及物价上涨幅度。这表现在每次养老保险待遇调整幅度的确定缺乏明确依据，只是笼统的一句"结合我市实际，制定本市退休人员20××年基本养老金调整方案。经批准……"而对于调整幅度的依据没有明确规定，也缺乏对其调整标准进行量化分析的具体数据。其次，现行的养老保险待遇调整机制对于老年人需求结构变化的考量有所不足。研究表明，随着年龄的增长，老年人的消费支出结构也会发生一定变化；实践调查也表明，老年人面临的是在医疗和护理方面的支出，目前基本养老金足以维持基本生活需要，但在高昂的医疗费用支出和长期护理支出方面，应对能力有所不足。[②] 人力资源和社会保障部、财政部发布的《关于建立城乡居民基本养老保险待遇确定和基础养老金正常调整机制的指导意见》指出我国现行的养老保险待遇调整机制中，主要以"统筹考虑城乡居民收入增长、物价变动和职工

---

① 何文炯：《改革开放40年：中国养老保险回顾与展望》，《教学与研究》2018年第11期。
② 殷俊、陈天红：《从老年人需求结构视角探析养老金待遇调整机制》，《求索》2010年第12期。

基本养老保险等其他社会保障标准调整情况"为调整依据，物价和居民收入水平被纳入考虑，老年人食宿等基本需求得到一定反映，但是养老金待遇中并没有充分反映老年人需求结构中医疗和护理支出的比例变化及其增长的绝对数额。①

第二，养老保险个人账户继承规则不合适。按照《国务院关于深化企业职工养老保险制度改革的通知》《职工基本养老保险个人账户管理暂行办法》等政策，若职工在职或者退休后死亡，个人账户中的金额要按规则让法定继承人继承，若个人寿命比制度预期的长导致个人账户资金耗尽则用统筹基金支付。社会保险重要原则之一就是风险共担、互助共济，个人账户继承相关规定不仅对养老保险基金运行造成负面影响，也不符合互助共济的原则。

第三，养老保险待遇领取年龄不合理，即退休年龄不合适。当前退休年龄基本沿用了1951年《中华人民共和国劳动保险条例》及1955年《关于国家机关工作人员退休暂行办法》中对退休年龄的规定，而在经济社会快速发展的条件下，这一退休年龄标准明显偏低。首先，新中国成立70多年来生活环境和条件巨大改善，人均预期寿命大幅延长，我国平均预期寿命从新中国成立之初仅为35岁提高到2020年的77.3岁②，而2010年第六次全国人口普查数据显示北京市人均预期寿命就达到80.2岁③，人均预期寿命远超全国平均水平。其次，退休年龄与受教育年限延长不相适应。改革开放以来，中国教育事业取得了长足进步，我国的人均受教育年限和20世纪50年代相比有了显著提高，受教育年限延长必然导致劳动力进入劳动市场就业的平均年龄推迟。如北京市15岁及以上常住人口的平均受教育年限从2000年的10年提高到2020年的12.6年。④维持原来的退休年龄规定，对个人来说意味着实际工作年限减少、人力资本投资回报期缩短，且许多行业是需要不断积累、"越老越值钱"，

---

① 殷俊、陈天红：《从老年人需求结构视角探析养老金待遇调整机制》，《求索》2010年第12期。
② 宁吉喆：《第七次全国人口普查主要数据情况》，《中国统计》2021年第5期。
③ 北京市统计局：《北京市2010年人口普查资料》（2013年1月14日），http://nj.tjj.beijing.gov.cn/tjnj/rkpc-2010/indexch.htm，最后访问日期：2021年10月19日。
④ 北京市统计局：《北京市第七次全国人口普查主要数据结果新闻发布会答记者问》（2021年5月20日），http://tjj.beijing.gov.cn/zt/bjsdqcqgrkpc/qrpbjjd/202105/t20210520_2393995.html，最后访问日期：2021年10月10日。

劳动力可能处在人力资本高峰期退休，不合理的退休年龄既浪费人力资本，也会转而抑制人们对人力资本投资的积极性，阻碍我国人力资本总量的提高；对养老保险制度来说，个人缴费时间缩短而平均寿命延长意味着个人待遇享受时间增加，也不利于养老保险基金长期稳定运营。最后，退休年龄与人口老龄化趋势不相适应。我国 1953 年 65 岁及以上老年人口占 4.4%；2000 年 65 岁及以上老年人口占 7%，正式进入老龄化；到 2019 年 65 岁及以上老年人口占 12.4%[1]，老龄化程度进一步加深。据《国家应对人口老龄化战略研究总报告》，在 2029 年以前，总人口的正增长惯性将全部释放，负增长惯性随之出现，2050~2100 年我国人口老龄化稳定在较高水平上，重度人口老龄化的平台期逐渐形成，这将成为我国人口发展中面临的主要矛盾以及人口安全面临的主要风险。[2] 我国经济社会发展将面临人口老龄化程度加深所带来的挑战，具体表现在人力资本存量减少、劳动人口比重下降、社会保障压力加大等方面。在这种情况下，如若坚持实行现有的较低的退休年龄规定，将会进一步增大经济社会可持续发展的压力。[3]

二 养老服务体系建设存在的问题

自党的十八大以来，北京市养老服务发展取得了众多瞩目成绩，但也始终存在着发展不平衡、不充分的问题与矛盾。当前进入新时代，在养老服务发展中所面临的痛点和难点集中突出体现为以下几点。

（一）养老服务供需结构性矛盾突出

供给与需求结构矛盾日渐突出，主要表现为养老服务同时存在着"有供无需"和"有需无供"两种状态。

---

[1] 国家统计局人口和就业统计司编《中国人口和就业统计年鉴 2020》，中国统计出版社，2020。
[2] 总报告起草组：《国家应对人口老龄化战略研究总报告》，《老龄科学研究》2015 年第 3 期。
[3] 金刚：《中国退休年龄的现状、问题及实施延迟退休的必要性分析》，《社会保障研究》2010 年第 2 期。

从"有供无需"上来看，北京养老服务问题有如下表现。

一是片面强调建设养老机构，忽视居家养老服务。据《中国老年人生活质量发展报告（2019）》调查数据，在养老服务地意愿选择上，居家照料仍是绝大多数老年人的照料来源。由表8-1可知，合计有82.1%的老年人将养老照护服务地选择在家里；而选择在养老机构接受服务的老年人则相对较少，分别仅占自理老年人和失能老年人的4.4%和4.7%。由此可见，居家养老才是最符合老年人意愿、社会需求最旺盛和最适合中国国情的养老服务模式。① 贝壳研究院发布的《2021社区居家养老现状与未来趋势报告》显示，居家养老仍是中国老年人的首选。44.5%的老年人倾向住在普通居民小区，他们能够从社区参与中获得最大化养老需求和心理满足。65.5%的老年人独立居住（一个人居住或与配偶同住），与子女同住比例逐渐下降，即使在80岁及以上高龄群体中，独立居住占比仍高达48%。② 但重机构养老、轻居家养老的误区长期存在，一些社区将社会化养老简单等同于机构养老，将居家养老服务的责任简单推向家庭，对社区养老服务平台的重视和利用不够，造成机构养老服务短缺与过剩并存，社会化居家养老服务发展长期停滞不前。

表8-1　老年人养老照护服务地选择意愿情况

单位：%

服务地	自理老年人	失能老年人	合计
在家里	81.8	89.9	82.1
白天在社区，晚上回家	2.2	0.8	2.1
在养老机构	4.4	4.7	4.4
视情况而定	11.7	4.6	11.4

资料来源：2015年第四次中国城乡老年人生活状况抽样调查、《中国老年人生活质量发展报告（2019）》。

① 李志明：《中国养老服务"供给侧"改革思路——构建"立足社区、服务居家"的综合养老服务体系》，《学术研究》2016年第7期。
② 郑青春：《报告：居家养老仍是中国老年人的首选，65.5%的老年人选择独立居住》，https://business.sohu.com/a/495771189_100299860. 最后访问日期：2024年2月2日。

二是地方性空床问题突出。从床位利用率来看，除城六区还是存在大量空床以外，2015 年末北京市养老服务机构数量为 597 家，养老机构床位平均入住率仅为 57%。从北京市各区域分布来看，城六区养老机构的床位入住率相对较高，反映出城区较高的床位利用率。但除城六区外的其余十区，床位入住率均在 50% 以下，养老机构资源浪费严重。[①] 2023 年，围绕"完善养老服务相关政策，推动养老事业健康发展"这一重点协商议题，北京市政协组建了 1 个总调研组和 8 个分专题调研组，深入 10 个区 30 多个点位进行"沉浸式"调研，数据显示北京共有 571 家养老机构，11.2 万张养老床位。调研组发现，养老机构床位总体入住率仅 38%，"一床难求"与大量闲置并存。[②]

从"有需无供"上来看，北京养老服务问题有如下表现。

一是照护服务数量缺失，安宁服务不足。不论从性别角度还是从整体高龄化角度来看，对长期护理型的养老床位和人手需求大且不断增长。《北京市"十三五"时期老龄事业发展规划》指出，到 2020 年护养型养老床位目标是达到总床位数的 70%，万名老年人拥有养老护理员数量达到 50 人。根据北京市民政局数据，到 2021 年第二季度，北京全市共 64327 张护理床位，比 2020 年第二季度 17284 张增加 272.2%，占 2021 年第二季度全部养老机构床位的 56.7%，可见进一步推进发展的空间还很大。而养老护理员数量上也有缺口，以 2019 年北京市老年人口 371.3 万人计算，需要至少 18565 名养老护理员；而到 2021 年全市养老机构内养老护理员约 1.2 万名。[③] 随着老龄化深入发展和对服务质量要求的提高，对于养老护理员数量的需求只会不断增长，可见差距仍然不小。

二是养老资源分布不均，地区差异明显。北京市不同地区床位利用率差异大，不能满足老年人就近养老的需求，而异地养老不能享受到当地的保障条件。《北京养老服务发展报告（2019）——养老机构》中的数据显示，2015 年

① 张航空、江华、王永梅、张立龙：《北京养老服务发展报告（2019）——养老机构》，社会科学文献出版社，2020。
② 武红利：《北京养老机构床位总体入住率仅 38%，委员这样建议》（2023 年 7 月 2 日），https://news.bjd.com.cn/2023/07/02/10483134.shtml，最后访问日期：2024 年 2 月 2 日。
③ 蒋梦惟：《市民政局：全市养老机构共有护理员 1.2 万名》，《北京商报》2021 年 7 月 23 日，http://m.bbtnews.com.cn/article/237000，最后访问日期：2022 年 4 月 26 日。

城六区外的十个区中，养老机构床位入住率均在50%以下，且平谷区、延庆区
的人口-床位适应率指标比较低（见图8-1）。在2023年北京市政协的调研中，
有委员提出北京市养老服务设施布局与老年人需求存在空间错配。2/3 以上养
老机构及床位在郊区，但3/4 以上老年人住在城区。此外，北京市99%以上老
年人选择居家养老，与之配套的居家养老服务供给结构失衡。[①] 此外，由于护
理等多元服务供给不足以及养老服务设施不完善等问题，农村养老服务还存在
一定程度的缺失。[②]

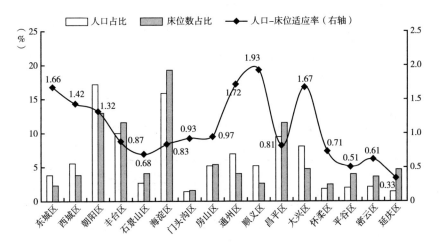

图8-1　2015 年北京市养老机构床位数分布与人口数量分布对照

（二）高成本与需求方支付能力不足、人才短缺

一是高价格抑制有效需求，刺激需求难以解决问题。《北京养老服务发
展报告（2019）——养老机构》数据显示，从老年人选择养老机构的消费能
力来看，其中有 66.73% 的北京市老年人可承担的费用集中在 2000～5000

---

①　武红利：《北京养老机构床位总体入住率仅 38%，委员这样建议》（2023 年 7 月 2 日），
　　https://news.bjd.com.cn/2023/07/02/10483134.shtml，最后访问日期：2024 年 2 月 2 日。

②　张举国：《"一核多元"：元治理视阈下农村养老服务供给侧结构性改革》，《求实》2016 年第
　　11 期。

元/月，25%的老年人可接受的费用超过5000元/月。但将北京市老年人收入状况与养老机构收费状况进行比较时却发现，如果老年人拿出月总收入的一半来支付养老机构的费用，那么月收入5000元的老年人仅能选择月收费在2500元的事业单位养老机构且其必须为完全自理老年人，即月收入5000元为完全自理老年人进入养老机构的最低门槛，而月收入在8000元则可以进入绝大多数事业单位和民办非企业养老机构，但无论是否自理，都不足以进入企业所经营的养老机构（见表8-2）。北京市政协常委，市总工会党组成员、副主席赵丽君提到，"养老机构收费与老年人承受能力存在明显差距"。在2023年北京市政协的调研中，北京市养老机构月均收费约5500元，重度失能失智老年人入住机构收费普遍在7000元以上，而多数老年人月均可支配收入在5000元左右。[①]

表8-2 北京市养老机构平均收费定价：床位费、餐费、护理费

单位：元/月

老年人状况	法人类型	三项总收费
完全自理	事业单位	2528
	民办非企业	3007
	企业	5260
半自理	事业单位	2968
	民办非企业	3541
	企业	7020
完全不能自理	事业单位	3699
	民办非企业	4559
	企业	9884

资料来源：2016年《北京市养老服务设施摸底普查数据》。

二是要素价格与成本的结构性矛盾。从市场要素来看，养老服务成本和老年人及家庭支付愿意、可支付的能力倒挂。养老机构每个床位的最低应收费

---

① 武红利：《北京养老机构床位总体入住率仅38%，委员这样建议》（2023年7月2日），https：//news.bjd.com.cn/2023/07/02/10483134.shtml，最后访问日期：2024年2月2日。

用，通常取决于运营成本。而在包括房租、人员工资（包括五险一金）、水电气、硬件设备等在内的生产要素投入之中，劳动力价格支付往往占据主要位置。实际上，养老院护理人员的工资收入，常常影响着护理人员的素质与养老机构的整体水平，并决定着养老机构的定位、定价、入住率，甚至是生存与发展。而他们的收入又受到生活在北京所需要维持基本生活标准的影响，工资过低则无法维持生活，过高则会大幅增加养老机构运营成本，导致入住率下降。根据 2016 年《北京市养老服务设施摸底普查数据》结果，养老机构的护理人员在 2016 年拿到的平均税后工资为 2788 元/月。其中工资最高的是企业，平均为 3063 元/月，民办非企业为 2973 元/月，事业单位的工资最低，只有 2509 元/月（见表 8-3）。根据北京市统计局公布的调查数据，2016 年全市职工平均工资为 7709 元/月，远远高于养老机构护理人员的平均工资。因此，人才短缺正在制约养老服务的发展。2023 年，北京市政协的调研发现，北京市户籍人口中有 26.5 万重度失能失智老年人，养老护理人员约 1.45 万人，二者比例为 18∶1。按照国际通常标准，失能老年人与护理人员比例在 3∶1 范围内比较合理。①

表 8-3 北京市养老机构护理人员平均税后工资情况

法人登记类型	平均工资（元/月）	有效机构数（个）
事业单位	2509	179
民办非企业	2973	242
企业	3063	16
其他	2983	6
总计	2788	443

资料来源：2016 年《北京市养老服务设施摸底普查数据》。

此外，在房价与地价较高的北京市核心区、中心城区建设养老机构和设施的成本过高，使得养老服务产业难以扩张；同时，以街乡、社区为单元的社会

① 武红利：《北京养老机构床位总体入住率仅 38%，委员这样建议》（2023 年 7 月 2 日），https：//news.bjd.com.cn/2023/07/02/10483134.shtml，最后访问日期：2024 年 2 月 2 日。

治理体系在一定程度上导致了养老服务市场的行政区域切割，规模化经营困难，规模效应难以形成。总体来说，养老服务经营单位处于负担重、可持续经营困难的状态。

（三）高品质多样化服务不足、低层次供给过剩

随着社会主义市场经济繁荣发展，在消费领域，新常态下传统的模仿型排浪式消费阶段基本结束，老年人的消费需求正呈现明显的升级趋势，老年人不再仅仅满足于生存与温饱的基本需求，对生活品质的提高也表现出了更多的期待。养老机构除提供简单的日常生活照料服务之外，还不断探索多样性、智慧化、可定制的养老服务。老年人更加渴望丰富多彩、富有尊严的晚年生活。然而由于我国长期以传统家庭供养为主，社会化养老服务相对起步晚，养老服务业发展不成熟，市场发育不充分[1]，使养老服务还普遍存在质量不高、服务不规范、服务价格波动较大、发展不均衡、供给效率低、信誉缺乏等问题。因而当前我国低质量的供给体系难以满足日渐精细化对高品质产品和高端服务的需求[2]，在一定程度上抑制了居民消费能力的释放和消费结构的升级[3]。

（四）公益性、基础性养老服务不足

一是公办机构一床难求[4]，民办机构发展不足[5]。北京市在 2015 年出台的《北京市养老机构公建民营实施办法》中明确指出，推行"以民办非企业法人形式承接公建养老机构开展运营活动的公建民营模式"。根据 2016年《北京市养老服务设施摸底普查数据》，按照不同床位使用率进行分组，

---

① 黄石松、纪竞垚：《深化养老服务供给结构性改革》，《前线》2019 年第 7 期。

② 林卫斌、苏剑：《供给侧改革的性质及其实现方式》，《价格理论与实践》2016 年第 1 期。

③ 路红艳：《产业与消费双升级视角下服务业发展模式与供给政策研究》，中国商务出版社，2016。

④ 刘东生：《养老公共服务供给侧改革：主要短板与策略选择》，《天津行政学院学报》2018 年第 3 期。

⑤ 杨宜勇、邢伟：《公共服务体系的供给侧改革研究》，《人民论坛·学术前沿》2016 年第 5 期。

"一床难求"的养老机构有 49 家，占全部有效养老机构的比例不足 10%。按法人登记类型对这些入住率达到 100% 的养老机构做进一步分析可以发现，民办非企业中入住率为 100% 的比例最高，达到 12.0%；企业比例最低，仅为 5.6%。

二是基础性养老服务不足。在《2020 年北京市居家养老服务状况及需求调查报告》中统计了受访老年人认为亟待解决的问题，其中调查数据显示，有 30.3% 的老年人认为吃饭不便，超两成老年人认为上下楼、出行不便，社区或居家养老设施缺乏，紧急救援服务缺乏，就近看病拿药不便（见图 8-2）。与上述问题相对应来看，可以说北京市老年人在养老服务项目上最需要的是送餐助餐服务，截至 2023 年 4 月，北京已建成 1489 家养老助餐点，覆盖社区村 3894 个约 220 万老年人。但目前，养老助餐服务在需求和供给上有"温差"。2023 年，北京市政协的调研发现，在需求侧，2022 年，全市接受养老助餐服务的老年人仅占常住人口的 2.1%，养老助餐还没有成为被社会普遍接受的用餐形式，不少老年人更希望其是免费福利；在供给侧，市场反应不积极，参与意愿不强，参与主体有限，在提供养老助餐服务的主体中，养老机构占 74.4%，社区村老年餐桌及机关企事业单位食堂占 13.1%，餐饮企业只占 12.5%。①

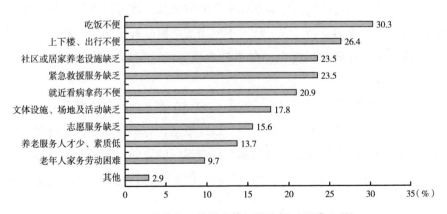

图 8-2　居家养老亟待解决的问题比例（限选 3 项）

资料来源：北京市统计局发布的《2020 年北京市居家养老服务状况及需求调查报告》。

---

① 武红利：《北京养老机构床位总体入住率仅 38%，委员这样建议》（2023 年 7 月 2 日），https://news.bjd.com.cn/2023/07/02/10483134.shtml，最后访问日期：2024 年 2 月 2 日。

此外，适老化改造与无障碍设施、养老驿站建设、紧急救援服务供给、医养结合也应当是下一阶段需要重点完善的对象。

三 供给侧结构性改革下养老保险与养老服务联动面临的挑战

（一）政府面临的挑战

养老保险与养老服务的联动过程会考验政府处理养老保障事务的能力。

首先，政府在监管方面会面临更多的挑战，在处理养老保险与养老服务联动事务中，会涉及多方主体和各种利益关系。一方面，政府需要对自身机构和人员进行监管，以"降成本"的要求对养老服务采购、养老保险缴费给付等有关工作进行严格把控，严格按照工作流程与制度规范推动养老保障的发展，避免以权谋私现象的产生；另一方面，政府也需要对其他主体行为进行监管。联动过程中参与主体众多，政府需要规范各方主体行为，坚持公开透明的工作原则，防范杜绝政府购买服务中的寻租活动，避免产生效率低下等问题。

其次，政府的财政负担也会面临更严峻的挑战，政府财政补贴贯穿整个养老保险与养老服务的联动过程，针对不断增加的财政补贴压力，政府财政需要进行合理分配，有效利用资金，在"补短板"的同时防止浪费和造成非必要的财政压力。

最后，政府绩效会面临更大的挑战，如何在养老保险和养老服务的联动过程中形成完善、合理的绩效评估机制，以此推动各方责任落实，实现养老保障资金、服务资源的有效配置，推动多个政府部门的协同、管理方法和技能的改善，这是政府在养老保险与养老服务联动中需要考虑且妥善解决的问题。

（二）社会组织面临的挑战

引入市场机制和社会力量扩大养老服务参与主体，是增加养老保障有效供给，应对日趋增长的多层次、多元化养老服务需求的有效途径。首先，社会组织人才队伍建设面临挑战。社会组织要想成为公共服务的供给主体之一，就必须不断提高自身能力。我国养老服务专业人才缺口较大，2018 年养老护理人员合格人数仅为 48 万人，2019 年养老机构职工人数为 45 万人。[①] 并且已有的养老服务相关社会组织中专职工作人员的比例很低，专业化程度不高。[②] 社会组织人才队伍建设不足是社会组织能力建设的一大掣肘。其次，社会组织的制度建设面临挑战。我国社会组织发展较为滞后，这会导致政府购买养老服务出现缺乏选择的尴尬。未来需要进一步规范健全管理规章制度，完善社会组织内部治理，有益于形成自我管理、自我约束、自我发展的良性运行机制。[③]

（三）养老保障面临的挑战

养老保险与养老服务是养老保障体系的重要组成部分，二者的联动会对养老保障体系建设产生一系列挑战。

一方面，目前我国养老保障体系依然呈现条块分割的局面，养老保险正由省级统筹向全国统筹过渡，养老保险和养老服务分别由人力资源和社会保障部、民政部主管，部门管理相对分散，不可避免地存在沟通管理的效率低下、责任界定不清以及资源协调低效等问题。这些问题都可能给政府、养老保险参保者和领取者、养老服务提供者和享受者的联动过程带来挑战，也可能会对政府采取相关举措推动激活养老保险和养老服务的有效供给产生一定的挑战。

另一方面，我国目前的养老保险制度与养老服务存在着相对较大的发展差距，二者的失衡[④]会使得它们在联动的过程中，在一定时间内影响部分养老保障的水平，对整个养老保障体制产生不利影响。具体体现在我国目前的养老服务无论是在质量上还是在数量上都仍处于相对缺乏的发展状态，有限的养老服务供给难以满足巨大的社会需求，资金来源的不稳定也导致部分养老服务的质量难以保证，未能满足老年人的需求，并且各地养老服务发展状况参差不齐，

---

① 数据来源：2019~2020 年《中国民政统计年鉴》。
② 邵亚萍：《建设和提升社会组织能力研究——以 Z 市为例》，《理论与现代化》2019 年第 1 期。
③ 姜耀辉：《推进社会组织参与养老服务的三重路径》，《中国社会工作》2020 年第 17 期。
④ 沈毅：《以新发展理念引领养老保障体系协调发展研究》，《广西社会科学》2017 年第 10 期。

养老服务平衡发展面临着很大的挑战和困难。相较而言，我国多层次多支柱的养老保险制度已见雏形，但养老保险对养老服务的支持却较为有限，且更多的是在养老服务需求端发挥作用，而对于供给端的重视不够，这加剧了养老服务市场的供需不平衡，给整个养老保障体系带来了更为严峻的挑战。尽管如此，如果直接扣除养老保险用于购买养老服务，最直接的影响就是使老年人到手现金、转移支付减少，容易滋生不满情绪，且会削弱老年人对养老服务的消费能力，不利于养老保险和养老服务的长远发展。综合来看，二者之间尚未形成系统有效的协同机制和有效联动，在很大程度上仍处于分离失衡的状态。如果未能处理好二者联动中的机制矛盾与不协调问题，不仅难以真正实现养老保险与养老服务的联动平衡，还会对整体的养老保障体系产生不利影响，削弱养老保障体系对老年人的基本保障能力。

第四篇

互动与发展

第九章　供给侧结构性改革下养老保险与养老服务的有机联动

一　养老保险与养老服务的关系及联动意义

（一）二者的定位与关系

在新型社会养老保障体系中，养老保险和养老服务是其两大主体支撑制度，两者在众多方面有着密不可分的联系。[1] 从主要功能来看，养老保险和养老服务都旨在为退休劳动者及老年人口的正常生活提供基本保障，具体包含物质经济、起居照料等方面的需求；从保障水平来看，养老保险和养老服务都将随着社会经济的不断发展和制度的日益完善而逐步提高保障水平；从责任主体来看，养老保险和养老服务的最终责任主体都是政府，通过提供养老保险和养老服务来保障老年人的基本生活是政府行使社会保障和公共服务职能的表现，同时，无论是养老保险还是养老服务，都需要社会及家庭的共同参与和支持。

（二）二者联动平衡的意义

首先，养老保险能够为养老服务体系的有效运行提供一定的财务支持。

---

① 孙曼娇：《探索构建社会养老保险与社会养老服务协同机制》，《江淮论坛》2014 年第 2 期。

养老保险资金具有长期性、稳定性特征，高度匹配养老服务资金需求，在二者联动中将养老保险资金运用于养老服务之中，有助于养老服务业的融资和运营成本负担得到减轻，从而进一步延长养老产业链，缓解社会养老资源供给侧一端严重不足的矛盾。① 其次，养老保险虽然为老年群体提供了基本的经济支持与财务保障，但仍需要通过一定的联动机制将养老保险转化为有形的养老商品和无形的养老服务，完备的社会养老服务体系是将养老保障落到实处的现实操作和最终依托。② 再次，养老保险与社会养老机制的综合服务可以为养老项目的协同发展奠定基础，并促进社会养老保险制度的综合运用。③ 最后，有相关研究表明，参加社会保险会增加老年人选择非家庭养老方式的可能性，养老保险的收益增加，随之而来的是老年人向选择机构养老和居家养老倾斜，选择家庭养老的可能性下降。④ 而北京参加社会养老保险人数多、覆盖面广、养老保险待遇水平不断提高，更需要养老保险与养老服务的联动。

二　养老保险与养老服务的联动实践

（一）已有探索实践

如表9-1所示，随着我国人口老龄化程度的不断加深，国家相继出台了一系列政策以支持商业养老保险与养老服务的联动。

---

① 冯占军、李连芬：《保险业与养老服务的融合》，《中国金融》2018年第15期。
② 孙曼娇：《探索构建社会养老保险与社会养老服务协同机制》，《江淮论坛》2014年第2期。
③ 杨娣：《论社会养老保险与养老服务协同机制的意义》，《长春师范大学学报》2017年第7期。
④ 栾文敬、郭牧琦、孙欢、路红红：《社会保险与养老方式选择：参保是否会影响农民养老方式？》，《西北人口》2012年第6期；周园、唐敏：《养老保险制度与城市老年人口养老方式关系研究》，《统计与信息论坛》2021年第2期。

表9-1　商业养老保险与养老服务的部分联动政策

年份	文件名称	内容
2013	《国务院关于加快发展养老服务业的若干意见》	逐步放宽限制,鼓励并且支持保险机构投资养老服务的领域;支持符合条件的保险机构对养老服务产业进行投资;加强保险业和养老服务业的关联性
2014	《关于加快发展现代保险服务业的若干意见》	对符合条件的保险机构加大支持力度,鼓励其在养老服务产业领域投资
2017	《关于加快发展商业养老保险的若干意见》	创新商业养老保险产品和服务、促进养老服务业健康发展、推进商业养老保险资金安全稳健运营、提升服务管理水平
2020	《关于促进社会服务领域商业保险发展的意见》	强化商业养老保险保障功能。积极发展多样化商业养老年金保险、个人账户式商业养老保险

资料来源：笔者根据公开资料整理。

在养老保险与养老服务的联动方面，商业养老保险已有了相关实践探索并取得了一定进展。银保监会公布披露的数据显示，截至2020年末，共有中国人寿、泰康人寿、太平人寿等10家保险机构投资了49个养老项目，分布于全国24个省区市，计划投资金额950亿元，涉及床位数8.9万个。其中，泰康人寿养老社区项目已投入运营。商业养老保险作为多层次养老保险体系第三支柱的重要组成部分，在养老服务体系中发挥着越来越重要的角色。账户制为将养老服务引入第三支柱提供了可能性。从国际上看，账户制是欧美等社保体系较为成熟国家的集中选择；从我国试点情况看，未来第三支柱建设也将以个人账户为基础。个人账户具有唯一性，从个人参加计划开始，个人账户将伴随其一生，为个人在保障计划的权益中提供清晰准确的记录。个人账户相关信息可与未来享受养老服务的权益相匹配，并可精确计算出每月可用于支付养老服务的金额。[1]

商业养老保险促进养老服务健康发展的渠道有两个：一是开发养老金管理与养老服务对接的产品，即"养老服务保险产品"，业务范围属于产品开发；二是投资养老服务机构或养老社区，即"养老保险机构"或"养老保险社区"

---

[1]　刘东昂、谭晓：《在第三支柱建设中引入养老服务的路径探讨与建议》，中国养老金融50人论坛2018年上海峰会论文集——学者篇，上海，2018，第10~20页。

的建设运营，业务范围属于资本运作。①

目前，行业内普遍采取"保单+养老社区"服务模式，即将保险产品和养老社区进行对接，投资人通过购买保险产品获得入住资格，单均保费在 200 万元左右。投保人获得入住权后，采取"入住押金+月费"形式：达到入住年龄，缴纳入门押金（20 万元左右，可退），每月缴纳月费即可入住，保险产品的现金给付可用于缴纳月费。

以进军养老产业最早、规模最大的"泰康之家"为例，2009 年 11 月保监会批准泰康作为保险业第一个养老社区投资试点。截至 2020 年底，泰康之家已经陆续建成北京燕园、上海申园、广州粤园、成都蜀园等 20 余个养老社区并相继投入运营。"泰康之家"目前已经发展成为国内数一数二的连锁养老集团。与"泰康之家"配套的"幸福有约终身养老计划"是由泰康人寿与泰康之家于 2014 年联合推出的将保险产品与养老社区相结合的综合养老计划产品。如图 9-1 所示，购买"幸福有约终身养老计划"，投保人或被保险人将获得免入门费入住"泰康之家"养老社区的资格，客户入住"泰康之家"养老社区后，可选择以保险分红收益直接支付养老社区的月费或护理费等，以此解决养老社区服务支付问题。在"泰康之家"这个案例中，既有将养老保险和养老服务结合在一起的养老服务产品，即"幸福有约终身养老计划"，也有投资建设养老社区、养老机构的重资产模式。商业养老保险和养老服务实现了双向互动。在保险产品方面，养老保险与养老服务（产业）联系紧密，布局养老产业，开展养老服务业务，一方面可以拓展保险产品的销售界面，嵌入相关场景，实现精准营销，扩大保费规模；另一方面可以获取养老服务相关数据，提高保险产品定价能力，提高承保利润。在理赔服务方面，养老服务与保险产品深度对接，以服务给付替代现金给付，有助于降低保险公司理赔成本、实现差异化竞争。在资金运用方面，养老产业的现金流相对稳定，运营周期长，可以覆盖整个经济周期，符合保险资金配置需求。投资养老产业可以拉长资产周期，促进保险公司资产负债相匹配。

---

① 郑秉文主编《中国养老金发展报告 2020——养老基金与资本市场》，经济管理出版社，2020。

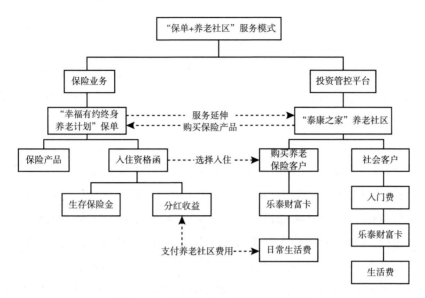

图 9-1 "保单+养老社区"服务模式

（二）现存的问题

第一，养老保险产品的市场过于小众化、高端化，普惠性不足，受益门槛高，符合社会大众需求的中端产品较为缺乏。"泰康之家"主要针对高收入人群，客户投保"幸福有约终身养老计划"可享有优先入住的权利，获取入住资格函的保费最低门槛为 200 万元。非保险客户则需要缴纳更多费用，仅入门押金就高达 20 万元，能够负担如此费用的老年人群极其有限。在多层次的养老保障体系功能定位中，国家基本养老保险和公办养老服务的定位是提供基本保障，商业养老保险和相关养老服务则是提供补充性的保障。这种定位进一步固化了政府和市场在养老保险与养老服务供给侧的功能，造成政府与市场功能的分割，导致养老保险和养老服务供给侧呈现市场高端化和政府低端化并存的局面，形成两头大中间小的"哑铃形"产品市场结构特征。

第二，市场化的养老服务不可避免地存在效率低下问题。根据布坎南的俱乐部理论，商业养老保险和养老服务均属于俱乐部产品，都具有消费的非竞争性，即某些人的消费并不影响其他人对该项产品和服务的消费，但是可以通过设置会员资格有效排他，因此可将商业养老保险和养老服务归为准公共物品。与纯粹的私人产品和公共产品相比，养老服务具有交易行为、环境、信息的高度不确定性等特点，实际交易需要建立在双方信任的基础上，这也使得养老服务市场的交易成本较高。由于信任危机出现时双方讨价还价的成本较高，商业养老保险与养老服务的互动恰恰集中于保险公司进驻养老服务市场的过程中，市场化的养老服务不可避免地存在效率低下问题。

第三，区域发展不平衡。区域发展不平衡是养老服务供给的主要矛盾，由于商业养老保险公司的营利性质，养老社区的选址往往在一、二线发达城市，人群辐射范围和覆盖空间都极其有限。以"泰康之家"为例，截至 2021 年底，在全国 24 座城市完成了养老社区布局，并且部分已投入运营，其养老社区的选址多为一、二线城市，且集中于东部发达地区，中西部地区中仅成都和重庆被纳入养老社区规划布局之中。可见商业养老保险与养老服务的结合也同样呈现较为明显的地区分布不均衡特征。

商业养老保险与养老服务的融合发展有利于打通商业养老保险负债端和资产端的"任督二脉"，以更高质量的养老服务供给实现养老保险负债业务的终极价值，也有利于以养老保险负债业务汇集而成的保险资金助力提升养老服务供给能力。伴随经济社会的不断发展，单一层次的社会保障日益难以满足不同层次社会群体的个性化福利需求，多层次需求必定要以多层次的有效供给才能获得满足。因此，构建社会养老保险与社会养老服务的联动机制，以满足更广泛、更全面的养老服务需求显得尤为必要。

三 养老保险与养老服务的联动机制

（一）联动机制的设想

养老服务可分为同质性养老服务和个性化养老服务，其中，同质性养老服务包含生活照顾、医疗服务等内容，个性化养老服务包含精神慰藉、文化娱乐等内容。在供给侧结构性改革背景下探索构建养老保险与养老服务联动机制的过程中，需要抓住"降成本"和"补短板"这两个改革的关键方面，具体如图 9-2 所示。

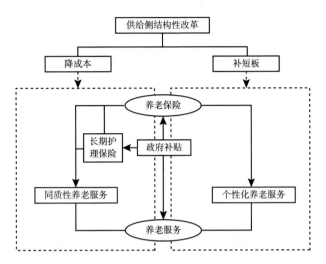

图 9-2　养老保险与养老服务的联动机制设想

在"降成本"方面，降的是基本养老服务的成本。老年人获得养老服务有两种基本途径，一方面可借助所得的养老保险金直接购买养老服务，另一方面可通过长期护理保险而获得基本的养老服务。在这个过程中，长期护理保险可充当养老保险和养老服务联动的中介机制，老年人通过养老保险获得的养老金购买长期护理保险，一些基本的同质性养老服务作为长期护理保险的附属即可直接提供给老年人，这样一来，享有长期护理保险的老年人就能减少在同质性养老服务购买方面的开支，从而降低获取养老服务的成本。

在"补短板"方面，补的是个性化养老服务的短板。老年人除了同质性养老服务需求，同时存在多样的个性化养老服务需求，精神慰藉与身体健康对老年人的生活水平与质量具有同等影响。老年人根据自身所需选择个性化养老服务，培养兴趣爱好，丰富日常生活，陶冶自身情操，一方面有利于其保持良好的心理健康状态，另一方面有助于培养其社会参与意愿和能力，有利于其积极老龄观和健康老龄化的构建与实现。老年人通过长期护理保险节省的购买成本可用于满足个性化的养老服务需求，在一定程度上可以推动我国个性化、多元化养老服务事业的发展。

在现阶段，养老保险和养老服务仅仅是一种弱关联关系，主要体现在基本养老保险收入仍不足以支撑老年人购买更全面的养老服务。养老保险是老年人的主要收入来源，虽然我国养老保险到2022年已经实现"十八连涨"，但全国养老金平均水平总体仍偏低。《2020年度人力资源和社会保障事业发展统计公报》显示，我国2020年平均每人每月基本养老金为3350元，平均替代率为40%。而随着老年人平均寿命的增加，重度失能老年人对医疗护理的需求越来越大，以医养结合机构的收费标准为例，中高端的私立医养结合机构的普通护理服务每月收费基本在3000元以上，中高级特许护理服务的费用更高。公办医养结合机构虽收费较低，但一床难求，且针对重度失能老人收取的费用会更高。仅凭老年人的养老保险收入并不足以支付相关养老服务费用，如果没有其他收入来源其生活更是难以为继。此外，较高的代际转移支出制约了老年人的购买能力。根据CLHLS 2018年的数据，12.13%的老年人曾向儿子转移现金，平均转移金额为3374.416元；10.92%的老年人曾向女儿转移现金，平均转移金额为2191.31元；26.4%的老年人曾向孙子女转移现金，平均转移金额为1867.08元。代际经济支出进一步削弱了老年人的养老服务购买能力。①

政府在养老保险和养老服务的联动中发挥关键作用，应合理摆正自身定位，在养老保险和养老服务两端分别发力，同时保障、发展长期护理保险这个重要的关联中介，以建立起更稳定的联动机制。

在养老保险端，一方面是加大对基本养老保险的财政补助力度，增加基本养老保险的基金收入，增强老年人对基本同质性养老服务的购买能力，进而提升老年人福祉。另一方面是重视商业养老保险在高端养老服务发展中的作用，保险公司通过"保单+养老社区"服务的形式为有足够经济实力的老年人提供与之相匹配的同质性养老照护与服务，同时提供更加多样的个性化养老服务，为养老服务体系提供有益补充。政府应为保险公司进驻养老服务业提供相应的政策支持，有经济能力的老年人可以用养老保险金购买商业养老保险关联的养老服务产品，获得高质量个性化养老服务，进而丰富我国养老服务的层次。

---

① 阳义南：《社会保障支持衔接机构型医养结合服务及其"梗阻"破除》，《华中科技大学学报》（社会科学版）2021年第5期。

在养老服务端，有研究表明，在现收现付（pay-as-you-go）的养老保险制度下，当政府增加对养老服务的补贴时，养老福利的收益（revenue for pension benefits）会增加。① 我国推行半积累型的养老保险制度，为了保障和提升老年人的福祉，也应为养老服务提供适当的补贴。一方面是对基本同质性养老服务给予补贴。政府相关部门可直接为提供基本同质性养老服务的公立机构提供一定财政支持和政策优惠，推动相关专业人才队伍建设，提升养老服务专业化能力，进而提升我国基本同质性养老服务水平。同时，应增大对于养老保险的财政补助力度，增加基本养老保险的基金收入，增强老年人对基本同质性养老服务的购买能力，进而提升老年人福祉。另一方面是对个性化、多元化养老服务的补贴。可通过政府购买社会服务的形式，引入社会力量，形成竞争机制，在控制供给价格、保障供给质量的同时，推动我国个性化、多元化养老服务事业的发展。同时，可通过加大对于养老保险的财政补助力度，提升老年人的养老保险收入水平，进而提升其消费能力，去购买更多所需的个性化养老服务。

除了在养老保险和养老服务两端发力外，政府也应对长期护理保险这一联动中介进行补贴。政府相关部门应积极推动我国长期护理保险的建设与完善，及时明确长期护理保险附属的基本同质性养老服务清单，明确提供标准，并随社会经济发展不断予以丰富和扩充，同时对长期护理保险基金筹资予以一定财政补助，增强长期护理保险购买基本同质性养老服务的能力，间接推动我国基本同质性养老服务的发展。

需要注意的是，不能因过于追求养老保险与养老服务的联动而降低养老保险待遇发放标准，不能因要将养老保险金用于在需求端购买养老服务而减少被投保人实际到手的现金给付，这样可能会滋生被投保人不满情绪，引发社会异议，不利于养老保险与养老服务联动的长远发展。未来应以供给侧结构性改革为抓手，以长期护理保险为中介，以政府财政补贴为支持，引入竞争机制，提高养老服务的可获得性与经济性，实现养老保险与养老服务的联动与平衡。

---

① Masaya Yasuoka, "Subsidies for Elderly Care with a Pay-as-you-go Pension," *Journal of the Economics of Aging* 17（2018）.

（二）联动机制的保障

1. 树立正确理念

"积极老龄观"和"健康老龄化"已经成为新时代老龄工作的重要标识，也是在养老保险与养老服务的联动机制中应树立和贯彻的两大理念。2021 年 10 月 13 日，习近平总书记对老龄工作的指示中明确要求，要把积极老龄观、健康老龄化理念融入经济社会发展全过程。[①]健康老龄化强调低成本应对人口老龄化，构建"预防、治疗、照护"三位一体的老年健康服务模式是贯彻落实健康老龄化的重要举措。在构建养老保险与养老服务的联动机制过程中，也应树立健康老龄化的理念，将养老服务从强调治疗向强调前端预防和后端照护转移。积极老龄观意味着积极应对人口老龄化，2002 年世界卫生组织在题为《积极老龄化——政策框架》（Active Ageing：A Policy Framework）的报告中提出了"积极老龄化"的概念，并将"积极"定义为：老年人在身体健康、具有参加体力活动和劳动队伍的能力之外，还积极参加社会、经济、文化、精神和公益事务。

在养老保险和养老服务的联动机制中则体现为以下两方面。一方面，适度保障并满足个性化养老服务需求。老年人通过个性化养老服务进行技能学习、兴趣培养，进而培养社会参与意愿和能力，同时也为有能力、有意愿发挥余热的老年人创造条件。另一方面，养老保险与养老服务联动不仅仅是单纯的支付关系，更是积极应对老龄化的现实举措，应时刻明确联动的目的在于使全社会积极看待老龄化社会、老年人和老年人生活带来的问题。既要充分认识人口老龄化带来的问题和挑战，更要深入、充分挖掘老龄化社会潜能，激发老年群体活力，辩证地看待社会发展的老龄化。[②]

---

① 求是网：《习近平对老龄工作作出重要指示强调　贯彻落实积极应对人口老龄化国家战略　让老年人共享改革发展成果安享幸福晚年 在重阳节来临之际向全国老年人致以节日祝福》（2021 年 10 月 13 日），http://www.qstheory.cn/yaowen/2021-10/13/c_1127954190.htm，最后访问日期：2024 年 1 月 12 日。

② 沈毅：《以新发展理念引领养老保障体系协调发展研究》，《广西社会科学》2017 年第 10 期。

2. 资源整合供应

一方面，明确基本养老服务清单。基本养老服务是由政府主导提供、满足老年人基本养老需求的服务。2021 年 12 月，中共中央、国务院发布的《关于加强新时代老龄工作的意见》提出要部署建立基本养老服务清单制度，通过制定清单，明确基本养老服务的服务对象、服务内容、服务标准，有利于落实各项服务，切实保障老年福利。另一方面，提升养老服务专业化水平，应当推动社区、机构养老服务专业队伍的高质量建设。同时，应当整合"政府、社会、家庭"三方资源，以政府养老资源为基础，社会养老资源为补充，家庭养老资源为后盾，形成合力，实现资源整合供应。

3. 构建配套机制

一是建立社会多元主体协同参与治理机制。该机制的核心在于"协同"，即各个主体在参与社会治理中要有一致的目标，在实现目标过程中要有行动上的协调与配合。多元主体包括政府、市场、社会组织、社区、家庭和公民及其自发形成的各种组织等，在老龄化社会中协同治理既要重视社会组织和各类公民自组织的作用，更要对与老龄政策关系密切的家庭和社区予以关注。在养老保险与养老服务的联动和平衡机制中，政府应扮演组织者角色，发挥组织和协调功能，做好制度设计、机制建设等工作，解决养老保障体系中的关键问题，搭建社会养老保险和养老服务体系的基本框架，由政府公信力和强制力保证实施。社会组织、公民自组织和社区应承担社会支持下的相关养老服务和物品的运输职责，提升养老服务供给的有效性，增强对民众需求的回应。家庭在养老服务中应承担更多经济支持、身心照料、关怀陪伴等非正式照顾的职责。①

二是建立养老保障基金预警和精算平衡机制。养老保险制度可持续运行的关键在于基金能够保持长期收支平衡。因此，在推进养老保险和养老服务联动的过程中，应优化养老保险制度的筹资机制，实现制度长期健康稳定运行，以保障老年人有足够的资金购买养老服务。在制度设计、完善与运行中，应坚守精算平衡原则。具体来看，首先，要根据这一原则完善制度设计，即修改部分制度参数，如个人账户养老金计发月数等。其次，要定期编制养老保险长期精

① 何文炯、王中汉：《论老龄社会支持体系中的多元共治》，《学术研究》2021 年第 8 期。

算平衡报告，建立长期核算机制，在科学合理的精算假设下估计出中长期养老保险的年度收支和精算平衡状态，并尊重精算分析的结果，增强精算分析结果对于政策制定完善的影响力。最后，要建立基金自平衡机制，根据人均预期寿命、参保人口老龄化程度、投资回报率等因素，动态调整养老保险的缴费和给付水平，特别是建立养老保险待遇正常调整机制；科学测算历史债务，合理确定国有资本充实养老保险基金的数量；建立财政投入的科学长效机制，清晰界定财政责任。①

三是建立养老保障体系协调发展监督评估机制。② 在实践中，养老保险和养老服务体系建设有社保、民政部门参与，应从顶层层面统筹设计，在部门间引入政策共商、信息互通机制。一方面，建立健全综合监管制度，引导和激励养老服务机构诚信守法经营、积极转型升级、持续优化服务，更好适应养老服务高质量发展要求。另一方面，建立健全评估制度，充分了解老年人养老服务需求，以合理配置养老服务资源，调动社会力量等多方主体共同参与，全面提高养老服务供给质量及运行效率。

4. 宣传转变思想

通过加大宣传力度，使人们对养老储蓄和养老服务消费有一个合理的认识。从养老保险"三支柱"出发，无论是政府提高基本养老保险的待遇水平，还是用人单位充实企业年金和职业年金，抑或是支持个人进行养老储蓄，都有助于直接提高老年人购买养老服务的可负担性。在多层次多支柱养老保险体系的完善过程中，应逐渐引导人们形成全生命周期健康理念，树立风险防范意识，合理安排未来养老的服务需求和消费资金。对于正在工作尚未退休开始领取养老保险待遇的群体，要倡导在青年、中年时合理安排收入与消费，适当储蓄并用于其老年生活消费；对于身处老龄的这部分群体，倡导他们根据自身需求和经济实力购买同质性或个性化的养老服务，逐渐向"愿花、敢花、会花"养老金及其他养老储蓄转变。③

---

① 杨一心、何文炯：《养老保险缴费年限增加能够有效改善基金状况吗？——基于现行制度的代际赡养和同代自养之精算分析》，《人口研究》2016 年第 3 期。

② 沈毅：《以新发展理念引领养老保障体系协调发展研究》，《广西社会科学》2017 年第10 期。

③ 杨倩文、杨硕、王家合：《政府购买机构养老服务绩效评价指标体系构建与实证应用》，《社会保障研究》2021 年第 5 期。

第十章　供给侧结构性改革下养老保险与养老服务的优化路径

一　养老保险的未来发展

在养老保险的发展之路上，在缓解供给侧结构性改革所带来的消极影响的同时，也要充分抓住供给侧结构性改革的契机，进一步补齐养老保险短板。

（一）完善养老保险顶层设计，推进制度结构性改革

首先，完善灵活就业人员参保政策。随着"去产能"改革的不断推进，未来我国产业结构的升级可能会对中低技能劳动力就业产生一定冲击，不充分灵活就业的情况可能会越来越多，需要进一步完善我国养老保险制度，以与不充分灵活就业趋势相适宜，与新型劳动关系相匹配。具体而言，一是要做好灵活就业人员社会保障政策宣传工作，最大限度地将有缴费能力且有缴费意愿的人员纳入城乡居民基本养老保险体系。着重对参保地相关缴费参数、支付条件、待遇标准，以及参保中断或异地参保的转移接续程序进行宣传说明。二是应当适当降低灵活就业人员社保缴费基数，这需要对灵活就业人员的界定制定标准。当前的养老保险缴费基数是当地全省上年度在岗职工月平均工资，对于灵活就业人员来说缴费相对较高，容易产生制度性挤出，本书建议灵活就业人员按照当地最低工资标准为缴费基数参保。三是建立合理的参保激励机制。设立多层次的缴费基数和缴费比例，对年满一定期限的参保者给予一定的缴费优

惠政策，对超过了最低缴费年限的参保者给予相应激励，反之，对中断缴费超过一定期限的参保者取消其优惠政策，以保障缴费的连续性。

其次，完善养老保险制度衔接政策，主要是指完善城镇职工基本养老保险和城乡居民基本养老保险的各项衔接政策。在产能过剩化解和结构优化升级的过程中，下岗职工分流安置及再就业可能会使养老保险出现便携性损失、转移接续不畅的问题，亟待制度性调整。国家已出台相关的各项衔接办法，但是在实际运行中仍面临着转移接续难、管理成本高等问题。一是要建立基于全国的统一的社保经办服务平台，加快统一各地的社保信息网络和经办流程。二是进一步完善城乡居民基本养老保险与城镇职工基本养老保险制度间的协调机制，完善相应的转移接续办法，以促进人员的合理流动。

最后，实现基本养老保险全国统筹，这是积极应对人口老龄化、建立全国统一要素市场的重要内容。截至 2021 年底，我国已初步完成了养老保险的省级统筹，并且建立了中央调剂金制度，调剂比例逐年提高，为实现养老保险全国统筹的目标奠定了一定基础。本书建议可以考虑将中央调剂金制度逐步过渡为全省统筹制度，逐步提高调剂金比例，待调剂金达到一定规模后，将养老保险统筹部分的全部缴费上升集中到由中央机构管理，形成单一的全国养老保险统筹基金，并由财政根据收支缺口进行适当补助，保障全国范围内的养老保险金支付。

（二）坚持精算平衡，有效提高制度财务可持续性

一方面，提高最低缴费年限是适应当下我国人口结构变化的必要举措。当前养老保险最低缴费年限为 15 年，而城镇人口预期寿命已经达 78 岁，从生命周期来看，一个人工作的年龄大概在 25~60 岁，这段时间内是有劳动能力的工作状态。随着我国逐渐进入超老龄化社会，老年人口比重增加，加上预期寿命延长，未来退休人员养老保险待遇的平均领取月数会大大增加，无疑给养老基金带来沉重的负担。因此本书建议在平均 35 年的工作时间内，劳动者应当持续保持缴费状态，为退休后积攒适当的养老保险权益；从法律上对制度规定的最低缴费年限进行调整，适度提高标准。

另一方面，建立基本养老保险待遇调整机制是保障退休人员基本生活的重

要举措。近些年来我国不断上调养老保险的待遇标准，到 2022 年城镇职工基本养老保险实现了"十八连涨"，但尚未实现调整机制的科学化和规范化。从国际上看，实行养老保险制度的国家，普遍建立了随价格变动或工资增长提高养老金标准的科学增长机制。因此本书建议兼顾各类人员，建立养老保险待遇确定机制和调整机制。一是以完善各类企业退休人员基本养老保险正常调整机制为基础，逐步建立覆盖机关事业单位、企业统一的城镇职工基本养老保险正常调整机制。二是要根据市场物价指数和工资增长率的变化，统筹考虑基本养老保险基金和财政负担能力进行合理调整。三是要兼顾到城乡居民基本养老保险，根据国家经济发展和物价变动情况适时调整。

（三）推行延迟退休，缓解制度收支平衡矛盾

实施渐进式延迟退休政策是提升养老保险制度可持续性的重要政策。目前我国的退休年龄偏低，从国际经验来看，国外普遍实行以自愿为原则，渐进的、弹性的退休制度，即养老保险待遇水平与退休年龄挂钩。随着我国经济结构、劳动力结构的变化，尽快出台延迟退休政策尤为必要。本书建议采取渐进式方案。一是分类实行，先女后男。我国女性职工的退休年龄低于男性，而女性平均寿命却高于男性。本书建议先提高女性职工退休年龄，采取"小步慢走"的方式逐步将女性职工的退休年龄提高至 55 岁。然后再同步提高男女职工的退休年龄。同时对特殊工种与普通工种加以区分，合理规范调整特殊工种的退休政策。二是配套实行弹性的养老保险待遇领取政策，对于职工因故、因病提前退休的情况调整其待遇领取政策，并建立病残津贴制度与养老保险相衔接。以在原退休金基础上还能获得奖励性的收益为激励条件，鼓励职工主动延迟退休。

（四）推进多层次养老保险体系协同发展，激发微观主体活力

首先，厘清各层次养老保险制度功能定位是任务前提。明确责任边界以避免在实际发展过程中的功能错位和相互挤出。对于政府主导的基本养老保险，

主要以满足退休人员基本生活为目标，坚持公平、普惠和保基本的原则，理想的目标替代率为40%左右。对于政府政策性支持的补充性养老保险主要以维持退休人员较为体面的生活水准为目标，强调的是个人生命周期的纵向积累，理想的目标替代率为30%左右。对于第三层次商业养老保险，则主要以满足高层次、个性化的需求为目标，遵循自愿交易和责任自负原则，通过市场机制获得满足。

其次，建立多层次养老保险衔接机制要打通不同层次养老保险之间的纵向衔接转换通道，以实现个人养老金账户权益的相互衔接和转换。一是建立基本养老保险和补充养老保险之间的衔接机制，适当分离"统账结合"中的个人账户，使个人在未满足基本养老保险申领条件时可以转移或者提取其基本养老保险权益现值，并且与第二、第三层次的养老保险进行对接，最终建立包含个人缴费、增值储蓄以及财政补助的资金账户。二是建立补充养老保险和个人养老保险之间的衔接机制。允许用企业或职业年金购买个人储蓄型的商业养老保险产品，灵活变更个人账户权益在多层次体系内的养老保险金计划归属，选择符合企业后续经营情况及个人就业实际的团体（个人）养老保险，优化多层次养老保险体系的覆盖率结构。

最后，推进养老保险友好型配套改革，优化外部环境。一是制定相关激励政策，积极推进税优支持性商业养老保险试点，通过税收、工资补贴、现金激励吸引居民加入各类养老保险计划。二是优化基金投资组合，提高基金运行效率。2015年，国务院发布《基本养老保险基金投资管理办法》，规定养老基金投资管理应当坚持市场化、多元化、专业化的原则，确保资产安全，实现保值增值。当今我国养老基金的运营管理较为保守，这可能在一定程度上抑制了基金的投资效率，使其错过一些潜在的收益机会。今后，在适当拓宽基金投资渠道，优化基金投资组合的同时，应充分考虑税收贷款、国有资产变现贷款、抵押贷款等投资渠道，在委托专业投资机构进行多元化投资的前提下，准确监测宏观市场环境，确保基金安全，实现养老保险基金的保值增值。[①] 三是需要保持财政的投入，优化财政支出结构。各级政府的财政支持在我国基本养老保

---

① 杨晶：《我国基本养老保险基金保值增值的问题与对策》，《当代经济管理》2018年第11期。

的平稳可持续发展中不可或缺。近年来，财政补助在基本养老保险基金收入中的比重基本保持逐年提升，但财政支出结构仍有待改善，行政性事务支出和投资性费用支出仍有较大的压缩空间，如果能适当减少这些支出和费用，将节约下的资金用于养老保险基金补助，不仅有利于优化政府财政支出结构，扩大财政投入总量，增加基本养老保险的基金收入，更有利于增强人民群众的获得感和幸福感。此外，政府部门还应规范财政收支预算，确保资金落到实处，提升基本养老保险制度的运行效率。

二　养老服务的未来发展

我国的供给侧结构性改革重点有两方面：一是大力发展第三产业，优化产业结构；二是加大对民生保障方面的扶持力度，弥补经济发展的"短板"。养老服务既属于第三产业又属于民生保障的老年服务业，在我国供给侧结构性改革中的"地位"不言而喻。针对上文分析所提及的问题，本书提出相应的政策建议。

（一）完善顶层设计，构建养老服务全方位政策支持体系

国家相关部门先后制定实施了一系列加快养老服务业发展的政策措施，有力地促进了我国养老服务业的发展，但仍存在政策可操作性不强、配套性政策不足、碎片化明显、系统性不够的情况，尚未形成健全完善的政策体系。随着供给侧改革的深入，顶层设计还需进一步完善，养老服务业发展的政策供给需要加强，政策的可操作性需要提高，为养老服务业的健康有序发展提供稳定的政策支撑。首先，建立健全养老服务业相关法律法规，完善制度体系，堵塞制度漏洞，为促进养老服务业加速发展提供有力的法律支持。同时，积极转变政府职能，建设服务型政府与长效科学的管理体制，着力破除在政策制定与监督管理上的多头领导的局面。[1]　其次，推动完善养老服务业发展的相关扶持政

---

① 曹立前、尹吉东：《供给侧改革下养老服务业发展研究》，《河北大学学报》（哲学社会科学版）2018 年第 1 期。

策，其中主要包括投融资、土地供应、社区服务用房、税收优惠、人才培养与就业等政策，通过构建统筹高效、科学合理、精准支持的政策体系，来保障配套资源的有效供给。[①] 再次，还应根据当前实际情况，制定有关养老服务业发展的实施细则，其中主要包括老人分级护理标准、养老服务绩效评估、职业技能等级认定规程、行业风险类别及防控等相关配套的法规保障[②]，借助这些细则，以增强法律规范的可操作性。最后，培育并建立健全行业发展的标准化体系，促进养老服务的标准化建设，推动全产业链的健康规范发展。[③]

（二）丰富供给渠道，破解供需结构性矛盾

一是建立综合养老服务体系，推动社区居家养老服务发展。长期以来，我国养老服务的政策重心在发展机构养老，而对于最符合老年人意愿和适合中国国情的居家养老模式有所忽视，我国居家养老服务总体上还处于起步阶段，大多数社区缺乏居家养老服务。因而养老服务发展应当坚持"以居家为基础、社区为依托、机构为补充、医养相结合"的多层次具有可持续性的供给模式，充分发挥社区作为平台载体和中间媒介的作用，将多元化、专业化养老服务与有需求的居家老人家庭高效对接。此外，还应进一步推动建设以"社会化养老服务"为内核的社区综合养老服务体系，坚持"立足社区、服务居家"的发展理念，整合区域内各类养老资源，在对老年人照护需求进行评估分类的基础上，让各类服务供给主体能够进入社区或家庭为他们提供适宜、综合且全面的养老服务。[④] 同时，推进居家社区适老化改造，加快推进社区老年宜居环境建设。

二是改革存量床位，化解养老资源浪费与不均衡问题。要解决养老服务中存在的空床与资源浪费问题，就需要了解和针对不同类型养老群体的需求，从

① 曹立前、尹吉东：《供给侧改革下养老服务业发展研究》，《河北大学学报》（哲学社会科学版）2018 年第 1 期。
② 王向南：《基于供给侧改革的养老服务业体系重构：一种治理的视角》，《税务与经济》2016年第 4 期。
③ 杨国军、刘素婷、孙彦东：《"互联网+"养老变革与供给侧结构性改革研究》，《改革与战略》2017 年第 1 期。
④ 李志明：《中国养老服务"供给侧"改革思路——构建"立足社区、服务居家"的综合养老服务体系》，《学术研究》2016 年第 7 期。

供给侧做好存量床位的结构性改革。可通过探索与我国老龄人口群体实际需求适销对路的养老服务模式，解决部分存量养老床位空置的问题。比如对既有的养老床位资源进行改造升级，完善相关配套设施，打造护理型养老床位，实现医养结合等。此外，在统筹存量床位结构改革这一系统化工程中，需要各责任主体的协同与配合，同时为有效避免协作过程中多方博弈造成社会资源浪费，可探索建立合理的利益分享机制、责任共担机制、资源整合机制和跨部门协同机制，促进多方面社会资源和养老服务的整合、共享。

三是健全长期照护服务体系，增加医养结合有效供给。随着预期寿命的延长、疾病谱的变化和家庭代际照顾关系的减弱，患有慢性非传染性疾病的老年人对康复和长期护理的需求也在增加[①]，迫切需要建立和发展治疗—康复—护理服务链，推动地方医疗与养老一体化平台的建设，以加强对本地区居家养老的支持。在建设具有医疗、护理资质和技能的养老院的同时，考虑试行建设用于老年人连续性医疗护理的家庭护理床位，构建连接家庭、社区和机构的专业化护理服务体系，逐步形成集"医养结合-初级卫生保健-中医药服务-健康监测"于一体的健康养老服务体系。[②]

四是推动农村互助式养老，补齐农村养老服务短板。完善农村"以院统站带点"的养老服务模式，在对农村邻里互助养老服务点的建设标准进行规范的同时，积极给予参与邻里互助的老年人或志愿养老服务的工作人员以农村养老服务补贴，逐步将农村养老院改造升级成为带动和辐射面更广的区域性老年人服务中心。[③] 通过设施规划、土地保障、建设支持等方式，加快建设与城市同步、服务同质的农村养老服务体系。

（三）降低供给成本，释放有效需求

一是税收优惠降低养老服务价格，释放有效需求。在税费方面，落实小微企业普惠性税收减免政策和社区家庭服务业税费优惠政策，对养老服务机构提

---

① 黄石松、纪竞垚：《深化养老服务供给侧结构性改革》，《前线》2019 年第 7 期。
② 郑碧强：《以供给侧结构性改革　推动养老事业高质量发展》，《中国行政管理》2019 年第 4 期。
③ 郑碧强：《以供给侧结构性改革　推动养老事业高质量发展》，《中国行政管理》2019 年第 4 期。

供的养护服务减免征营业税、房产税、城镇土地使用税、企业所得税，适当减免行政事业性收费，市政服务企业落实养老机构水电气热居民价格优惠政策。同时，对养老机构的建设与发展予以一定政策支持，如政府购买养老服务项目时在同等条件下优先考虑社区养老服务机构，完善国有企业支持养老服务发展政策等。

二是吸纳就业，推进人才队伍与人才发展环境建设。未来应进一步推动养老服务人才队伍专业化建设，发挥院校人才培养优势，广泛组织技能培训和资格认定，将专业社工引入养老服务领域。同时，可探索将产能过剩行业（如煤炭、钢铁等）的下岗人员吸纳到养老服务领域之中，通过技能培训将其培养为养老服务专业人才，在充实养老服务领域人力资本存量的同时，帮助其实现再就业。此外，不仅要培育人才还要能留住人才，提供合理薪资与建立职业发展规划等，着力营造与人才发展相适应的环境，积极推进北京市养老服务人才协会的建设与完善。

三是深化基层社会治理体制改革，打通行政分割。建立统一的行政指导中心，加强各方面统筹。可探索建立养老服务部门联席会议制度，由民政部门牵头，健全民政、卫健等各职能部门的协调机制，着力推动养老服务的规模化经营，实现规模效应，降低发展成本。

（四）向高品质、多样化升级，优化养老服务产业体系

一是发展"互联网+养老服务"，深化智能化与信息化服务。2019 年，北京市启动了老龄健康信息协同与决策支持平台的前期研究工作，组织开展项目需求调研及方案设计。该平台将建设包括老龄健康服务、数据采集存储与治理、信息协同与决策支持三个子系统，为拟定并协调推进本市应对人口老龄化的政策措施提供数据支撑，为老年人和社会提供信息服务，为涉老企业提供数据支持。今后应继续坚持以市场需求为导向、以政府政策为扶持、社会力量共同参与、运营规范的方针①，加强依托社区和企业等第三方机构的智能化"互

---

① 杨国军、刘素婷、孙彦东：《"互联网+"养老变革与供给侧结构性改革研究》，《改革与战略》2017 年第 1 期。

联网+养老服务"平台建设，逐步构建老年人基础信息数据库，有效整合政府、企业、社区等各类社会服务力量与资源，同时避免"信息孤岛"和"信息烟囱"，科学计算匹配供需，为老年人提供生活照料、医疗保健、文化娱乐等各类养老服务，满足老年人多样化、多层次、多类型养老需求。

二是构建养老服务完整产业链，注重养老资源协同。结合我国老年群体养老服务需求个性化与多元化并存的特点，可通过市场细分，逐步发展构建养老服务完整产业链，具体包括养老医疗保健、康复护理、养老地产、养老保险、托管托养服务、养老陪护家政、金融服务、中介咨询等现代服务业。从打造全产业链入手，着眼于人才培养、医疗融合和可追溯的养老服务绩效评价体系的构建①，促进养老服务行业标准化运营。同时，注重养老资源的协同，2015 年北京市民政局等部门联合发布《关于支持养老照料中心和养老机构完善社区居家养老服务功能的通知》，保障落实北京市 2015 年重要民生实事项目第 20 项中"进一步完善已建成养老照料中心的居家辐射、社区支持功能"任务，完善北京市社会化养老服务体系，引导推进已建成的养老照料中心切实发挥综合辐射功能，鼓励养老机构利用自身资源优势开展社区居家服务，市级通过一次性项目补助方式，对全市养老照料中心和养老机构完善社区居家养老服务功能给予支持。

（五）补全基础性与公益性，发展普惠养老服务模式

普惠养老服务是在基本养老服务以外，面向广大老年人、靠市场供给、由政策引导的一种服务。普惠养老服务的供给主体和支持对象不再是公办机构，而是纯粹的市场主体。企业本着自愿参加、竞争择优的原则参与行动，充分显示企业主体和市场机制的重要作用。《"十四五"民政事业发展规划》明确指出，"十四五"期间，我国将大力发展普惠性养老服务，为广大老年人提供价格适中、方便可及、质量可靠的养老服务。此外在北京市"十四五"规划纲要中的"幸福晚年养老计划"也明确指出将发力打造"新城普惠养老模式"，

---

① 王向南：《基于供给侧改革的养老服务业体系重构：一种治理的视角》，《税务与经济》2016年第 4 期。

即在郊区新建或改造提升一批医养结合水平较高的普惠养老机构，为老年人提供专业化、规模化的养老服务。未来北京市普惠养老服务发展可参考由国家发展改革委、民政部和国家卫生健康委修订形成的《普惠养老城企联动专项行动实施方案（2019年修订版）》，从通过城企联动，提供有力政策支持，加大差别化财政资金扶持力度，实施税收补贴优惠政策，统筹土地规划、设置专门的养老用地类别等五个方面进行探索。其中，城企合作模式是普惠养老的核心，即城市政府和企业双方签订合作协议，城市政府提供土地、规划、融资、财税、医养结合、人才等一揽子的政策支持包；企业按约定承担公益，提供普惠性养老服务包。城市政府与企业明确各自的责任，规划需要区分基本和非基本养老服务，对于基本养老服务，明确受益范围和基础标准，体现政府责任；对于非基本养老服务，提出发展目标，加大对社会力量的支持，谋划一批普惠养老服务项目。

三　养老保险与养老服务的供需平衡和联动发展

首先，在组织架构上，以专门的老龄化理事会推动养老保险和养老服务的供需平衡。老龄化理事会主要由政府各职能部门负责人、相关领域专家学者、养老服务提供者及老年人代表组成，通过定期会议和政策指导，协调养老保险与养老服务工作的开展，形成专家与政府之间、政府部门之间、供给方与需求方之间良好的互动沟通机制，提高决策的科学性、配合性和连贯性。[1] 此外，有效的监督机制和监管手段等都应该同步设计实施，以更好发挥制度应有的运行效果，减少政府失灵和寻租现象的产生。

其次，在联动方式上，探索建立"养老保险+养老服务"的一体化养老网络。一方面，基本养老保险具有广泛性和基础性、受众范围广、基本实现制度全覆盖、参保率高的特点。另一方面，养老服务的发展则有明显的区域不均衡、供需不匹配的特点。将养老保险和养老服务融进养老网络，建立养老服务与资金的关联机制。将养老服务与养老保险相结合，在确定多层次的养老服务

---

① 孙曼娇：《探索构建社会养老保险与社会养老服务协同机制》，《江淮论坛》2014年第2期。

模式时，要考虑养老保障的水平和层次，建立养老保险与养老服务联动与平衡机制，实现养老保险与生活照料、精神慰藉服务等同质性和个性化养老服务的对接与兑换。[①] 一体化养老网络有利于养老服务享受人群的扩面，满足中低收入者的基本养老服务需求，完善社会养老保障体系，提高老年人的整体生活水准和服务水平，将养老保障落到实处。

最后，在配套机制上，建立老年人信息共享机制。我国养老保险经办管理程序日益完善，社会保障卡记录了养老保险参保人员的相关信息，是个人缴费和领取养老保险待遇的重要凭证。将经过整理收集的老年人信息在养老服务系统内共享，探索建立一定区域内的养老服务共享机制，不仅可以为老年人养老保险和养老服务的衔接提供便利，更有助于提高养老服务的针对性，进而提供更加精准的服务。同时，可探索推行老年服务卡。老年服务卡是指政府为高龄老人、特殊贡献老人、困难老人提供的用于支付老年服务消费的专用账户。卡里资金来源于养老保险账户中的一部分，以及符合条件的部分老年津贴等政府转移支付，账户内资金可以用于购买养老服务相关产品或提取出来。

---

① 伍德安、杨翠迎：《居家养老服务体系财税政策空间及顶层设计——基于上海市的实证研究》，《财经论丛》2015 年第 2 期。

参考文献

一 著作文献

郭磊：《高校教师收入分配：工资和养老保险的协调与互动》，东北财经大学出版社，2021。

郭磊：《公职人员养老保险制度：双轨之道与改革之路》，中国社会科学出版社，2023。

贾康主编《供给侧改革：理论、实践与思考》，商务印书馆，2016。

路红艳：《产业与消费双升级视角下服务业发展模式与供给政策研究》，中国商务出版社，2016。

乔晓春：《北京市养老相关资源整体状况分析》，华龄出版社，2018。

乔晓春、伍小兰：《北京市居家养老设施状况分析》，华龄出版社，2018。

乔晓春、武继磊、谢婷：《北京市居家养老资源普查数据集》，华龄出版社，2018。

吴敬琏、厉以宁、郑永年等：《读懂供给侧改革》，中信出版社出版，2016。

中华人民共和国国家统计局编《中国统计年鉴 2012》，中国统计出版社，2012。

中华人民共和国国家统计局编《中国统计年鉴 2013》，中国统计出版社，2013。

中华人民共和国国家统计局编《中国统计年鉴 2014》，中国统计出版社，2014。

中华人民共和国国家统计局编《中国统计年鉴 2015》，中国统计出版社，2015。

中华人民共和国国家统计局编《中国统计年鉴 2016》，中国统计出版社，2016。

中华人民共和国国家统计局编《中国统计年鉴 2017》，中国统计出版社，2017。

中华人民共和国国家统计局编《中国统计年鉴 2018》，中国统计出版社，2018。

中华人民共和国国家统计局编《中国统计年鉴 2019》，中国统计出版社，2019。

中华人民共和国国家统计局编《中国统计年鉴 2020》，中国统计出版社，2020。

中华人民共和国国家统计局编《中国统计年鉴 2021》，中国统计出版社，2021。

二 学术期刊

柏正杰、陈洋洋：《协调、创新与共享：企业年金与职业年金协同优化研究》，《西北人口》2020 年第 6 期。

蔡中华、安婷婷、侯翱宇：《城市老年人社区养老服务需求特征与对策——基于吉林市的调查》，《社会保障研究》2013 年第 4 期。

曹立前、尹吉东：《供给侧改革下养老服务业发展研究》，《河北大学学报》（哲学社会科学版）2018 年第 1 期。

常金奎、王三秀：《供给侧改革与社会保障协调发展的困境与应对》，《长白学刊》2018 年第 1 期。

常亚轻、黄健元：《农村"养儿防老"模式何以陷入窘境?》，《理论月刊》2019 年第 3 期。

陈功、黄国桂:《时间银行的本土化发展、实践与创新——兼论积极应对中国人口老龄化之新思路》,《北京大学学报》(哲学社会科学版)2017年第6期。

陈功、赵新阳、索浩宇:《"十四五"时期养老服务高质量发展的机遇和挑战》,《行政管理改革》2021年第3期。

陈际华:《"时间银行"互助养老模式发展难点及应对策略——基于积极老龄化的理论视角》,《江苏社会科学》2020年第1期。

陈龙:《供给侧结构性改革:宏观背景、理论基础与实施路径》,《河北经贸大学学报》2016年第5期。

陈鸣声:《安德森卫生服务利用行为模型演变及其应用》,《南京医科大学学报》(社会科学版)2018年第1期。

陈文胜:《乡村振兴战略目标下农业供给侧结构性改革研究》,《江西社会科学》2019年第12期。

陈友华:《居家养老及其相关的几个问题》,《人口学刊》2012年第4期。

陈友华、邵文君:《智慧养老:内涵、困境与建议》,《江淮论坛》2021年第2期。

陈友华、施旖旎:《时间银行:缘起、问题与前景》,《人文杂志》2015年第12期。

陈元刚、刘嘉艳、齐嵩喆:《中央调剂金制度对各省份养老金负担效应研究》,《上海金融》2022年第1期。

陈政硕、李爱芹:《我国城镇职工基本养老保险制度现状、问题与完善策略》,《经济研究参考》2020年第7期。

陈志武:《对儒家文化的金融学反思》,《制度经济学研究》2007年第1期。

迟福林:《探索"以养促医、以医助养"的新型医养关系——我国老龄化社会"医养结合"的几点思考》,《人民论坛》2019年第23期。

崔丽娟、徐硕、王小慧:《老年人的养老观念与养老模式》,《中国老年学杂志》2000年第1期。

邓大松、李玉娇:《医养结合养老模式:制度理性、供需困境与模式创新》,《新疆师范大学学报》(哲学社会科学版)2018年第1期。

邓沛琦：《我国养老服务供给模式存在的问题及政策建议》，《当代经济》2021 年第 11 期。

邓胜利、付少雄：《健康信息服务的供给侧结构性改革研究》，《情报科学》2019 年第 4 期。

刁鹏飞、臧跃、李小永：《机构养老的现状、问题及对策——以上海市为例》，《城市发展研究》2019 年第 8 期。

丁建定：《居家养老服务：认识误区、理性原则及完善对策》，《中国人民大学学报》2013 年第 2 期。

丁建定、李薇：《论中国居家养老服务体系建设中的核心问题》，《探索》2014 年第 5 期。

丁为民：《供给侧结构性改革的实质、路径与实现条件》，《政治经济学评论》2016 年第 2 期。

丁志国、张炎炎、任浩锋、徐德财：《供给侧结构性改革对房地产行业的"去库存"效应研究》，《中南大学学报》（社会科学版）2022 年第 1 期。

董红亚：《构建以照护为重心的基本养老体系 努力实现老有所养》，《西北人口》2009 年第 3 期。

董克用、孙博、张栋：《从养老金到养老金融：中国特色的概念体系与逻辑框架》，《公共管理与政策评论》2021 年第 6 期。

董克用、王振振、张栋：《中国人口老龄化与养老体系建设》，《经济社会体制比较》2020 年第 1 期。

董克用、张栋：《高峰还是高原？——中国人口老龄化形态及其对养老金体系影响的再思考》，《人口与经济》2017 年第 4 期。

董克用、张栋：《高峰还是高原？——中国人口老龄化形态及其对养老金体系影响的再思考》，《人口与经济》2017 年第 4 期。

董克用、张栋：《人口老龄化高原背景下加快我国养老金体系结构化改革的思考》，《新疆师范大学学报》（哲学社会科学版）2018 年第 6 期。

杜孝珍、孙婧娜：《我国虚拟养老院发展的优势、风险及路径》，《上海行政学院学报》2020 年第 4 期。

方福前：《寻找供给侧结构性改革的理论源头》，《中国社会科学》2017

年第 7 期。

方先明、赵泽君、孙瑾瑜：《生育政策对养老保险待遇充足性的影响研究》，《中国经济问题》2018 年第 5 期。

房连泉：《建立可持续的基本养老保险待遇指数化调整机制研究——来自国际案例的经验启示》，《人口学刊》2018 年第 5 期。

费孝通：《家庭结构变动中的老年赡养问题——再论中国家庭结构的变动》，《北京大学学报》（哲学社会科学版）1983 年第 3 期。

冯占军、李连芬：《保险业与养老服务的融合》，《中国金融》2018 年第 15 期。

冯志峰：《供给侧结构性改革的理论逻辑与实践路径》，《经济问题》2016 年第 2 期。

高传胜：《新时代实现"老有所养"的战略路径与政策重点》，《天津行政学院学报》2018 年第 4 期。

高进、武娟：《新时代体育经济与管理专业人才培养的结构性改革研究》，《北京体育大学学报》2019 年第 12 期。

关信平、赵婷婷：《当前城市民办养老服务机构发展中的问题及相关政策分析》，《西北大学学报》（哲学社会科学版）2012 年第 5 期。

郭剑平、王彩玲、黄健元：《社会交换视角下区块链赋能养老服务时间银行发展研究》，《中州学刊》2021 年第 12 期。

郭磊：《福利国家将何去何从？——兼论"福利国家的未来"一文》，《经济问题探索》2013 年第 10 期。

郭磊：《机关事业单位工资和养老保险制度的变迁与交织》，《贵州社会科学》2018 年第 5 期。

郭磊：《内部协调与外部平衡：高校教师收入分配的优化路径》，《重庆高教研究》2022 年第 3 期。

郭磊：《我国机关事业单位养老保险制度：破除路径依赖的"魔咒"》，《贵州社会科学》2013 年第 11 期。

郭磊、毛畅果：《收入分配中的性别差异——来自工资与养老保险的解释》，《软科学》2018 年第 9 期。

郭磊、潘锦棠：《养老保险"双轨制"的起源与改革》，《探索与争鸣》2015 年第 5 期。

郭磊、徐明：《中美公务员养老保险制度的变迁——再分配效果的检验》，《人口与经济》2020 年第 6 期。

郭瑜、张寅凯：《城镇职工基本养老保险基金收支平衡与财政负担分析——基于社保"双降"与征费体制的改革》，《社会保障研究》2019 年第 5 期。

郝勇、周敏、郭丽娜：《养老金调整的适度水平研究》，《预测》2011 年第 5 期。

何文炯：《改革开放 40 年：中国养老保险回顾与展望》，《教学与研究》2018 年第 11 期。

何文炯、王中汉：《论老龄社会支持体系中的多元共治》，《学术研究》2021 年第 8 期。

洪银兴：《准确认识供给侧结构性改革的目标和任务》，《群众》2016 年第 10 期。

胡鞍钢、鲁钰锋、周绍杰、杨竺松：《供给侧结构性改革的三大逻辑》，《国家行政学院学报》2016 年第 6 期。

胡鞍钢、周绍杰、任皓：《供给侧结构性改革——适应和引领中国经济新常态》，《清华大学学报》（哲学社会科学版）2016 年第 2 期。

胡宏伟、汪钰、王晓俊、张澜：《"嵌入式"养老模式现状、评估与改进路径》，《社会保障研究》2015 年第 2 期。

胡志平：《供给侧结构性改革的中国特征及创新路径》，《社会科学》2017 年第 1 期。

华树春、钟钰：《粮食供给侧改革与保障粮食安全》，《农村经济》2019 年第 12 期。

黄健元、常亚轻：《家庭养老功能弱化了吗？——基于经济与服务的双重考察》，《社会保障评论》2020 年第 2 期。

黄健元、常亚轻：《家庭养老功能弱化了吗？——基于经济与服务的双重考察》，《社会保障评论》2020 年第 2 期。

黄俊辉、李放、赵光：《农村社会养老服务需求评估——基于江苏 1051 名农村老人的问卷调查》,《中国农村观察》2014 年第 4 期。

　　黄石松、纪竞垚:《深化养老服务供给侧结构性改革》,《前线》2019 年第 7 期。

　　黄新华、李松霖:《论深化公共服务供给侧结构性改革》,《中国高校社会科学》2019 年第 2 期。

　　黄益平:《供给侧改革核心任务:强化中高速增长内在机制》,《中国中小企业》2016 年第 6 期。

　　吉鹏、李放:《农村老年人市场化居家养老服务的需求意愿及其影响因素分析——基于江苏省的实证数据》,《兰州学刊》2020 年第 11 期。

　　贾洪波:《降低单位缴费率对城镇人口养老金替代率的一般均衡效应》,《数量经济技术经济研究》2021 年第 11 期。

　　贾康:《三去一降一补侧重供给管理》,《经济》2016 年第 22 期。

　　贾康、苏京春:《论供给侧改革》,《管理世界》2016 年第 3 期。

　　贾玉娇、范家绪:《从断裂到弥合:时空视角下家庭养老保障功能的变迁与重塑》,《社会科学战线》2019 年第 7 期。

　　贾玉娇、范家绪:《从断裂到弥合:时空视角下家庭养老保障功能的变迁与重塑》,《社会科学战线》2019 年第 7 期。

　　姜向群、丁志宏、秦艳艳:《影响我国养老机构发展的多因素分析》,《人口与经济》2011 年第 4 期。

　　姜耀辉:《推进社会组织参与养老服务的三重路径》,《中国社会工作》2020 年第 17 期。

　　姜玉贞、宋全成:《社会养老服务福利治理的局限性及其成因分析——基于 RHLJ 社区养老服务中心案例的分析》,《山东社会科学》2019 年第 11 期。

　　金刚:《中国退休年龄的现状、问题及实施延迟退休的必要性分析》,《社会保障研究》2010 年第 2 期。

　　景天魁:《创建和发展社区综合养老服务体系》,《苏州大学学报》(哲学社会科学版)2015 年第 1 期。

　　景晓芬:《迁移老人城市社会性养老服务需求及影响因素研究——基于与城市非迁移老人的对比》,《兰州学刊》2020 年第 11 期。

雷咸胜、崔凤：《关于我国社会保障供给侧结构性改革的几点思考》，《当代经济管理》2017年第2期。

李长远：《民族地区特殊困难老年人养老服务需求研究——基于甘肃省临夏回族自治州的调查》，《哈尔滨商业大学学报》（社会科学版）2018年第2期。

李稻葵：《关于供给侧结构性改革》，《理论视野》2015年第12期。

李丁、何春燕、马双：《公共服务供给侧改革的结构性对策》，《中国行政管理》2019年第10期。

李芬、高向东：《家庭结构变迁：城市纯老家庭养老服务环境与需求探讨》，《现代城市研究》2019年第2期。

李凤琴、陈泉辛：《城市社区居家养老服务模式探索——以南京市鼓楼区政府向"心贴心老年服务中心"购买服务为例》，《西北人口》2012年第1期。

李海舰、李文杰、李然：《中国未来养老模式研究——基于时间银行的拓展路径》，《管理世界》2020年第3期。

李乐虎、高奎亭、黄晓丽：《我国体育产业供给侧结构性改革的研究述评》，《首都体育学院学报》2019年第6期。

李丽君：《以供给侧结构性改革实现养老服务精准发展》，《中国社会工作》2017年第5期。

李敏：《供给侧改革对社会保障制度影响几何》，《人民论坛》2017年第29期。

李群群、张波：《新时代文化产业供给侧结构性改革何以实现》，《人民论坛·学术前沿》2019年第23期。

李停：《经济新常态下供给侧结构性改革的理论逻辑与路径选择》，《现代经济探讨》2016年第6期。

李小兰：《社会影响力债券在我国农村医养结合融资中的运用》，《东南学术》2021年第6期。

李义平：《新常态与供给侧结构性改革》，《财经科学》2017年第5期。

李志明：《中国养老服务"供给侧"改革思路——构建"立足社区、服务居家"的综合养老服务体系》，《学术研究》2016年第7期。

李佐军：《供给侧结构性改革的着力点》，《前线》2016 年第 10 期。

梁勤超、石振国、李源：《我国城市社区体育公共空间供给侧结构性改革研究》，《西安体育学院学报》2020 年第 2 期。

林宝：《积极应对人口老龄化：内涵、目标和任务》，《中国人口科学》2021 年第 3 期。

林宝：《人口负增长与劳动就业的关系》，《人口研究》2020 年第 3 期。

林宝：《养老服务供给侧改革：重点任务与改革思路》，《北京工业大学学报》（社会科学版）2017 年第 6 期。

林闻钢：《福利多元主义的兴起及其政策实践》，《社会》2002 年第 7 期。

林卫斌、苏剑：《供给侧改革的性质及其实现方式》，《价格理论与实践》2016 年第 1 期。

林晓珊：《改革开放四十年来的中国家庭变迁：轨迹、逻辑与趋势》，《妇女研究论丛》2018 年第 5 期。

林晓珊：《改革开放四十年来的中国家庭变迁：轨迹、逻辑与趋势》，《妇女研究论丛》2018 年第 5 期。

林逸涛：《职业年金投资策略与借鉴：基于养老保障类基金角度》，《社会保障研究》2018 年第 4 期。

林毅夫：《供给侧改革的短期冲击与问题研究》，《河南社会科学》2016 年第 1 期。

刘春蕾：《降低社会保险费的逻辑、挑战及思路——基于供给侧结构性改革背景下的讨论》，《汕头大学学报》（人文社会科学版）2017 年第 6 期。

刘丹、张昱：《医养结合与社区养老的互构机制及其运作逻辑——以 S 市"长护险"项目的社区实践为例》，《云南民族大学学报》（哲学社会科学版）2021 年第 5 期。

刘东生：《养老公共服务供给侧改革：主要短板与策略选择》，《天津行政学院学报》2018 年第 3 期。

刘辉：《金融供给侧结构性改革的法治逻辑》，《厦门大学学报》（哲学社会科学版）2022 年第 2 期。

刘黎明、庞洪涛：《北京市城镇养老金收支测算及平衡分析》，《社会保障研究》2014 年第 5 期。

刘美芬：《供给侧结构性改革发展脉络与经验分析》，《河南社会科学》2017 年第 9 期。

刘守英、王宝锦、程果：《农业要素组合与农业供给侧结构性改革》，《社会科学战线》2021 年第 10 期。

刘伟：《经济新常态与供给侧结构性改革》，《管理世界》2016 年第 7 期。

刘晓梅：《我国社会养老服务面临的形势及路径选择》，《人口研究》2012 年第 5 期。

刘妍：《养老服务金融助推我国养老金第三支柱发展问题研究》，《税务与经济》2020 年第 6 期。

刘振中、李志阳：《新消费时代公共服务供给侧结构性改革的思路与路径》，《经济纵横》2019 年第 10 期。

龙玉其：《职业年金制度风险及其整体性治理》，《社会保障研究》2020 年第 3 期。

卢锋：《2016 经济调整攻坚之年——理解供给侧结构性改革》，《开发性金融研究》2016 年第 1 期。

卢亚娟、张雯涵：《家庭结构对家庭参与保险市场的影响研究》，《现代经济探讨》2020 年第 5 期。

鲁全：《中国的家庭结构变迁与家庭生育支持政策研究》，《中共中央党校（国家行政学院）学报》2021 年第 5 期。

路春艳、郎婉婷：《城镇职工养老保险基金收支预测研究》，《统计与咨询》2020 年第 2 期。

栾文敬、郭牧琦、孙欢、路红红：《社会保险与养老方式选择：参保是否会影响农民养老方式？》，《西北人口》2012 年第 6 期。

罗艳、丁建定：《福利社会化背景下的机构养老利用差异》，《中国人口科学》2020 年第 5 期。

孟颖颖：《我国"医养结合"养老模式发展的难点及解决策略》，《经济纵横》2016 年第 7 期。

穆光宗：《我国机构养老发展的困境与对策》，《华中师范大学学报》（人文社会科学版）2012 年第 2 期。

穆怀中、范璐璐、陈曦：《人口预期寿命延长、养老金保障风险与政策回应》，《社会科学文摘》2021 年第 4 期。

穆怀中、范璐璐、陈曦：《人口预期寿命延长、养老金保障风险与政策回应》，《社会科学文摘》2021 年第 4 期。

穆怀中、杨傲：《"艾伦条件"边界与现收现付养老适度水平》，《国际经济评论》2021 年第 5 期。

宁吉喆：《学习百年党史　赓续红色血脉　奋力推进统计现代化改革》，《中国统计》2021 年第 6 期。

牛东来、王雨晴：《北京市未来老年人口发展趋势预测分析》，《环渤海经济瞭望》2021 年第 1 期。

欧旭理、胡文根：《中国互助养老典型模式及创新探讨》，《求索》2017 年第 11 期。

逄锦聚：《经济发展新常态中的主要矛盾和供给侧结构性改革》，《政治经济学评论》2016 年第 2 期。

蒲晓红、王雅：《职业年金计发完毕后的机关事业单位养老金待遇测算研究》，《社会保障研究》2021 年第 4 期。

蒲新微：《"全面两孩"政策后我国养老金供需矛盾的化解》，《南京社会科学》2016 年第 8 期。

戚成蹊、张宝振：《社区居家养老服务需求及影响因素研究——以安新县为例》，《商业经济》2021 年第 10 期。

齐传钧：《中国第三支柱养老保险做大做强的可能性分析》，《华中科技大学学报》（社会科学版）2021 年第 3 期。

祁峰：《人口老龄化对我国经济社会发展的影响及对策》，《生产力研究》2010 年第 7 期。

祁峰：《人口老龄化对我国经济社会发展的影响及对策》，《生产力研究》2010 年第 7 期。

乔杨、姜玉鹏：《公职人员职业年金缴费与待遇设计研究——兼析国际典型国家的经验启示》，《价格理论与实践》2017 年第 10 期。

清华大学社会学系课题组：《北京市人口预测研究》，《北京规划建设》2012 年第 4 期。

任保平、张越：《新经济推动生产体系变化下供给侧结构性改革的路径》，《北京师范大学学报》（社会科学版）2021 年第 6 期。

任波、黄海燕：《我国体育产业结构性失衡与供给侧破解路径》，《体育学研究》2020 年第 1 期。

邵光学、王锡森：《供给侧结构性改革研究述评》，《经济学家》2016 年第 12 期。

邵亚萍：《建设和提升社会组织能力研究——以 Z 市为例》，《理论与现代化》2019 年第 1 期。

沈毅：《以新发展理念引领养老保障体系协调发展研究》，《广西社会科学》2017 年第 10 期。

盛见：《"需求响应"视角下养老服务供需错配问题及其解决对策》，《中州学刊》2021 年第 2 期。

石晨曦：《城乡居民基本养老保险隐性财政负担——基于长寿风险背景下的精算分析》，《兰州学刊》2018 年第 12 期。

石晨曦：《延迟退休、人口抚养比及养老保险基金可持续性》，《当代经济管理》2022 年第 6 期。

宋凤轩、张泽华：《日本第三支柱养老金资产管理：运营模式、投资监管及经验借鉴》，《现代日本经济》2020 年第 4 期。

宋涛、赵燕菁：《供给侧结构性改革：研究范式及政策选择》，《社会科学战线》2020 年第 5 期。

苏锋：《中国动画产业的供给侧结构性改革：短板与对策》，《同济大学学报》（社会科学版）2019 年第 5 期。

睢党臣、彭庆超：《"互联网+居家养老"：智慧居家养老服务模式》，《新疆师范大学学报》（哲学社会科学版）2016 年第 5 期。

孙曼娇：《探索构建社会养老保险与社会养老服务协同机制》，《江淮论坛》2014 年第 2 期。

孙娜娜、刘黎明：《农村养老保险收支测算研究——以北京市为例》，《调研世界》2015 年第 3 期。

孙永健、陈友华：《人口老龄化背景下养老服务市场化与孝道文化变迁》，《江苏社会科学》2023 年第 5 期。

汤闳淼：《平台劳动者参加社会养老保险的规范建构》，《法学》2021 年第 9 期。

汤闳淼：《平台劳动者参加社会养老保险的规范建构》，《法学》2021 年第 9 期。

唐钧：《"供给侧改革"中的老年服务定位》，《北京观察》2016 年第 5 期。

田北海、王彩云：《城乡老年人社会养老服务需求特征及其影响因素——基于对家庭养老替代机制的分析》，《中国农村观察》2014 年第 4 期。

田玲、张思峰：《居家养老服务发展的思路框架与制度安排——基于国际实践经验的分析探讨》，《理论与改革》2014 年第 6 期。

田杨、崔树义、杨素雯：《养老机构扶持政策实施效果研究——基于山东省 45 家养老机构的调查分析》，《山东大学学报》（哲学社会科学版）2018 年第 3 期。

汪连杰：《供给侧改革背景下社会保障制度调整再审视》，《税务与经济》2017 年第 4 期。

汪文生、张静静：《基于供给侧结构性改革的能源消费革命实现路径及调控模拟》，《经济问题》2021 年第 12 期。

王蓓、崔承印、唐志鹏、李晓烨：《基于系统动力学模型的北京人口规模预测》，《北京规划建设》2015 年第 2 期。

王冰冰：《创新驱动视角下供给侧结构性改革的逻辑与政策选择》，《经济纵横》2019 年第 9 期。

王聪、欧阳蕾：《去产能背景下新下岗职工基本养老保险断保问题的反思与应对》，《劳动保障世界》2019 年第 15 期。

王丛、张在旭：《供给侧结构性改革与需求侧管理协同研究》，《河南社会科学》2017 年第 9 期。

王冬、柴国俊：《农业供给侧结构性改革提振居民消费：影响效应和传导机制》，《西南民族大学学报》（人文社会科学版）2021 年第 12 期。

王建云、钟仁耀：《基于年龄分类的社区居家养老服务需求层次及供给优先序研究——以上海市 J 街道为例》，《东北大学学报》（社会科学版）2019 年第 6 期。

王莉莉：《新时期我国老龄服务产业发展现状、问题与趋势》，《兰州学刊》2020 年第 10 期。

王莉莉：《新时期我国老龄服务产业发展现状、问题与趋势》，《兰州学刊》2020 年第 10 期。

王莉莉：《中国城市地区机构养老服务业发展分析》，《人口学刊》2014 年第 4 期。

王立剑、凤言、王程：《养老机构服务质量评价研究》，《人口与发展》2017 年第 6 期。

王立剑、金蕾：《愿意抑或意愿：失能老人使用智慧养老产品态度研究》，《西北大学学报》（哲学社会科学版）2021 年第 5 期。

王芹萼：《我国农村社会养老保险影响因素分析》，《湘潭师范学院学报（社会科学版）》2009 年第 5 期。

王琼：《城市社区居家养老服务需求及其影响因素——基于全国性的城市老年人口调查数据》，《人口研究》2016 年第 1 期。

王先菊：《养老服务业供给侧结构性改革的理论基础与实践》，《中国老年学杂志》2018 年第 22 期。

王向南：《基于供给侧改革的养老服务业体系重构：一种治理的视角》，《税务与经济》2016 年第 4 期。

王晓峰、刘帆、马云博：《城市社区养老服务需求及影响分析——以长春市的调查为例》，《人口学刊》2012 年第 6 期。

王晓军、任文东：《我国养老保险的财务可持续性研究》，《保险研究》2013 年第 4 期。

王笑寒：《社会法视域下"时间银行"互助养老机制中服务合同性质定位分析》，《法学论坛》2020 年第 5 期。

王雅丽：《商业保险参与"医养结合"养老模式发展——以江苏省健康保险综合保障创意产品为例》，《社会科学家》2019 年第 9 期。

王永梅、李雅楠、肖颖：《居家养老服务对城乡老年人生活质量的影响——基于三期 CLASS 数据的效应评估》，《人口研究》2020 年第 6 期。

王振军：《农村社会养老服务需求意愿的实证分析——基于甘肃 563 位老人问卷调查》，《西北人口》2016 年第 1 期。

王振振：《城乡居民基础养老金的目标待遇与水平测度——以中国东中西部地区六省为例》，《统计与信息论坛》2020 年第 11 期。

魏强、吕静：《快速老龄化背景下智慧养老研究》，《河北大学学报》（哲学社会科学版）2021 年第 1 期。

魏升民、向景：《供给侧结构性改革背景下企业社保费负担调整及影响分析》，《地方财政研究》2018 年第 10 期。

文建东、宋斌：《供给侧结构性改革：经济发展的必然选择》，《新疆师范大学学报》（哲学社会科学版）2016 年第 2 期。

吴敬琏：《要进行结构性改革》，《资本市场》2016 年第 Z3 期。

吴敬琏：《以供给侧改革应对"四降一升"挑战》，《中国经贸导刊》2016 年第 3 期。

吴敬琏、厉以宁：《供给侧改革引领"十三五"》，《全国新书目》2016 年第 1 期。

吴琼、陈思、朱庆华：《产业链视角下我国老年智能可穿戴设备产业竞争情报分析》，《情报理论与实践》2020 年第 5 期。

吴晓丽、陈广仁：《科技期刊供给侧结构性改革的思考》，《编辑学报》2019 年第 2 期。

吴秀云、赵元吉、刘金：《供给侧结构性改革下公共体育服务供需矛盾及其调和路径》，《体育文化导刊》2020 年第 1 期。

吴雨浓、蒋爱群：《城镇养老模式及影响因素研究》，《黑河学刊》2006 年第 1 期。

伍德安、杨翠迎：《居家养老服务体系财税政策空间及顶层设计——基于上海市的实证研究》，《财经论丛》2015 年第 2 期。

武萍、付颖光：《责任分担视角下我国机构养老服务困境的法律应对》，《社会科学家》2021 年第 4 期。

徐波、汪波、朱琳：《我国产业结构与就业结构演进及动态测度》，《统计与决策》2019 年第 18 期。

徐聪：《社区养老：城市养老模式的新选择》，《长白学刊》2011 年第 6 期。

徐建飞、王莹：《新时代高校思政课供给侧结构性改革：意涵、问题与路径》，《广西社会科学》2021 年第 2 期。

徐爽、曾建光：《金融供给侧结构性改革：路径与建议》，《产业经济评论》2021 年第 4 期。

徐婷婷、魏远竹：《乡村振兴背景下城乡居民养老保险基础养老金待遇调整机制及测算》，《福建师范大学学报》（哲学社会科学版）2021 年第 6 期。

许鼎、郝爱民：《对机关事业单位职业年金待遇领取方式的精算分析》，《保险研究》2020 年第 1 期。

许鼎、杨再贵：《"补入口还是补出口"？——对城乡居保财政补贴模式的精算评估》，《统计与信息论坛》2021 年第 1 期。

宣晓晏：《影视文化产业供给侧结构性改革的背景与路径》，《河海大学学报》（哲学社会科学版）2019 年第 2 期。

薛惠元、邓大松：《我国养老保险制度改革的突出问题及对策》，《经济纵横》2015 年第 5 期。

薛惠元、张微娜：《建立城乡统一的社会养老保险制度——基本理念、基本路径与制度模式》，《税务与经济》2014 年第 3 期。

阳义南：《社会保障支持衔接机构型医养结合服务及其"梗阻"破除》，《华中科技大学学报》（社会科学版）2021 年第 5 期。

阳义南、申曙光：《通货膨胀与工资增长：调整我国基本养老金的新思路与系统方案》，《保险研究》2012 年第 8 期。

杨娣：《论社会养老保险与养老服务协同机制的意义》，《长春师范大学学报》2017 年第 7 期。

杨钒：《延迟退休对养老金可持续性影响研究》，《宏观经济研究》2020 年第 5 期。

杨钒：《延迟退休对养老金可持续性影响研究》，《宏观经济研究》2020 年第 5 期。

杨国军、刘素婷、孙彦东：《"互联网+"养老变革与供给侧结构性改革研究》，《改革与战略》2017 年第 1 期。

杨晶：《我国基本养老保险基金保值增值的问题与对策》，《当代经济管理》2018 年第 11 期。

杨倩文、杨硕、王家合：《政府购买机构养老服务绩效评价指标体系构建与实证应用》，《社会保障研究》2021 年第 5 期。

杨清红、高艳：《供给侧结构性改革视角下居家养老服务需求、供给与衔接》，《商业经济研究》2021 年第 10 期。

杨香军：《灵活就业人员社会保障制度研究》，《合作经济与科技》2022 年第 4 期。

杨燕绥、鹿峰、修欣欣：《中国养老金市场的公共治理——企业年金市场恶性竞争成因分析》，《西安交通大学学报》（社会科学版）2011 年第 3 期。

杨洋：《欧美国家公务员职业年金制度比较研究》，《社会保障研究》2016 年第 3 期。

杨宜勇、关博：《老龄化背景下推进养老保障供给侧结构性改革的思路》，《经济学家》2017 年第 3 期。

杨宜勇、关博：《"十三五"推动养老保障供给侧结构性改革的主要思路》，《经济研究参考》2017 年第 24 期。

杨宜勇、邢伟：《公共服务体系的供给侧改革研究》，《人民论坛·学术前沿》2016 年第 5 期。

叶庆娜：《重视教育需求：供给侧结构性改革背景下教育供求矛盾的破解》，《教育发展研究》2019 年第 17 期。

殷俊、陈天红：《从老年人需求结构视角探析养老金待遇调整机制》，《求索》2010 年第 12 期。

尹凡、张亚明、刘明、李婧：《供给侧结构性视域下我国养老产业发展制约因素与战略抉择》，《城市发展研究》2020 年第 4 期。

尤蕾：《探路"老有所医"》，《小康》2018 年第 10 期。

于长永：《农民对"养儿防老"观念的态度的影响因素分析——基于全国 10 个省份 1000 余位农民的调查数据》，《中国农村观察》2011 年第 3 期。

余丽生、余逸颖：《供给侧结构性改革下企业养老保险可持续发展研究》，《地方财政研究》2019 年第 2 期。

郁建兴、金蕾、瞿志远：《民办社区养老机构建设及其政府责任——以杭州市上城区为例》，《浙江社会科学》2012 年第 11 期。

袁志刚、陈功、高和荣等：《时间银行：新型互助养老何以可能与何以可为》，《探索与争鸣》2019 年第 8 期。

曾益、李晓琳、张冉：《缴费率下调会增加养老保险的财政责任吗?》，《保险研究》2020 年第 6 期。

曾益、杨悦：《从中央调剂走向统收统支——全国统筹能降低养老保险财政负担吗?》，《财经研究》2021 年第 12 期。

曾毅、冯秋石、Therese Hesketh、Kaare Christensen、James W. Vaupel：《中国高龄老人健康状况和死亡率变动趋势》，《人口研究》2017 年第 4 期。

张弛：《读懂"供给侧结构性改革"》，《经济导刊》2016 年第 2 期。

张国英、林伟垌、孙中伟：《零工经济对城镇职工基本养老保险的冲击——基于对基金收支平衡的模拟计算》，《安徽师范大学学报》（人文社会科学版）2022 年第 1 期。

张举国：《"一核多元"：元治理视阈下农村养老服务供给侧结构性改革》，《求实》2016 年第 11 期。

张雷、韩永乐：《当前我国智慧养老的主要模式、存在问题与对策》，《社会保障研究》2017 年第 2 期。

张鹏飞、陶纪坤：《全面二孩政策对城镇职工基本养老保险收支的影响》，《人口与经济》2017 年第 1 期。

张任之、咸隼东：《中国供给侧结构性改革研究述评》，《首都经济贸易大学学报》2017 年第 6 期。

张思锋、唐敏、周淼：《基于我国失能老人生存状况分析的养老照护体系框架研究》，《西安交通大学学报》（社会科学版）2016 年第 2 期。

张为杰、李少林：《经济新常态下我国的供给侧结构性改革：理论、现实与政策》，《当代经济管理》2016 年第 4 期。

张伟莉：《供给侧结构性改革对新时代高校思想政治教育内涵式发展的借

鉴和启示》，《中国高等教育》2019 年第 6 期。

张衍、杜波：《供给侧结构性改革的理论逻辑和本质属性》，《理论视野》2021 年第 5 期。

张晓杰：《医养结合养老创新的逻辑、瓶颈与政策选择》，《西北人口》2016 年第 1 期。

张燕婷、董克用、王丹：《持续推进养老金制度建设　积极应对人口老龄化》，《中国行政管理》2020 年第 5 期。

张盈华：《中国职业年金制度的财政负担预测与"实账运行"必要性》，《开发研究》2017 年第 4 期。

张盈华、卢昱昕：《我国职业年金"混合账户式"管理的特性、问题与建议》，《华中科技大学学报》（社会科学版）2021 年第 3 期。

张盈华、卢昱昕：《我国职业年金投资体制的特征和潜在风险》，《保险研究》2020 年第 7 期。

张云：《从供给与结构两个角度解读"供给侧结构性改革"》，《政治经济学评论》2016 年第 2 期。

章晓懿、刘帮成：《社区居家养老服务质量模型研究——以上海市为例》，《中国人口科学》2011 年第 3 期。

赵亮、李灯强：《我国城镇职工基本养老保险基金可持续性研究——基于新冠肺炎疫情冲击的影响》，《财经科学》2020 年第 12 期。

赵娜、方卫华：《供给侧改革背景下城市机构养老服务评价及优化——基于服务质量差距模型的视角》，《河南师范大学学报》（哲学社会科学版）2017 年第 6 期。

赵青、徐静、王晓军：《"正规就业-灵活就业"比较视角下的养老金充足性研究》，《保险研究》2021 年第 9 期。

赵仁杰、范子英：《养老金统筹改革、征管激励与企业缴费率》，《中国工业经济》2020 年第 9 期。

赵晓芳：《健康老龄化背景下"医养结合"养老服务模式研究》，《兰州学刊》2014 年第 9 期。

赵艳华：《河北省需求结构转变下养老服务供给模式创新研究》，《产业与科技论坛》2015 年第 24 期。

　　郑碧强：《以供给侧结构性改革　推动养老事业高质量发展》，《中国行政管理》2019 年第 4 期。

　　郑秉文：《供给侧：降费对社会保险结构性改革的意义》，《中国人口科学》2016 年第 3 期。

　　郑秉文：《机关事业单位职业年金"委托代理"中的风险与博弈》，《开发研究》2017 年第 4 期。

　　郑秉文：《养老金三支柱理论嬗变与第三支柱模式选择》，《华中科技大学学报》（社会科学版）2022 年第 2 期。

　　郑超愚、王春红：《中国供给侧结构性改革的宏观经济含义》，《湖南大学学报》（社会科学版）2017 年第 4 期。

　　郑功成：《深化中国养老保险制度改革顶层设计》，《教学与研究》2013年第 12 期。

　　郑功成：《中国养老保险制度的未来发展》，《劳动保障通讯》2003 年第 3 期。

　　周福林：《我国家庭结构变迁的社会影响与政策建议》，《中州学刊》2014 年第 9 期。

　　周密、刘秉镰：《供给侧结构性改革为什么是必由之路？——中国式产能过剩的经济学解释》，《经济研究》2017 年第 2 期。

　　周密、朱俊丰、郭佳宏：《供给侧结构性改革的实施条件与动力机制研究》，《管理世界》2018 年第 3 期。

　　周学馨、刘美华：《我国失独家庭养老体系中机构养老兜底保障作用研究——基于对全国 709 个失独者调研数据的分析》，《重庆社会科学》2020 年第 1 期。

　　周燕珉、林婧怡：《我国养老社区的发展现状与规划原则探析》，《城市规划》2012 年第 1 期。

　　周园、唐敏：《养老保险制度与城市老年人口养老方式关系研究》，《统计与信息论坛》2021 年第 2 期。

　　朱德云、孙成芳：《基于供给侧改革谈中国养老服务业发展问题与政策建议》，《财政科学》2017 年第 5 期。

朱尔茜:《供给侧结构性改革:动因、内容与次序》,《河北大学学报》(哲学社会科学版) 2016 年第 3 期。

Alessandro Di Nuovo, Frank Broz, Ning Wang, Tony Belpaeme, Angelo Cangelosi, Ray Jones, Raffaele Esposito, Filippo Cavallo, Paolo Dario, "The Multi-modal Interface of Robot-Era Multi-Robot Services Tailored for the Elderly," *Intelligent Service Robotics* 11 (2018): 1.

Anantharanthan Parasuraman, Valarie A. Zeithaml, Leonard L. Berry, "A Conceptual Model of Service Quality and Its Implication for Future Research," *Journal of Marketing* 49 (1985): 41–50.

André Hajek, Thomas Lehnert, Annemarie Wegener, Steffi G. Riedel-Heller, Hans-Helmut König, "Who Should Take Care of Me? Preferences of Old Age Individuals for Characteristics of Professional Long-term Caregivers: An Observational Cross-Sectional Study," *BMC Research Notes* 382 (2017).

Chybalski Filip, "The Multidimensional Efficiency of Pension System: Definition and Measurement in Cross-Country Studies," *Social Indicators Research* (2016): 128.

Hungyi Chen, Yuan-Chia Chu, Feipei Lai, "Mobile Time Banking on Block-chain System Development for Community Elderly Care," *Journal of Ambient Intelligence and Humanized Computing* 3 (2022).

James J. Heckman, "The Supply Side of the Race between Demand and Supply: Policies to Foster Skill in the Modern Economy," *De Economist* 151 (2003).

Jason Glynos, et al., "Paradoxes in the Management of Timebanks in the UK's Voluntary Sector: Discursive Bricolage and Its Limits," *International Journal of Voluntary and Nonprofit Organizations*, 2022: 1–11.

Lucy Minford, David Meenagh, "Supply-Side Policy and Economic Growth: A Case Study of the UK," *Open Economies Review* 31 (2020).

Masaya Yasuoka, "Subsidies for Elderly Care with a Pay-as-you-go Pension," *Journal of the Economics of Aging* 17 (2018).

Mikkel Barslund, "Pension Systems in the EU-Some Policy Issues," *Leibniz Information Centre for Economics* (2020): 69–72.

Olivares-Tirado Pedro，Tamiya Nanako，Kashiwagi Masayo，"Effect of In-Home and Community-Based Services on the Functional Status of Elderly in the Long-Term Care Insurance System in Japan," *BMC Health Services Research* 12（2012）.

Pierre Devolder，Susanna Levantesi，Massimiliano Menzietti，"Automatic Balance Mechanisms for Notional Defined Contribution Pension Systems Guaranteeing Social Adequacy and Financial Sustainability：An Application to the Italian Pension System," *Annals of Operations Research* 299（2020）：765-795.

Pontus Braunerhjelm，"Rethinking Stabilization Policies；Including Supply-Side Measures and Entrepreneurial Processes," *Small Business Economics* 58（2022）：963-983.

Reinhard Neck，Klaus Weyerstrass，Dmitri Blueschke，Miroslav Verbič，"Demand-Side or Supply-Side Stabilization Policies in a Small Euro Area Economy：A Case Study for Slovenia," *Empirica* 48（2021）：593-610.

Ruth Naughton-Doe ，Ailsa Cameron，John Carpenter，"Timebanking and the Co-production of Preventive Social Care with Adults；What Can We Learn from the Challenges of Implementing Person-to-Person Timebanks in England？," *Health Social Care in the Community* 29（2020）：1285-1295.

Sue Yeandle，Lisa Buckner，"Older Workers and Care-Giving in England：The Policy Context for Older Workers' Employment Patterns," *Journal of Cross-Cultural Gerontology* 32（2017）：303-321.

Wei Zhang，Jiawei Cao，Linjun Zhang，"Study on China's Time Bank Mutual Care Model for the Elderly from the Perspective of Social Capital Theory," *Academic Journal of Business Management* 5（2023）.

三 研究报告

党俊武、李晶、张秋霞、罗晓晖：《中国老年人生活质量发展报告（2019）》，社会科学文献出版社，2019。

国家统计局北京调查总队：《2018 年北京市养老现状与需求调查报告》。

刘妮娜、党俊武、魏彦彦：《中国城乡老年人生活状况调查报告2018》，社会科学文献出版社，2018。

王延中、单大圣、龙玉其：《中国社会保障发展报告（2020）No.11——"十四五"时期社会保障展望》，社会科学文献出版社，2020。

张航空、江华、王永梅、张立龙：《北京养老服务发展报告（2019）——养老机构》，社会科学文献出版社，2020。

张耀军、王若丞、王小玺：《北京市"十四五"时期人口预测》，载尹德挺、胡玉萍、吴军主编《北京人口发展研究报告（2021）》，社会科学文献出版社，2021。

郑秉文主编《中国养老金发展报告2020——养老基金与资本市场》，经济管理出版社，2020。

郑秉文主编《中国养老金精算报告2019—2050》，中国劳动社会保障出版社，2019。

总报告起草组：《国家应对人口老龄化战略研究总报告》，《老龄科学研究》2015年第3期。

四　学位论文与会议论文

傅双喜：《老年心理关爱创新研究的思考》，第四届全国老年心理关爱研讨会论文，银川，2011。

郭俊霞：《当前农村代际关系与"养儿防老"》，硕士学位论文，华中科技大学，2010。

林晓：《传统文化影响农民参加城乡居民基本养老保险意愿的实证研究》，硕士学位论文，江西农业大学，2016。

刘东昂、谭晓：《在第三支柱建设中引入养老服务的路径探讨与建议》，中国养老金融50人论坛2018年上海峰会论文集——学者篇，上海，2018。

庞洪涛：《北京市城镇养老金收支测算及灵敏度分析》，硕士学位论文，首都经济贸易大学，2009。

肖雪：《辽宁城乡居民养老金供需平衡问题研究》，硕士学位论文，辽宁大学, 2016。

张彩华:《村庄互助养老幸福院模式研究: 支持性社会结构的视角》, 博士学位论文, 中国农业大学, 2017。

张晓亚:《北京市养老服务供需问题研究》, 硕士学位论文, 北京交通大学, 2016。

五　报纸文献

付佳:《本市 260 余家养老照料中心广覆盖　社会力量参与养老照料中心建设将获政策支持》,《北京社区报》2021 年 1 月 29 日。

郭彦:《城市副中心居家养老服务 "一键呼": 话机一部, 从 "救急" 到 "必需"》,《北京社区报》2021 年 4 月 26 日。

金可:《推进养老服务发展　北京将探索 "物业服务+养老服务" 模式》,《北京日报》2020 年 5 月 22 日。

雷耀:《把专业化的养老服务延伸到老人家中——北京市海淀区加快推进家庭养老床位建设》,《中国社会报》2021 年 3 月 26 日。

任可馨:《农村养老调查丨平谷区: 老人 "一键" 呼　救助人员 "即刻到家"》,《北京社区报》2021 年 8 月 19 日。

王茗辉:《养老助餐服务　探索形成 "北京样板"》,《北京日报》2021 年 10 月 29 日。

王一鸣、陈昌盛、李承健:《正确理解供给侧结构性改革》,《人民日报》2016 年 3 月 29 日。

郑秉文:《第二支柱养老保险 "双金" 要均衡发展》,《中国银行保险报》2021 年 11 月 11 日。

郑秉文:《构建三支柱养老保险体系的现状、差距与路径》,《中国银行保险报》2021 年 7 月 29 日。

六　网络新闻报道

北京社会建设和民政:《北京市构建完善养老服务 "五大体系", 持续增强群众获得感、幸福感和安全感》（2021 年 5 月 11 日），https：//www. yihebeiyang. com/article/1/1512. html，最后访问日期：2022 年 6 月 17 日。

北京社会建设和民政：《农村养老调查 | 密云区：邻里互助养老　探索农村养老新模式》（2021 年 7 月 14 日），https：//baijiahao. baidu. com/s？id＝17052 49583404751671，最后访问日期：2022 年 6 月 17 日。

北京社会建设和民政：《农村养老调查④ | 延庆区：邻里互助点，给老人"稳稳的幸福"》（2021 年 7 月 26 日），https：//baijiahao. baidu. com/s？id＝17063128 63124747610，最后访问日期：2022 年 6 月 17 日。

北京石景山：《八角街道探索智慧居家养老新模式》（2020 年 9 月 11 日），http：//wmw. bjsjs. gov. cn/contents/8/8161. html，最后访问日期：2022 年 6 月 18 日。

北京市发展和改革委员会：《关于北京市 2020 年国民经济和社会发展计划执行情况与 2021 年国民经济和社会发展计划的报告》（2021 年 2 月 7 日），http：//www. beijing. gov. cn/zhengce/zhengcefagui/202102/t20210207＿2278352. html，最后访问日期：2022 年 5 月 29 日。

北京市经济和信息化局编《北京工业年鉴 2020》（2021 年 7 月 16 日），http：//jxj. beijing. gov. cn/jxsj/bjgynj/202107/P020220803540316016214. pdf，最后访问日期：2022 年 6 月 9 日。

北京市老龄协会：《北京市老龄事业发展报告（2020）》（2021 年 10 月 14 日），http：//wjw. beijing. gov. cn/xwzx＿20031/wnxw/202110/t20211014＿2512063. html，最后访问日期：2022 年 6 月 9 日。

北京市人民代表大会常务委员会：《北京市居家养老服务条例》（2015 年 2 月 25 日），http：//www. beijing. gov. cn/zhengce/zhengcefagui/201905/t2019052 2_58195. html，最后访问日期：2022 年 5 月 7 日。

北京市人民政府办公厅：《北京市人民政府办公厅印发〈关于加快推进养老服务发展的实施方案〉的通知》（2020 年 5 月 22 日），https：//www. beijing. gov. cn/zhengce/zhengcefagui/202005/t20200522_1906324. html，最后访问日期：2022 年 6 月 18 日。

董志雯：《南京西路街道："嵌入式" 15 分钟乐龄生活圈　让老人生活更幸

福》（2021 年 2 月 1 日），http：//sh. people. com. cn/n2/2021/0201/c134768 -
34558626. html，最后访问日期：2022 年 6 月 20 日。

丰台区融媒体中心：《丰台区开展"喘息服务"构建养老新格局》（2021
年 6 月 3 日），http：//www. bjft. gov. cn/ftq/zwyw/202106/cd75869289d248a4
ba016efa1d6ec7ee. shtml，最后访问日期：2022 年 9 月 4 日。

广东省民政厅：《广东、江西、广西三省区签署旅居养老合作框架协议　努
力开创全国性普惠旅居养老服务市场》（2020 年 11 月 11 日），https：//www.
mca. gov. cn/n152/n168/c81796/content. html，最后访问日期：2022 年 8 月 21 日。

广东省民政厅：《广东、辽宁、吉林、黑龙江四省签署旅居养老合作框架
协议》（2019 年 10 月 31 日），http：//smzt. gd. gov. cn/mzzx/mzyw/content/
post_2662401. html，最后访问日期：2022 年 8 月 5 日。

黄晓瑜：《推动社会组织能力建设的路径》（2015 年 11 月 7 日），http：//
www. xinhuanet. com/politics/2015 - 11/07/c_128403470. htm，最后访问日期：
2022 年 6 月 16 日。

江文森：《提供"一站式"服务　满足"个性化"需求　嵌入式养老服务综合
体　巴适!》（2020 年 10 月 9 日），http：//www. longquanyi. gov. cn/lqyqzfmhwz_
gb/c123113/2020 - 09/23/content_1c0f31f054c347e791a6bac3a17f9600. shtml，
最后访问日期：2022 年 4 月 10 日。

蒋梦惟：《市民政局：全市养老机构共有护理员 1.2 万名》，《北京商报》
2021 年 7 月 23 日，http：//m. bbtnews. com. cn/article/237000，最后访问日
期：2022 年 4 月 26 日。

金可：《北京市首个社区居家养老综合服务平台启动》（2019 年 11 月 19
日），http：//www. gov. cn/xinwen/2019 - 11/19/content_5453390. htm，最后
访问日期：2022 年 5 月 17 日。

李平：《杭州："老青互助"等多举措推动居家养老服务》（2020 年 6 月
28 日），http：//m. xinhuanet. com/2020-06/28/c_1126169290. htm，最后访问
日期：2022 年 6 月 16 日。

李怡：《北京首个"区域养老服务联合体"揭牌 6+N 个项目服务老人》
（2018 年 10 月 30 日），https：//www. takefoto. cn/viewnews - 1606017. html，

最后访问日期：2022 年 5 月 18 日。

马丽萍：《一百张专业照护床"搬"进老人家里——重庆市九龙坡区探索家庭养老床位建设纪实》（2021 年 12 月 2 日），https：//www. mca. gov. cn/n152/n166/c46837/content. html，最后访问日期：2022 年 5 月 18 日。

南京市民政局：《市政府办公厅关于印发南京市养老服务时间银行实施方案（试行）的通知》（2019 年 8 月 19 日），http：//mzj. nanjing. gov. cn/njsmzj/njsmzj/201908/t20190819_1629314. html，最后访问日期：2022 年 6 月 2 日。

人民网-理论频道：《如何准确把握供给侧结构性改革的深刻内涵》（2021 年 2 月 25 日），http：//theory. people. com. cn/n1/2021/0225/c40531-32036538. html，最后访问日期：2022 年 6 月 9 日。

上海市民政局：《徐汇区不断深化嵌入式养老服务内涵，满足多样化养老需求》（2020 年 10 月 20 日），https：//mzj. sh. gov. cn/2020bsmz/20201020/0b6e586b01014c44b6d611d82584812c. html，最后访问日期：2022 年 5 月 4 日。

上海市民政局网：《上海市民政局关于本市推行"养老服务时间银行"项目的通知》（2021 年 11 月 22 日），http：//mzj. sh. gov. cn/MZ_zhuzhan279_0-2-8-15-55-231/20211122/91185c3ec2424a79a40d7e1 ec47adfda. html，最后访问日期：2022 年 4 月 22 日。

上海志愿者：《最佳志愿服务项目——上海新沪商"人之老"社区助老志愿服务项目》（2020 年 11 月 11 日），https：//www. volunteer. sh. cn/2019nqgsg100/2020/11/11/15322. shtml，最后访问日期：2022 年 5 月 4 日。

王司同、孙仕维：《"小"老人帮"老"老人！昌平这里实行"协同式"互助养老模式》（2021 年 4 月 21 日），http：//ie. bjd. com. cn/bjrbbeijinghao/contentApp/0/AP607fe5fee4b054f0ea7428c2，最后访问日期：2022 年 5 月 19 日。

新华社：《李克强总理作政府工作报告（文字摘要）》（2021 年 3 月 5 日），http：//www. gov. cn/premier/2021-03/05/content_5590492. htm，最后访问日期：2022 年 8 月 9 日。

新华社：《中共中央关于制定国民经济和社会发展第十四个五年规划和二〇三五年远景目标的建议》（2020 年 11 月 3 日），http：//www. gov. cn/zhengce/2020-11/03/content_5556991. htm，最后访问日期：2022 年 7 月 29 日。

新华社：《中共中央 国务院印发〈国家积极应对人口老龄化中长期规划〉》（2019 年 11 月 21 日），http：//www. gov. cn/zhengce/2019 - 11/21/content_ 54 54347. htm？from = groupmessage&isappinstalled = 0，最后访问日期：2022 年 8 月 4 日。

新闻宣传处：《北京市信息消费迈上新台阶》（2017 年 10 月 10 日），https：//jxj. beijing. gov. cn/jxdt/gzdt/201911/t20191113_ 504349. html，最后访问日期：2022 年 6 月 9 日。

徐佩玉：《城企联动普惠养老专项行动实施——提供工薪层买得起的养老服务》（2019 年 2 月 27 日），https：//www. gov. cn/xinwen/2019 - 02/27/content_5368803. htm，最后访问日期：2022 年 5 月 9 日。

杨一心：《坚守精算平衡 深化养老保险改革》，《中国社会科学报》2017 年 1 月 6 日，http：//sscp. cssn. cn/xkpd/tbch/tebiecehuaneirong/201701/t2017 0106_3372025. html，最后访问日期：2022 年 5 月 9 日。

岳阳市民政局：《线上预约 线下服务"一键帮"助力岳阳"智慧养老"事业》（2020 年 9 月 2 日），http：//mzj. yueyang. gov. cn/7440/7441/content_ 1739 692. html，最后访问日期：2022 年 5 月 9 日。

中华人民共和国人力资源和社会保障部：《健全多层次养老保险体系》（2021 年 7 月 13 日），http：//www. mohrss. gov. cn/xxgk2020/fdzdgknr/zcjd/zcjdwz/202107/t20210713_418347. html，最后访问日期：2022 年 5 月 9 日。

后 记

　　本书的完成源于我 2018 年申报的北京市社会科学基金项目"供给侧结构性改革与北京市养老金–养老服务供需平衡研究"（18GLC051），彼时的课题申请书第一段内容为：

　　　着力推进供给侧结构性改革，这是 2015 年 11 月中央财经领导小组第十一次会议和 12 月中央经济工作会议确定的重大举措，是今后一段时期贯穿整个经济工作的主线。但是，供给侧结构性改革具体应该如何推进？在不同领域中有何差别？是需求侧的强度不够，还是供给侧的效率低下？针对北京市人口老龄化的不断加剧和养老问题的亟待理顺，本研究重点关注供给侧结构性改革中如何构建均等化的首都公共服务体系——北京市养老金和养老服务的供给侧和需求侧互动平衡。

　　由此出发，从 2018 年中至 2021 年末，我和课题团队展开了一系列研究探索，取得了一些阶段性研究成果，撰写了课题的成果公报和最终研究报告。在此基础上，我于 2022 年至 2024 年进一步完善形成了本书的主要内容，其间申报的中国社会科学院创新工程学术出版资助项目也顺利获批。得益于本书责任编辑王晓卿老师的认真负责和中肯建议，书稿的数轮修改与完善也为我 2023 年申报的北京市社会科学基金青年项目"积极老龄化视阈下北京市养老保障多层次联动和高质量发展研究"（23GLC054）打下了基础。

　　从课题申请、研究开展到书稿的完成和修改，再到新的课题申请，数年间我国供给侧结构性改革的理论探索愈加丰富，实践不断深化。2021年，《中华人民共和国国民经济和社会发展第十四个五年规划和2035年远景目标纲要》在战略导向中强调"必须坚持深化供给侧结构性改革，以创新驱动、高质量供给引领和创造新需求，提升供给体系的韧性和对国内需求的适配性"。这不仅为本书的思考奠定了坚实的基础，也为下一步的研究提供了持续的指引。

回首这一阶段的探索，课题研究和书稿完成得到了中国人民大学仇雨临教授、北京交通大学石美遐教授、中国劳动和社会保障科学研究院华迎放研究员、首都经济贸易大学张杉杉教授和北京工业大学李君甫教授等专家的悉心指导。中国社会科学院大学硕士研究生胡雨薇、刘卉、郭佳欣、王辰、詹洵梓，南开大学硕士研究生宗志轩参与了许多基础性研究工作。学校科研处和社会科学文献出版社的各位老师为本书付梓提供了强有力的支持。在此一并感谢各位专家老师的指导帮助和同学们的辛勤付出。

谨以此书献给长期支持我的父母、妻子和牙牙学语的千睦。

2024年2月5日夜
于花香四季

图书在版编目（CIP）数据

　　养老保险与养老服务协同发展：供给侧结构性改革视角下的研究 / 郭磊著 . --北京：社会科学文献出版社，2024.5
　　（中国社会科学院大学文库）
　　ISBN 978-7-5228-2985-2

　　Ⅰ.①养…　Ⅱ.①郭…　Ⅲ.①养老保险-研究-中国②养老-社会服务-研究-中国　Ⅳ.①F842.612②D669.6

　　中国国家版本馆 CIP 数据核字（2024）第 000251 号

中国社会科学院大学文库

养老保险与养老服务协同发展
　　——供给侧结构性改革视角下的研究

著　　者 / 郭　磊

出 版 人 / 冀祥德
责任编辑 / 王晓卿
文稿编辑 / 王红平
责任印制 / 王京美

出　　版 / 社会科学文献出版社 · 文化传媒分社（010）59367004
　　　　　　地址：北京市北三环中路甲 29 号院华龙大厦　邮编：100029
　　　　　　网址：www. ssap. com. cn
发　　行 / 社会科学文献出版社（010）59367028
印　　装 / 三河市龙林印务有限公司

规　　格 / 开　本：787mm×1092mm　1/16
　　　　　　印　张：18.25　字　数：293 千字
版　　次 / 2024 年 5 月第 1 版　2024 年 5 月第 1 次印刷
书　　号 / ISBN 978-7-5228-2985-2
定　　价 / 98.00 元

读者服务电话：4008918866